# 正向心理學

王薇華 著

## 的 20 節課

幸福力教育

U0078306

FORWARD
PSYCHOLOGY

推薦書目 × 心智圖輔助 × 實用測驗
將心理學融入日常教學，
從內而外塑造更美好的自我

正向心理學！開啟幸福生活的大門
【聽得懂、學得會、用得上的心理學著作】

◎心智圖輔助，正確掌握正向心理學的核心理念
◎家庭教育轉型指南，創建支持與鼓勵的成長環境
◎推薦書目與試卷，持續學習正向心理學，驗證學習成果

倡導幸福教育，孩子快樂學習，家長科學養育！

# 目 錄

# 目 錄

# 前言　熱愛和努力是我們的標籤

　　近幾年，許多心理師都在討論正向心理學的理論與應用，心理學的研究也逐漸從聚焦心理障礙和功能喪失轉變為開始關注個體的優勢、韌性和改變的力量。

　　正向心理學這股清流，用通俗實用的語境把端坐在象牙塔尖上的心理學帶到人們面前，引導人們關注美好，學習樂觀，擁有勇氣，弘揚美德，激發內在的生命力、創造力、幸福力和免疫力。

　　這是方法論嗎，還是靈丹妙藥？正向心理學是一種健康的人生哲學，是一項可以學會的幸福力，是建設美好生活的工具。

　　心理學研究的目的是服務大眾，但是一直以來，心理學艱深晦澀的概念、深奧難懂的理念妨礙了心理學走近大眾。

　　聽得懂、學得會、用得上的心理學著作或課程在哪裡？

　　作家寫作的好書、講師磨礪的好課，都是在潛精研思中，把未知的理論融會貫通、梳理清晰，又把已知的概念學以致用、親身體驗，最後再將冰釋理順、行之有效的道理傳遞給學員或讀者們，並告訴他們如何運用心理學。

　　筆者認為：心理學的終極目標是為人民服務，解決個體的困惑與問題，為生命注入長久和持續的幸福力，讓學習者既能自助自救，又能助他救他。

　　筆者一直有個想法，要寫出一本可供講課時使用的正向心理學教材 —— 不僅通俗易懂，又能深入淺出地介紹正向心理學。

　　本書從目錄設定到搭建課程體系，不僅一一詮釋了正向心理學的關鍵

元素，還完整地解讀了正向心理學的核心理念，筆者也努力地把深刻的道理簡單化，把靈活的應用趣味化。

當您翻開本書的目錄時，映入眼簾的是20個章節的「正向」：

正向人格、正向情緒、正向心態、正向力量、正向語言、正向溝通、正向教育、正向教養、正向習慣、正向天賦、正向自尊、正向關係、正向改變、正向信念、正向經驗、正向品格、正向投入、正向自我、正向目標、正向意義。

這本書中還有一些「小福利」：每個章節都有一幅心智圖；文末推薦了40本其他心理學研究者的著作，供學員和讀者們繼續學習的；還有「幸福力教育試卷」的試題及答案。

幸福力教育的宗旨是實現「更好的教育，讓家庭教育變得更簡單、更科學」。倡導教師幸福地教育、孩子幸福地學習、家長幸福地養育，促進人終生成長，讓教育更有溫暖、更有力量。

期待此書能幫助學員和讀者們用智慧提升幸福，激發內在的正向力量，感受成長的快樂感與幸福力。

王薇華

# 第一章　正向性格：樂商

思想決定行為，行為決定習慣，習慣決定人格，人格決定命運。

## 第一節　什麼是人格

人格是什麼？在對人格進行定義前，我們可以先從人格的類別說起。古希臘醫生希波克拉底（Hippocratic）提出了著名的「體液學說（Humorism）」及氣質分類法，即把氣質分成膽汁質、多血質、黏液質、憂鬱質。美國作家兼演講家弗洛倫斯‧妮蒂雅（Florence Littauer）在希波克拉底的分類的基礎上，發展出更通俗易懂的人格分類法，她認為人的人格包括四種基本類別：活潑型、完美型、力量型、和平型。這種人格的四類劃分法可以幫助我們了解自己、了解他人。有些人是活潑型的，有些人是完美型的，有些人是力量型的，有些人是和平型的，還有些人是幾種類別的綜合。

### 一、描寫人格的詞語

在日常生活中，我們很少會說自己是力量型的人格，或者評價自己為和平型的人，而是多採用一些詞語對自己的人格做出描述，比如，我是懂事的，我是開朗的，我是勇敢的。

在描述小孩的人格時，我們常用的詞語有純潔、可愛、天真、活潑、機靈、懂事、大方、勇敢、聰明、開朗等。

在描述成年人的人格時，我們常用的詞語有憨厚、純樸、善良、和藹、平易近人、慈祥、大方、勇敢、說一不二、慷慨等。

在描述反面人格時，常用的詞語有孤僻、自私、懶惰、懦弱、吝嗇、胸無大志、目光短淺、膽小怕事、脾氣暴躁等。

對於特殊時期的個體人格，也有特定的描述性詞語，比如描述青春期人格的詞語有叛逆、易衝動、意氣風發等。

我們會發現，評價個體所用到的形容詞大都是對其人格的評價。

## 二、關於人格的自我介紹

對於人格的評價有兩種：他人評價和自我評價。

他人評價通常是從他人的視角進行的，是別人對一個人的人格的評價，它反映的是一個人在別人眼裡是什麼樣子。自我評價是指個體對自己的人格的評價。自我評價展現在一個人的生活中的很多方面，比如自我介紹時、求職時、相親時。

在上學時，通常要進行自我介紹，老師也會寫評語給每位學生，如，學習刻苦認真，成績優秀，名列前茅，品學兼優等。

在求職中，我們會這樣介紹自己：本人熱情開朗，待人友好，為人誠實謙虛；工作勤奮，認真負責，能吃苦耐勞，盡職盡責，有耐心；具有親和力，平易近人，善於與人溝通……

在相親中，需要進行自我介紹：我是一個直率、開朗的女孩，業餘時間喜歡旅行、看書，人格溫和，真誠坦率。我希望他是個幽默、有責任感、成熟穩重的男士……

他人對我們人格的評定及我們對自己的人格的介紹可以幫助我們建立起關於自我人格的認知。

## 三、不同的人具有不同的人格

世界上沒有完全相同的兩片樹葉，也沒有人格完全相同的兩個人。每個人的人格都是在遺傳基礎上和成長過程中慢慢形成的，所以不同的人具有不同的人格。人格有好壞之分，有些人的人格好，有些人的人格不好。我們在具體描述時也會使用一些詞來褒獎或貶評一個人的人格。

比如，我們常用的人格貶義詞有小氣、愛耍小脾氣、小心眼、嫉妒心

強、唯唯諾諾、自卑等，我們常用的人格褒義詞有開朗、樂觀、頑強、堅持不懈、活潑開朗、自信、獨立、成熟穩重、吃苦耐勞等。

當然，對人格的評價也有不偏不倚的中性詞，比如小鳥依人、內向、外向、老成持重等。

需要注意的是，不同的人對同一個體也會給出完全不同的人格評價，比如有人會覺得你樂觀向上，但是也有人會覺得你過度顧及他人感受。你在別人眼中有怎樣的人格，反映的是你在他眼中的整體印象、個性、影響力、價值、氣質、人格魅力、潛力等。

## 四、人格決定命運

有位美國記者採訪晚年的投資銀行一代宗師約翰‧摩根（John Morgan）。記者問：「您覺得決定您成功的條件是什麼？」老摩根毫不猶豫地回答：「人格。」記者又問：「那您覺得，資本和資金，哪個更為重要？」老摩根答道：「資本比資金重要，但最重要的還是人格。」

從摩根一生的奮鬥史中我們可以發現，無論是他在歐洲成功地發行美國公債，果斷聽從無名之輩的建議啟動鋼鐵托拉斯計畫，還是他冒著生命危險號召進行全國鐵路聯合，都跟他倔強和勇於創新的人格有著密切關係。儘管他有支持這些舉動的充足資金，但是如果沒有好的人格，恐怕有再多的資本也無濟於事。

1998年5月，華盛頓大學邀請到華倫‧巴菲特（Warren Buffett）和比爾蓋茲（Bill Gates）為360名學生做現場演講。同學們問：「你們是怎麼變得比上帝還富有的？」面對這個有趣的問題，巴菲特回答道：「答案非常簡單，原因並不在於智商。為什麼聰明人會做一些阻礙自己發揮全部能力的事情呢？原因在於習慣、人格和脾氣。」對此，比爾蓋茲表示贊同。

　　所以，無論是在工作、學習還是在生活中，都是人格決定命運。一個人的知識和學識固然很重要，但是如果沒有勇於打拚、勇於冒險的人格，擁有再多的資本都無濟於事。好的人格能夠讓人獲得幸福和成功，而不好的人格則容易讓人陷入人生的陰霾。如果說一個人猶如一棵樹，那麼人格就是樹根。如果根都長不好，樹也很難成為參天大樹。

## 第二節　人格的定義

### 一、人格的定義

　　人格是一個人的性情、品格，是一個人在社會活動中形成的對人、對事、對自己的態度及行為方式中所表現出來的心理特質。人格不同於氣質，人格更能展現人格的社會屬性。我們常說的人與人之間的人格差異，其本質就是人格的差異。

　　人格是一個人的社會屬性的最重要的表現方式，也是一個人的心理活動的最重要的展現，它一旦形成，就會保持相對穩定。但是人格並非一成不變，而是具有很強的可塑性。

　　整體而言，人格是由先天遺傳因素與後天環境因素交互作用而形成的。其中，後天環境的影響更大。也就是說，良好的後天環境不一定能夠讓個體形成良好的人格，但是能夠在相當程度上影響個體形成良好的人格。如果一個孩子生活在不良的家庭環境中，經常遭受父母的打罵、責備，那麼孩子幾乎不可能形成良好的人格。

　　人格是個體在適應或改變環境的過程中，漸漸形成和表現出來的穩定而獨特的心理特質。人格有廣義和狹義之分。從廣義上說，人格等同於個

性，反映一個人整體的心理狀況，所以廣義的人格包括人格，人格只是人格的一部分；從狹義上說，人格指的是與意識傾向相關的個體氣質、人格、喜好等的綜合表現，更具體地說，就是人的人格表現，所以狹義的人格就是指人格。

　　一方面，人格影響抗壓性。一個人的抗壓性是其先天遺傳能力、後天教育與環境交互作用的結果，是其人格特質和心理能力的表現。另一方面，從心理學角度來看，抗壓性包括個體的認知能力、情緒情感力、意識力以及氣質與人格等。其中，人格是抗壓性的重要組成部分。

　　人格樂觀、頑強的個體在面對挫折和挑戰時會表現出過於強勢的抗壓性，勇於面對挑戰；而人格懦弱、自卑的個體在面對挫折和挑戰時抗壓性會很弱，承受壓力的能力很差，適應性弱，缺乏勇氣。

## 二、人格與本性的區別

### 1. 人格主要是後天形成的

　　人格與本性不同。人格是一個人的先天遺傳能力與後天環境交互作用的結果，其中後天的影響更大。我們可以說，人格主要是在後天社會生活中形成的，但也會受個體先天生理因素的影響，比如靦腆的人格、暴躁的人格、果斷的人格、優柔寡斷的人格等。一個人之所以呈現出或靦腆，或暴躁，或果斷，或優柔寡斷的人格，主要由其後天所經歷的社會生活決定。比如靦腆、內斂的父母養育的孩子多半具有靦腆的人格，而脾氣暴躁、易怒的父母容易養育出有著暴躁人格的孩子。因此，人格反映出的是一個人後天所形成的品行、道德和人格，是有個體差異的。

## 2. 本性是天生具有的

本性是人與生俱來的、不可改變的穩定思考方式，比如人與生俱來的自卑感、虛榮心、榮譽感等。舉個例子，每個人都具有求生的本性，但是在面對有人落水時，膽小的人可能就會袖手旁觀，哪怕他會游泳；而樂於助人的人可能就會不顧自己的安危，勇於跳水救人。

其實，有勇氣跳水救人的人並非沒有求生的本性，只是在後天環境中養成了利他、勇敢的人格，才勇於做出這樣的大愛舉動。因此，本性反映的是每個人與生俱來的固有特質，是全人類所共有的。

## 3. 影響人格形成的因素

人格的形成因素有兩個：一是先天的遺傳因素；二是後天的環境與教育因素。其中後天的環境與教育因素影響更大。我們大致上可以做如下比例的劃分：先天的遺傳因素占45%；後天的環境與教育因素占55%。

對一個人的人格來說，先天的遺傳因素是不可改變的、與生俱來的，是穩定的；而後天的環境與教育因素是不穩定的。對於同一父母的兩個孩子而言，先天的遺傳因素是相同的，但是如果後天的教育方式不同，其人格也會完全不同。

有部紀錄片《三個一模一樣的陌生人》(*Three Identical Strangers*)，講述的是一位母親生了三胞胎，因為無力撫養，就把孩子送到了領養機構，機構將三胞胎分別送入富裕的、中產的、貧困的三個家庭中撫養長大。結果發現，長大之後的三胞胎的人格和命運都各不相同。被富裕家庭領養的孩子受到了良好的教育，人格溫和，為人友善；被中產家庭領養的孩子，人格比較情緒化、敏感、自卑；被貧困的低薪家庭領養的孩子，雖然養父母的受教育程度不高，但是生活態度樂觀向上，因而這個孩子的人格也樂觀向上。

因此，對一個人的命運來說，先天的遺傳因素是起點，但決定其一生軌跡的還是後天的環境教育因素。

對一個孩子來說，父母的教育方式很重要，而且與父親相比，母親的影響更大。母親的不同教育方式會導致孩子形成不同的人格特徵。比如：母親喜歡支配，孩子容易消極、依賴、順從；母親喜歡干涉，孩子容易膽小、被動；母親喜歡嬌寵，孩子容易任性、神經質；母親習慣於拒絕孩子，孩子容易變得反抗、冷漠、自高自大；母親對孩子不關心，孩子容易表現出攻擊、情緒不穩定的人格特點；母親很專制，孩子會表現出反抗或服從；母親很民主，孩子容易養成合作、獨立、隨和的人格。

## 你喜歡與什麼人格的人交朋友

從心理學角度來說，人格有好壞、善惡之分。我們生活在社會關係中，人人都需要跟其他人發生交集。每個人都希望與人格好的人交往，尤其是在戀愛關係方面，每個人都希望自己的另一半擁有好的人格。

比如，女生在選擇男生時，會傾向於選擇陽光型的，而不是陰鬱型的。陽光型的男生往往比較開朗、樂觀、活潑、自信、大方，這樣的人格也會帶給對方正向、樂觀的生活觀。而男生傾向於喜歡小鳥依人的女生，這樣的女生往往溫柔、依賴、順從、乖巧、嬌羞。

來自完全不同的生活環境的兩個人能夠生活在一起，主要是因為人格匹配，要麼人格互補，要麼人格相似。當相愛的兩個人不愛了，想離婚了，也常常會把「人格不合」作為離婚理由。所以，人格好與不好，不僅決定一個人未來的發展，而且決定一個人的幸福感。人的一生中最大的課題就是修練自己的人格，培養好的、友善的人格，意味著為一生的幸福打下了堅實的基礎。

# 第三節　培養正向的人格

## 一、人格的分類

要想改變自己的人格，首先要了解自己擁有怎樣的人格，也就是人格的自我認知。人格分類指的是一類人身上所表現出的共有的人格特徵。關於人格，目前還沒有一個完全統一的分類標準。古往今來，主要有以下七種相對流行的人格的分類。

### 1. 機能說

英國心理學家亞歷山大‧培因（Alexander Bain）等人按照人格機能提出了人格機能說。他們認為根據理智、情緒、意志三種心理機能在人格中的占比優勢，可以把人的人格分為理智型、情緒型和意志型。理智型的人，往往非常理性，能夠客觀地評價所處的外在環境，並用理智支配和控制自己的言行；情緒型的人，往往比較情緒化，其言談舉止容易受到情緒的影響，情緒經驗比較豐富，也容易做出情緒化舉動；意志型的人，自控力高，目標明確，行動力強。還有一些人的人格類別介於兩種類別中間，比如理智-意志型、情緒-意志型。

### 2. 向性說

瑞士心理學家卡爾‧榮格（Carl Jung）認為人的心理活動分為內傾與外傾，並以此為依據把人的人格分為內傾型和外傾型，也就是我們常說的內向型人格和外向型人格。內傾型的人比較關注自己的內心世界，不愛社交，關注細節，環境適應能力差；外傾型的人比較關注外在世界，喜愛社交，情感比較外露，適應性強。大多數人都不是典型的外傾型或內傾型，人格常常表現為兼具內傾型和外傾型的中間型。

### 3. 社會文化學說

德國教育家斯普朗格 (Eduard Spranger) 根據人的社會生活方式及其由此產生的價值觀，把人的人格分為六種類別，分別是理論型、經濟型、審美型、社會型、權力型、宗教型。也就是說，一個人在社會生活中更看重什麼，其人格就表現出什麼類別。理論型的人最看重對事物本質的探求，比如哲學家；經濟型的人最看重對利益的追求，比如商人；審美型的人把探尋事物的美作為最大價值，比如畫家；社會型的人以幫助他人、為他人謀求福利作為最大價值，比如慈善家；權力型的人最重視對權力的利用和掌控，比如領袖人物；宗教型的人則把追求宗教信仰看作人生的最高價值，比如宗教信徒。

### 4. 獨立-順從說

美國心理學家赫爾曼・威特金 (Herman Witkin) 按照個體的獨立性程度將人格劃分為獨立型和順從型。獨立型的人擅長獨立發現問題、解決問題，自信心強，在遇到困難時不慌亂，不易受外界因素的影響，能夠專注於眼前事物，但在某些方面容易表現出控制、強迫他人的行為。順從型的人獨立性差，缺乏主見，容易屈從於他人或權威，在遇到困難時表現得驚慌失措。

### 5. 人格特質說

英國心理學家漢斯・艾森克 (Hans Eysenck) 根據因素分析法創立了人格的三因素模型，這個模型也被稱為人格特質說。這三個因素分別是外傾性、神經質、精神質。他認為人體內的特質之間存在一定的連繫，因此應該用特質群而不是獨立分散的特質來描述人格。

美國心理學家瑞蒙・卡特爾 (Raymond Cattell) 同樣用因素分析法對人

格特質進行了分析，並基於分析釋出了16種人格因素問卷，就是廣為流傳的16PF（Cattell's 16 personality factor questionnaire）。16PF 人格因素問卷在國際上具有很高的影響力，被廣泛用於心理諮商、職業測評、人才選拔等工作領域。16種人格包含：樂群、聰慧、穩定、支配、興奮、有恆、敢為、敏感、懷疑、幻想、圓熟、憂鬱、試驗、獨立、自律、緊張。這16種人格因素相互獨立，每一種人格因素的測量都有助於我們對個體的某一個具體人格特徵產生清晰的認知，因此透過16種人格因素的測量，我們就可以系統地評價一個人的人格。

## 6. 特性說

美國心理學家喬伊・吉爾福特（Joy Guilford）特認為人格是各類特質的獨特模式，他指出人格有12種特質，分別為是否憂鬱，是否情緒化，自卑感的強弱，是否容易煩躁，是否容易空想而不能入睡，是否信任他人，是否獨斷專行，是否開朗、動作敏捷，是急性還是慢性，是否喜歡反省，是否願意當領袖，是否善於交際。

## 7. 血型說

1927年，日本學者古川竹二提出「人因血型不同而具有各自不同的氣質，同一血型具有共同的氣質」的論斷。他認為血型決定著一個人的人格，並能夠影響人對各種人際關係的處理方式。古川竹二根據血型把人的氣質分為A型、B型、AB型和O型四種。一些日本學者在此研究基礎上發現血型與人的人格也存在內在關係。

A型血的人好爭鬥，領導欲強，自信心強，能夠獨立完成挑戰，但是容易情緒化而不能自制；B型血的人往往認真，有耐心，多愁善感，為人善良，遇事冷靜，但是容易精神極度緊張，固執己見；O型血的人比較穩

重，有分寸，富有正義感，但是容易急躁，優柔寡斷；AB型血的人則因為人數太少，而沒有得到相對統一的結論。但是，每個國家的文化、歷史、自然環境、風俗習慣各有不同，不同國家的人的體質也不同，因此日本學者的這一結論並沒有得到所有國家的認可，其科學性也有待進一步考究。

## 二、什麼是正向人格

有這麼一個故事，一個小女孩趴在窗戶前，看著窗外的人正在埋葬死去的小狗，於是難掩悲慟之心，傷心不已。她的外祖父看到後把她帶到另一扇窗戶前，小女孩看到美麗的花園後心情變好。老人對小女孩說：「孩子，你開錯了窗戶。」

在現實生活中，很多人在遭遇失敗後仍然能夠樂觀面對，重整待發，有些人則承受不了失敗的打擊而一蹶不振。前者往往具有積極正向的人格，後者往往具有消極負向的人格。

所謂正向人格，指的是一個人在生活中對人、事、物所表現的態度和行為上穩定的正向心理特質，它展現的是個體樂觀、正向的個性特質。反之，負向的人格展現出的是個體悲觀、消極的個性品格。

正向的人格常常表現為能夠用正向的思維來看待自己與世界，精神愉快，積極向上，對事物的發展充滿信心，對未來充滿希望，在面對學習和工作的困難時能夠正向應對。

## 三、正向人格的八個特徵

正向心理學是研究生命從開始到結束的內在潛能和正向品格的科學，它著重於研究和培養個體正向的人格，幫助個體提升幸福感指數。因此，正向人格也是正向心理學的研究目標。

整體來說，正向人格大致包括八個基本特徵。

☺ 善良：對他人充滿善意。

☺ 自信自尊：自我感覺良好，相信自己有能力應對外部挑戰。

☺ 挫折承受力強：在遭遇挫折時，能夠經得住打擊和壓力，勇於突破困境。

☺ 樂觀：總是從正面來看待事物，並堅信未來一定會更好。

☺ 自我控制：能夠對自己進行行為約束，理性行事。

☺ 獨立：能夠獨自完成需要面對的事情，獨自承擔需要承擔的責任。

☺ 寬容：能夠接受他人的不同意見或做法，對於別人的錯誤能夠給予原諒。

☺ 有責任感：對自己、他人和社會有承擔責任的認知，願意為了他人和社會的利益約束自己的言行。

## 四、孩子的六種負向人格

　　正向人格很重要。一個人的家庭成長環境對其人格的形成發揮至關重要的作用，想要塑造一個人的正向人格，應該從其生命早期的家庭教育入手。正向的、民主的家庭環境才可以培養孩子的正向人格。遺憾的是，現實生活中我們常能看到家庭教育的不良影響導致孩子形成了糟糕的負向人格。我結合實踐經驗，總結出六種常見的負向人格。

### 1. 情緒衝動型

　　情緒衝動型的孩子非常易怒，當自己的需求得不到滿足時，就容易表現出過激的行為，比如撕扯東西、咬人、打人、大哭大叫等。這樣的孩子常常無法控制自己的情緒，攻擊性強。需要注意的是，很多情緒衝動型的孩子還會出現自我攻擊的行為，比如用頭撞牆、用利器割傷自己等。

## 2. 被動思考型

　　這類孩子缺乏主動性，沒有主見，自信心比較弱，面對權威時容易畏懼、服從，在與人交往時常壓抑自己的想法，傾向於聽從別人的意見，久而久之，他們變得懶於思考，只想等候別人的差遣或命令。

## 3. 青春叛逆型

　　家長常有這樣的感受：別人的孩子彷彿從沒有過叛逆期，但是自己的孩子從小叛逆，彷彿一直成長在青春期裡。這類孩子的人格就是青春叛逆型。事實上，叛逆的本質是無助，因為透過正常的方式無法滿足自己的需求，才會表現出種種叛逆行為。這樣的孩子從小缺乏溫暖和呵護，父母沒有滿足其內心對愛和關注的需求，因而孩子會透過「作」的方式來引起外部的注意。

## 4. 情緒憂鬱型

　　青少年時期是憂鬱症的好發期。很多孩子的人格就是典型的情緒憂鬱型，容易陷入低迷的情緒狀態，行為懶散，沒有朝氣，缺乏上進心，遇到挫折容易灰心喪氣、崩潰哭泣。

## 5. 孤獨孤僻型

　　這類孩子不愛社交，在集體中不愛表現自己，喜歡獨處，沉默寡言，不愛交流和表達，對人和事都比較冷漠。父母面對這樣的孩子常常不知如何相處。長大後，這類孩子會表現出非常明顯的人際關係問題。

## 6. 嫉妒自大型

　　很多父母為了表達對孩子的愛，會盡量去滿足孩子的一切要求。在這種教育方式下長大的孩子有強烈的特權感，覺得自己是最屬害的、最重要

的。他們對於自己沒有正確的認知，常常會過分誇大自己的能力，而一旦在現實中碰壁，又會產生強烈的抱怨和嫉妒心理。物質條件優越，加上隔代親，在五六個成人圍繞下長大的孩子容易養成嫉妒自大型的人格。

## 五、如何正確培養孩子的人格

### 1. 6歲前是人格塑造的關鍵期

0～6歲是孩子人格養成的關鍵期。在這個階段，孩子的自我意識開始萌芽，但是還沒有完全定型。在探索世界的過程中，孩子會根據外界的回饋來不斷調整自己的認知。因此，這個階段是對孩子進行正向人格塑造的最佳時期。如果家長想要孩子養成好的人格，那就需要在這個時期加以引導。

### 2. 父母要控制孩子任性的行為

父母要拿捏好教育的界限和分寸。很多父母害怕自己過猶不及或太過專制，於是完全以孩子為中心，自己成了保母或者傭人。這是對民主養育的誤讀。

而在真正的民主養育中，父母是孩子的監督者和引導者，能夠對孩子的言行給予指導和教導。如果孩子任性，明智的家長應該及時給予管教和批評，不能任由孩子無原則、無約束地發展。

### 3. 在生活中父母要懂得傾聽孩子

情緒憂鬱型、被動思考型、沉默孤僻型、青春叛逆型等負向人格的形成，其根本在於父母沒有建立起跟孩子的和諧親子關係，孩子不再信賴父母，也不願向父母袒露心扉。

如果孩子的需求沒有被傾聽，沒有被關注，那麼孩子漸漸就不再表達需求。因此，想要引導孩子養成好的人格，父母首先要建立起孩子對自己的信任，其關鍵點就在於懂得傾聽孩子，成為孩子的朋友。當孩子能夠在父母這裡獲得歸屬感，那麼父母對孩子的管教才會有效。

## 第四節　樂商及其三個主題

### 一、什麼是樂商

樂商（Optimistic Intelligence Quotient，簡稱OQ），是指一個人保持樂觀心態的能力，又被稱為樂觀智商。樂商既包括一個人樂觀水準的高低，又包括一個人從經歷的負向事件中汲取正向力量的能力，以及用樂觀心態影響、感染其他人的能力。

樂商是一種創造令人愉悅、有趣的溝通內容和氛圍的能力，是重要的職場生產力，所以我們說，樂商是個體人格特質的一部分，能夠展現出個體的人格魅力。

樂商有高低。樂商高的人在事業和人際關係上更容易獲得成功。賓夕法尼亞州大學心理學家馬汀·塞利格曼（Martin Seligman）教授透過對1948年至1984年的總統大選進行分析，得出以下結論：樂觀的候選人經常在大選中獲勝，悲觀的候選人落選的機率則高達90％。心理學家們對美國總統巴拉克·歐巴馬（Barack Obama）在2009年美國大選勝出的原因進行了分析，都認為歐巴馬的獲勝與他積極樂觀的人格特質有極大的關係。在歐巴馬正向樂觀的情緒及其堅信美國和美國人民的前途會更加美好的信念的激勵下，選民們紛紛將手中選票投給了他。

科學研究已表明，人類天生就偏愛這種正向的人生觀。樂觀既可以給予自己勇氣，也可以給別人以良好的印象，讓別人認為你是一個有發展前途的人、值得信任的人、充滿信心的人。而悲觀者不相信自己具有價值，別人也無法相信他。

成功的人往往都是樂觀的人。樂觀，就是無論在任何情況下，都讓自己堅持去做事，並堅信未來的結果肯定是美好的。樂觀者因為不計較失敗，因而比悲觀者做了更多事情，同時也比悲觀者得到了更多成功的機會。

樂商高的人會更健康。美國護士健康研究（*Nurses' Health Study*）對近7萬名平均年齡為70歲的女性進行了長達10年的追蹤研究，美國退伍軍人事務所對62歲以上的1,429名男性在30年間的壽命情況進行了研究。兩個研究結果發現，無論男女，樂觀程度更高的人更有可能活到85歲。

## 二、樂商的三個主題

衡量樂商的主題有三個：樂觀程度，擺脫負向事件或影響的能力，影響他人變得樂觀的能力。

### 1. 樂觀程度

衡量一個人樂商高低的第一個維度是樂觀程度。樂觀程度越高的人，其心態、身體狀態都越好，壽命也越長。《美國國家科學院院刊》（*Proceedings of the National Academy of Sciences*）在2012年11月19日發表研究報告，指出樂觀水準越高的個體越會賺錢，社會地位越高，婚姻生活越幸福，甚至連壽命都比整個群體高5歲左右。

樂觀程度高低對個體身心層面的影響差異主要有兩方面表現。

一方面，樂觀程度越高的個體，越傾向於參與促進健康的行為，比如不抽菸、不喝酒、跑步、游泳等，這些行為對於個體的身體健康有很大的決定性作用。

另一方面，樂觀程度越高的個體，心理復原力越高。他們面對困難時更靈活，能更快地從壓力源中恢復過來，這也就是我們所說的心理復原力。

樂觀程度低的人，即悲觀主義者，往往愁容滿面，具有相對固定的災難化思維，遇到事情時總是先考慮壞的一面。他們堅信自己的生活不會是一帆風順的，遇事逃避、退卻，怨言滿腹。

樂觀程度高的人，即樂觀主義者，通常是向上看的，他們的大腦會轉得更快。當看到由痛苦所引起的畏怯表情時，人們會產生悲觀的想法，但是如果讓人們抬頭向上看的話，就會降低悲觀的程度。而悲觀主義者的眼睛通常是往下看的。

有一個胖子和一個瘦子一同在鐵軌上行走，瘦子總是盯著腳下的鐵軌，害怕被絆倒，走得歪歪倒倒、跌跌撞撞的；而胖子因為肚子大，根本就看不見腳下的鐵軌，沒有顧慮，只是望著遠方的鐵軌，一路快樂地大步往前走。

## 2. 擺脫負向事件或影響的能力

這個維度指的是個體從所經歷的負向事件中獲取正向力量的能力。樂商高的人並不是人生中遇到的負向事件少，而是在負向事件面前能夠迅速擺脫負向心理，看到問題的正向面，面對事件，藉此成長。

## 3. 影響他人變得樂觀的能力

樂觀具有感染性。生活中我們常會有這樣的感觸，跟喜歡笑的人在一起會更加快樂，跟負向陰鬱的人在一起會更加煩惱。樂商高的人，有能力

影響身邊的人變得像自己一樣樂觀。也就是說，樂商高的人，更有能力帶給別人快樂和力量。此外，樂商高的人對他人的正向影響還與其包容度有關。樂商高的人在遇到困難時願意相信自己、鼓勵自己，在他人遇到困難時能夠有同理心，為對方著想，因此會表現出相當高程度的寬容和仁慈，讓人感受到溫暖和善良。

## 三、如何提高樂商水準

既然樂商如此重要，我們應該怎樣提高自己的樂商水準呢？

### 1. 多微笑

多微笑可以提升樂觀水準。首先，表情是身體的一部分，多微笑能夠促進身體內的多巴胺分泌，讓人的情緒變得高漲。其次，喜歡微笑的人運氣都不會差。因為愛笑的人會讓身邊的人更願意靠近他們，朋友自然更多，這使得他們更容易獲得外部的幫助，因而更利於問題的解決。因此，提升樂商的第一點就是要多微笑。

### 2. 多聽正向能量的音樂，陶冶情操

從心理能量的角度來說，當我們感受的正向能量足夠多時，心理中的負向情緒就會被抵消。因此，生活中多聽正向能量的音樂，去品味音樂中的美好和快樂，可以幫助我們提升樂商。

### 3. 日行三善，做善事和感恩

研究者發現，人們在做了善事後會變得更加快樂。透過做善事所獲得的快樂要比由某些直接刺激所獲得的快樂更深刻。而人們在有意識地去對幫助過自己的人表達感恩之情後，心情也會顯著變好。這些善意的行為能

夠激發一個人人性裡更深層次的快樂，讓人感受到一種生而為人的美好和屬於人類集體的歸屬感。所以，樂商高的人往往更加滿面春風，心懷善意。多做善事，多表達感恩之心，可以提升自己的樂商。

## 4. 寬恕他人

別人對自己做的善事，我們要表達感恩之心；對於他人做得不好的事，我們也要學會用包容的心態來寬恕。當我們學會了寬恕，我們才可以轉移或者消除生活中的磨難所帶來的痛苦，才會更加不易動怒，心態才更平穩，也更有心力去關注更美好、更有希望感的事情。

## 5. 多與自己所愛之人相處

研究發現，多與自己所愛之人相處會提高樂商。在心理諮商實踐中，對於像患有憂鬱症的心理求助者，心理師往往會囑咐其家人給予更多的關懷和照料，因為社會支持對於一個人的情緒紓解有非常大的幫助，好的社會支持能夠帶給人安全感，讓人有更多的勇氣和力量去面對生活中的各種問題。即便是樂觀程度低的個體，在充滿愛的社會支持下，也會變得快樂起來。因此，想要提高自己的樂商，我們可以先從多與自己所愛之人相處做起。

## 6. 冥想訓練

有一本暢銷書叫《冥想五分鐘等於熟睡一小時》，講的是冥想對於身心放鬆的裨益。冥想可以幫助我們放下執念，減少身體和心理上的壓力，更關注當下的感受，因而做出的判斷和行動也會更有效。生活中，我們可以學著去做簡單的冥想練習，讓自己從不良情緒中迅速抽離。

## 四、REACH 五步驟學會寬恕

在以上提到的提升樂商水準的方法中，學會寬恕並不是一件容易的事，因此，我給大家分享一種關於寬恕能力的刻意練習——REACH 五步驟。

### 1. R：Recall，回憶

在回憶讓自己感到不愉快的事情時做幾次深呼吸，用更客觀的方式來評價這個事件，不帶情緒地分析事件的來龍去脈，不要讓憤怒情緒衝昏了頭腦，更不要讓自己沉浸在委屈的情緒中。

### 2. E：Empathize，同理

同理是站在對方角度，用對方的視角來理解對方的心理與行為的能力。在回憶往事時，自己能從惡性循環中跳出來，站在對方的角度思考對方為什麼要這麼做。

當我們能夠用同理來分析事件時，我們會發現自己會對對方的行為動機給出一些意想不到的解釋，對方做這件事或許是出於自我保護，或許是因為迫不得已，又或許是以為這樣是為自己好。透過同理，我們可以合理化對方的行為，也有助於擺脫怨恨的情緒。

### 3. A：Altruistic，利他性的真心寬恕

同理之後，下一步需要做的是進行寬恕。最好的方法是回想自己作為加害者的一個事件，去回憶自己是如何被對方原諒和寬恕的，並將這種寬恕的行為回饋給對自己造成傷害的加害者。這是一種善意的傳遞，讓自己成為善意的傳遞者。如果能做到這一點，我們會發現自己不會覺得委屈，反而會充滿快樂和喜悅。

## 4. C：Commit，公開承諾寬恕

當做到真心寬恕後，學著去表達寬恕，可以透過日記寫出來，也可以告知一位雙方的好友，或者直接寫信、傳電子郵件給加害者，讓其收到自己的寬恕。但是，一定不要面對面地表達寬恕，這樣會給對方造成壓力。

## 5. H：Hold，保持寬恕

儘管我們原諒了對方，可是記憶還會反覆出現，自己的委屈或憤怒情緒還是會時不時地湧用心頭，這很正常，因為我們即便是寬恕了對方的行為，依舊不能抹掉已經發生的事件。所以每當記憶湧現時，我們都學著用前面的步驟寬恕對方，久而久之，這件事情對自己的意義就會發生改變。

## 第五節　兩種不同的樂觀

## 一、關於樂觀的兩種不同的理論

### 1. 氣質性樂觀

美國第40任總統隆納‧雷根（Ronald Reagan）生前很喜歡講述一則《一匹小馬》的故事。

一位父親有一對六歲大的雙胞胎兒子。兩個孩子個性相反，一個超級樂觀，一個超級悲觀，父親很無奈，於是將兩個孩子帶去做心理治療，希望能治好他們的毛病。

心理師將過分悲觀的男孩帶到一個裝滿了各式各樣玩具的房間，讓他盡情玩玩具，希望能使他樂觀一點。不久之後，父親和心理師開啟了房間的門，卻看到悲觀的男孩雖然滿手是玩具，仍然哭紅了眼睛。他們問他為

什麼難過，男孩回答：「我怕有人偷走這些玩具。」

心理師接著把過分樂觀的男孩送進一個堆有馬糞的房間，希望能幫他調整一下過於樂觀的個性。不久之後，醫生和父親開啟房門，以為會看到一個愁容滿面的男孩，卻看到小男孩坐在馬糞堆上，拚命往下挖掘，表現得很興奮。他們問男孩為什麼這麼高興，男孩說：「有馬糞就表示一定有一匹小馬，我要找到這匹小馬。」 這個男孩就是具有樂觀性氣質的人。

氣質性樂觀理論認為，樂觀是一種人格特質，能夠反映出一個人對未來的美好期望。所以，擁有樂觀特質的人對未來事件總是抱著積極、美好的期待，傾向於相信事件朝著好的方向發展。因此，這種樂觀特質能夠促使個體正向地去面對困難、挫折，而不是逃避、畏縮，個體堅信未來是美好的、有希望的，會朝著目標不斷地調整自己，改變行為方式，努力實現目標。

## 2. 樂觀型解釋風格

正向心理學之父馬汀・塞利格曼教授則認為樂觀不是一種普遍的人格特質，而是一種解釋風格。解釋風格反映出一個人看待事物的角度。

擁有不同解釋風格的人，看待事物的角度也不同。塞利格曼將個體分為樂觀型解釋風格和悲觀型解釋風格。樂觀型解釋風格的人往往能夠看到問題的正向面，而悲觀型解釋風格的人則習慣以負向又消極的態度看待問題。

一位老太太有兩個女兒，大女兒賣雨傘，小女兒賣冰棒。晴天時，雨傘賣不出去，老太太就埋怨老天為什麼不下雨；雨天時，冰棒賣不動，老太太就抱怨為什麼不趕快出太陽。後來有人開導她說：「晴天時，你小女兒冰棒賣得很好，雨天時，你大女兒雨傘賣得快，你天天都有高興事，還有什麼可埋怨的呢？」老太太一想，臉上便由陰轉晴，心情一下子就好起

來了。所以說，解釋風格不同，同一個問題的性質就截然不同。

氣質性樂觀理論認為樂觀是個體與生俱來的一種特質，而解釋風格理論則認為一個人是樂觀還是悲觀，受多種因素的影響，比如先天生理因素、自身的生活經歷、父母的心理健康水準、父母的養育態度、教師的教育風格、父母的樂觀特質等。父母越樂觀，心理越健康，給孩子的鼓勵和獎勵越多，孩子越容易成長為具有樂觀型解釋風格的人。

鑒於一個人的解釋風格受內外多種因素的影響，因此，一個人的解釋風格一旦形成，將很難改變，除非有強而有力的外在介入。

## 二、兩種不同解釋風格的人

### 1. 概述

人在遭遇失敗或困難時，會習慣性地進行內歸因或外歸因。擁有樂觀型解釋風格的人會習慣於把原因歸咎為外部環境，而擁有悲觀型解釋風格的人則習慣於把原因歸咎於自我，認為遭遇失敗或者遇到危險都是自己造成的，因而會更加悲觀。同樣是看到半杯水，樂觀型解釋風格的人會看到「還有半杯水呢」，而悲觀型解釋風格的人則會看到「只剩下半杯水了」。

樂觀型解釋風格的人能夠關注事件好的一面，也能夠看到自己的優點，他們能夠客觀看待自己遇到的挫折，認為失敗和挫折都是暫時的、短期的，是由外在的環境因素所導致的，即便存在個人過失，也不會因此否定自己的能力。而悲觀型解釋風格的人則常把失敗和挫折歸咎於自己，認為困難是長期的、永久的，自己是無法克服或戰勝的。因而，悲觀型解釋風格的人面對問題時更負面、絕望，更容易壓抑。在遇到困難時，悲觀型解釋風格的人常有這樣的內在對話：「這是我的錯」、「我就是一個很糟糕的人」、「我很笨，我做什麼都不行」。

## 2. 悲觀者的四大表現

樂觀型解釋風格的人常被稱為樂觀者，悲觀型解釋風格的人常被稱為悲觀者。

(1)悲觀者容易憂鬱、焦慮。有一個成語叫「杞人憂天」，指的是古代杞國有個人擔心天會塌、地會陷，因此整日寢食難安，鬱鬱寡歡。悲觀者常會對一些完全不切實際的事物感到憂慮，並因事物的不可改變而影響心境，導致憂鬱、焦慮情緒產生。

(2)悲觀者容易被困難打倒。《愚公移山》是一則家喻戶曉的寓言故事，故事中有兩個鮮明的人物形象，一個是愚公，另一個是智叟。愚公不愚，面對擋住去路的兩座大山，他立志要移山開路，當白以為是的智叟嘲笑他的「愚蠢」想法時，愚公因為心懷抱負，依然堅持自己的目標。智叟認為愚公一輩子都不可能移走大山，而愚公則樂觀地認為，自己死後有兒子，兒子死後有孫子，子子孫孫無窮無盡，總有一天會把大山移走。正是因為樂觀和堅毅，愚公實現了自己的夢想。而像智叟這樣的悲觀者在面對困難時，習慣於為自己找一些逃避問題的藉口，表面上不乏智慧，但事實上膽小懦弱，很容易被困難打倒。

(3)悲觀者容易自我否定。悲觀者在成長過程中體會過無助感，而這種無助感又因為自己的悲觀型解釋風格而被強化。當遇到困難時，他們習慣於自我否定，認為無論自己怎麼做都不會改變局面。他們會堅信是自己的問題導致壞事發生在自己身上，而憑藉自己的能力是無法改變現狀、扭轉局面的。具有自我否定的傾向也是很多悲觀者無法堅持做好一件事的原因。

(4)悲觀者容易對生活失去希望。在悲觀者眼中，困難是永久存在的，痛苦是不可避免的，自己是沒有能力改變現狀的，自己的人生和未來

注定是黑暗的。因此悲觀者常常在學業上、事業上、關係上都表現出杞人憂天的特點，他們堅信自己是不幸的，因此對未來不抱希望，也失去了奮鬥和努力的動力。

## 癌症人格

癌症人格是指不會宣洩和表達內心痛苦，習慣性壓抑自己情緒的人格特徵。擁有癌症人格的人，很容易患上癌症。癌症人格的人多是悲觀主義者，具有悲觀型解釋風格，他們容易壓抑自己的情緒，對所經歷的事件常表現出悲觀、絕望，沒有勇氣面對現實，這種長期內隱的負向情緒對身體免疫系統造成了破壞性衝擊，因而導致患癌機率顯著增高。

癌症人格主要指如下四種人格。

（1）刻意忍受型。這種人格的人在遇到問題時能忍就忍，習慣於忍受自己的遭遇，並壓抑情緒，不表露在外。事實上，很多老好人看似人格好，沒有脾氣，其實是把憤怒情緒壓抑在自己內心，長此以往，對身體的傷害是非常大的。

（2）緊張焦慮型。過度焦慮的人也容易患上癌症。這種人格的人遇事時很容易緊張，心煩意亂，只要面臨自己在意的事情就會表現出提心吊膽、惶恐不安的狀態，每每遇到困難，身體的免疫系統就超負荷運轉。他們之所以容易緊張、焦慮，是因為對未來持有悲觀、消極的態度。

（3）喜歡孤獨型。我們每個人都會遇到挫折，但是習慣於孤獨的人往往沒有良好的社交關係，缺乏充足的社會支持，他們不善於社交、交流，也不善於尋求幫助，這導致獨來獨往的他們在遇到挫折時常常孤立無援。芬蘭的一項研究證實，孤獨與癌症存在明顯的正相關關係。

（4）較真懊惱型。較真的人不能靈活地對待人、事、物，愛鑽牛角尖，他們往往固執己見，缺乏應變能力，一旦事情的發展不符合計畫，就會懊惱，自怨自艾。這種人不容易聽取別人的意見，他人的引導和建議也往往不發揮作用，因而一旦陷入情緒漩渦，就難以自拔。

事實上，這四種人格的人患癌症的機率大，其根源在於負面的悲觀型解釋風格讓個體的身心承擔了太大的負面壓力，導致情緒超負荷，身體系統崩潰。

## 三、如何改變悲觀主義

悲觀是樂觀的大敵，對於個體的關係、發展及身體健康都有毀滅性影響。雖然悲觀受多種因素的影響，往往難以改變，但如果去刻意改變，悲觀型解釋風格也可以獲得修正，悲觀者的悲觀主義會慢慢淡化，他也會成為樂觀者。如果你是一個悲觀者，可以嘗試以下兩種改變悲觀主義的方法。

### 1. 調整情緒三步法

第一步，喊停。當自己陷入悲觀思維時，首先用手拍桌子並大聲喊「停」，或者在紙上寫個「停」字，然後一直看著它，透過這樣的方式來告停自己的悲觀思維。這時，可以把注意力轉移到其他事情上，使自己從困境中暫時抽離。

第二步，放鬆。雖然行為上透過「喊停」做了暫停和抽離，但情緒上往往還會處在困境中，有壓抑和窒息感。這時，可以嘗試做深呼吸來調整情緒，或者透過聽音樂、看電影等娛樂方式讓情緒得到紓解和放鬆。

第三步，提醒自己。悲觀解釋只是事實的一方面，而不是事實的全部。事實有悲觀的一面，也有樂觀的一面，我們要提醒自己學著去看見困境背後的資源面，讓自己從困境中得到成長。

## 2. 換種方式解讀現實

任何事物都有正反兩面。《塞翁失馬》的故事相信大家都聽過。塞翁家的馬跑了，大家都來慰問他。塞翁說：「為什麼不是福運呢？」幾個月後，塞翁家的馬帶領著胡人的駿馬回來了，大家都祝賀他。他說：「為什麼不是禍端呢？」

家裡有許多駿馬，他的兒子喜歡騎馬，有一次從馬上摔下來，摔斷了大腿骨。大家都慰問他，這位父親說：「為什麼就知道不是福運呢？」

過了一年，胡人大舉侵入邊塞，健壯的男子都拿起弓箭參戰，塞上參戰的人，十個人中死九個，不死的都是重傷。唯獨他的兒子因為腿摔斷了，得以保全性命。

塞翁能夠在遇到任何事情時都辯證地從正反兩面來看待，不大喜，也不大悲，坦然面對，接納現實，才能一次次跨過磨難。這啟發我們要學會把危機視作人生的挑戰或機遇，把所遇到的問題當作人生路上的一個成長機會，轉換自己的內在語言，不再說「我不行」、「我不會」這樣的聲音，學會啟動「試一試」、「加油」、「我可以」這樣的內在語言來鼓勵自己面對挑戰。現實因視角而發生改變，當我們能夠正向、樂觀地解讀現實處境時，我們會發現未來一片光明。

### 小結

樂觀是一種良好的心理特質，能挫敗一切痛苦與煩惱，給人們勇氣、信心和力量。

## 自我分析

你屬於氣質性樂觀，還是屬於樂觀型解釋風格？

## 自我檢測

癌症人格距離你多遠？

## 推薦閱讀

《*The Power of Habit: Harnessing the Power to Establish Routines That Guarantee Success in Business and in Life*》傑克・霍奇（Jack Hodges）

《因為生活充滿OOXX，所以需要「樂觀商數」的心理學》任俊、應小萍

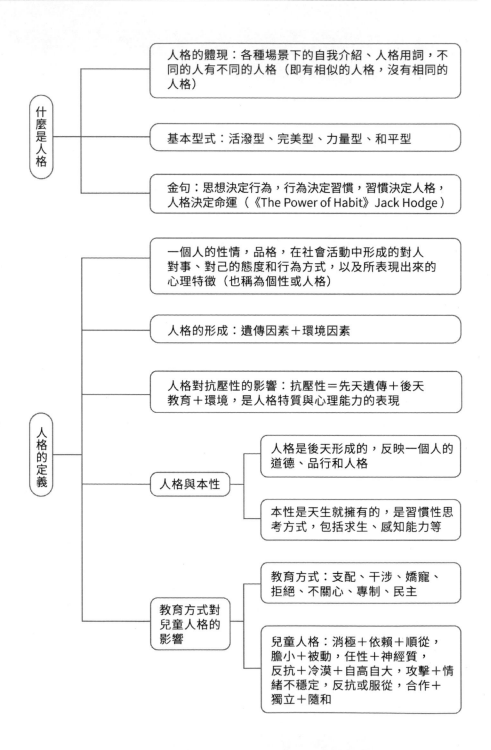

什麼是人格

- 人格的體現：各種場景下的自我介紹、人格用詞，不同的人有不同的人格（即有相似的人格，沒有相同的人格）
- 基本型式：活潑型、完美型、力量型、和平型
- 金句：思想決定行為，行為決定習慣，習慣決定人格，人格決定命運（《The Power of Habit》Jack Hodge）

人格的定義

- 一個人的性情，品格，在社會活動中形成的對人對事、對己的態度和行為方式，以及所表現出來的心理特徵（也稱為個性或人格）
- 人格的形成：遺傳因素＋環境因素
- 人格對抗壓性的影響：抗壓性＝先天遺傳＋後天教育＋環境，是人格特質與心理能力的表現
- 人格與本性
  - 人格是後天形成的，反映一個人的道德、品行和人格
  - 本性是天生就擁有的，是習慣性思考方式，包括求生、感知能力等
- 教育方式對兒童人格的影響
  - 教育方式：支配、干涉、嬌寵、拒絕、不關心、專制、民主
  - 兒童人格：消極＋依賴＋順從，膽小＋被動，任性＋神經質，反抗＋冷漠＋自高自大，攻擊＋情緒不穩定，反抗或服從，合作＋獨立＋隨和

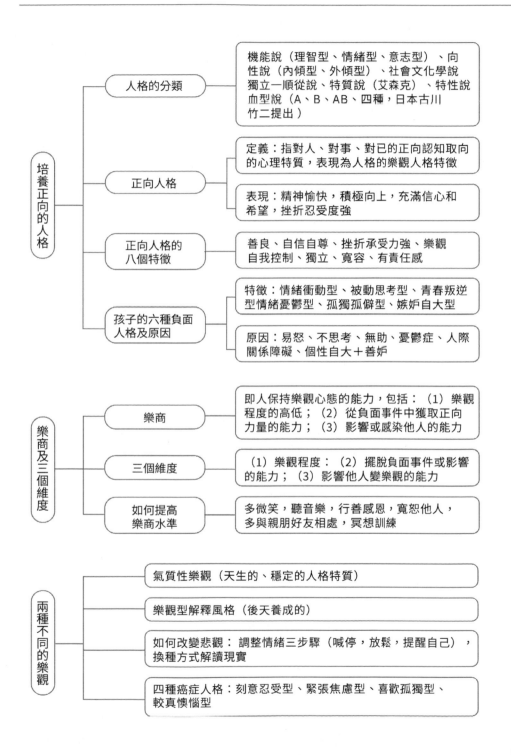

培養正向的人格

人格的分類　機能說（理智型、情緒型、意志型）、向性說（內傾型、外傾型）、社會文化學說獨立─順從說、特質說（艾森克）、特性說血型說（A、B、AB、四種，日本古川竹二提出）

正向人格　定義：指對人、對事、對已的正向認知取向的心理特質，表現為人格的樂觀人格特徵

表現：精神愉快，積極向上，充滿信心和希望，挫折忍受度強

正向人格的八個特徵　善良、自信自尊、挫折承受力強、樂觀自我控制、獨立、寬容、有責任感

孩子的六種負面人格及原因　特徵：情緒衝動型、被動思考型、青春叛逆型情緒憂鬱型、孤獨孤僻型、嫉妒自大型

原因：易怒、不思考、無助、憂鬱症、人際關係障礙、個性自大＋善妒

樂商及三個維度

樂商　即人保持樂觀心態的能力，包括：（1）樂觀程度的高低；（2）從負面事件中獲取正向力量的能力；（3）影響或感染他人的能力

三個維度　（1）樂觀程度；（2）擺脫負面事件或影響的能力；（3）影響他人變樂觀的能力

如何提高樂商水準　多微笑，聽音樂，行善感恩，寬恕他人，多與親朋好友相處，冥想訓練

兩種不同的樂觀

氣質性樂觀（天生的、穩定的人格特質）

樂觀型解釋風格（後天養成的）

如何改變悲觀：調整情緒三步驟（喊停，放鬆，提醒自己），換種方式解讀現實

四種癌症人格：刻意忍受型、緊張焦慮型、喜歡孤獨型、較真懊惱型

# 第二章　正向情緒：情商

情緒是生命的一部分，展現著一個人控制生命的能力。

# 第一節　情緒

## 一、情緒的分類

情緒是對一系列主觀經驗的統稱，而且往往伴隨著某種外部行為表現，包括面部表情、肢體語言、語調和身體動作等。

從生物進化的角度來說，情緒可以分為基本情緒和複合情緒。其中，基本情緒是人類和動物所共有的先天情緒。在1970年代初，伊扎德（Carroll Izard）提出人類有11種基本情緒，分別是興趣、驚奇、痛苦、厭惡、愉快、憤怒、恐懼、悲傷、害羞、輕蔑和自罪感。複合情緒則是由基本情緒的不同組合衍生出來的，比如敵意是憤怒和厭惡兩種情緒的組合。

從情緒的意義角度來說，情緒可以分為正向情緒和負向情緒。其中，正向情緒是我們的需求被滿足時所產生的情緒，而負向情緒則是我們被傷害和限制時所產生的情緒。你腦海中每天出現的想法是正面、正向的多一些，還是負面、消極的多一些？我們的大腦中，平均每天會有四五萬個想法浮現又消失。在清醒的時候，大多數人是在內心與自己默默地對話。大腦中彷彿有那麼一個「喋喋不休的人」，一下子說東，一下子說西，說的東西總是負向的比正向的多。美國密西根大學的心理學家Nandi Nelson發現，一般人的一生平均有30%的時間處於情緒不佳的狀態。

## 二、七情六慾

### 1. 概述

俗話說，人都有七情六慾，每個人這一生都躲不過情感與欲望的糾纏。

　　有關七情最早的記載是在《禮記‧禮運》中：「喜、怒、哀、懼、愛、惡、欲，七者，弗學而能。」這七種情感是我們人類與生俱來的，也是我們最基本的情感。而有關六慾最早的記載則是在《呂氏春秋‧貴生》中：「所謂全生者，六慾皆得其宜也。」後人對此做了註釋，六慾是指眼、耳、鼻、舌、身、意，代表著人的生理需求或欲望。

　　如果按照正向情緒和負向情緒的分類標準，七情中的正向情緒只有喜和愛，而其他五個都是負向情緒。

　　人的一生就如同登山，或許我們只有在登上山頂那一刻才能短暫地體會到正向情緒，其餘大部分時間都在感受負向情緒。

　　正如追求喜和愛等正向情緒是一種本能一樣，我們也會本能地想要逃避恐懼等負向情緒，但負向情緒其實對我們的生存有著重要的意義，它能在一定程度上保護我們，使我們免受傷害。人類祖先要想在危機四伏的環境中生存下來，就需要透過情緒來覺察周圍是否有危險，以便及時做出反應。因此，負向情緒能讓我們順利地活下來，而正向情緒能讓我們活得更好。

## 2. 舉例

　　以恐懼為例，恐懼是一種有機體企圖擺脫或逃避某種情境而又無能為力的情緒經驗。心理學家認為，恐懼遠比害怕深刻。害怕針對現在發生的事，恐懼則可以針對未知的事。害怕大多是針對一個現象而產生的，當你的肉體遭受攻擊，比如一隻野獸向你撲來時，你會感到害怕；而恐懼則是你不知道什麼時候會碰到野獸，還是不會碰到野獸。

　　在生命的旅程中，我們每個人都會遇到各式各樣的失敗，其中大多數人的失敗並不是因為其智力不夠或能力不強，而更多的是因為這些人背負著太多的顧慮和擔憂，恐懼的心理影響了他們面對事物時的情緒和心態。

如果我們能勇敢一些，忽略險惡的狀況，只專注於當下做的事情，生活也許會更美好。其實克服恐懼就是要放下懷疑，正視現實，找到正確的方法。

人類會產生六種恐懼心理。

(1) 對貧窮的恐懼。當一個人的基本生存需求得不到滿足，尊嚴、平等和自由喪失的時候，他會感覺到貧窮比死亡更可怕。貧窮不僅會限制我們的想像力，還會影響我們對人生的判斷力。金錢的匱乏感會讓我們的大腦時刻處於警覺狀態，生活中任意微小的變故都會觸發警報訊號，久而久之，大腦就會疲於應對眼前的短期利益，很難專注於未來的長期利益。也就是說，當我們的注意力都集中在獲取金錢上，就會失去理性決策所需要的認知資源。

(2) 對批評的恐懼。在生活中，當別人和我們有不同意見或者批評、否定我們的時候，我們本能的反應不是嘗試去理解和接納別人的觀點，而是首先反駁對方。每個人都喜歡聽到讚美和肯定的語言，害怕被批評和指責，因為批評意味著我們被否定，意味著自己不夠好。

(3) 對疾病的恐懼。一談起疾病，人們腦海中浮現的往往是癌症、無藥可救、傾家蕩產，生病不僅意味著身體遭受痛苦，往往也意味著經濟遭遇重大挑戰。

(4) 對失去愛的恐懼。世界上沒有人是不害怕失去的。有些人害怕失去財富，有些人害怕失去地位，有些人害怕失去健康，有些人則害怕失去愛。愛與被愛是我們每個人的基本需求。我們希望能在群體中得到他人的愛，享受被接納的喜悅。愛建構了我們和他人的關係，因為愛，我們不再是獨立的個體，而是與他人充滿感情連線。

(5) 對年老的恐懼。衰老是每個人都無法逃避的問題，從出生的那一刻，對衰老的恐懼就時隱時現地在我們體內鼓動，我們的人生有一半的時

間注定要面對衰老和死亡。衰老的路上最常見的風景就是孤獨，能陪伴自己的人越來越少，關注自己的人也越來越少，不可預知的病痛卻接踵而來。

（6）對死亡的恐懼。人這一生有太多的不確定性，但有一件事是確定的，那就是每個人都會死，或早或晚而已。在死亡來臨的那一刻，我們畢生的追求、畢生的奮鬥、畢生的榮耀全部清零。我們不知道自己即將面臨的是什麼，人死後是否真的如燈滅？有什麼證據能證明這一點？太多的不確定性令我們倍感恐懼。對死亡的恐懼不僅困擾著我們普通人，就連聖賢孔子也曾感慨：「未知生，焉知死。」

## 三、情緒穩定是最重要的

情緒是生命的一部分，展示著一個人控制生命的能力。每個人都需要了解自己的情緒變化，也要學會觀察和理解周圍其他人的情緒。既不要製造壞情緒給自己，也不要被他人的壞情緒所傳染。當不良情緒出現時，要學會在迴避中寬慰自己。

穩定情緒是指個體在任何情況下都能保持內心的平和、從容；而不穩定情緒則是指當遇到意外事件或聽到不好的消息時，個體會做出非常激烈的反應。

不穩定的情緒會直接導致我們在生活和工作中失控，會因為眼前的一點得失而大動肝火，焦躁不安。當我們憤怒時，我們就淪為情緒的奴隸；當我們生氣時，我們的智商瞬間降為零；當我們衝動時，情緒就操縱了我們的一切。要杜絕壞情緒，需要具備抵抗壞情緒的免疫能力。提高免疫能力的首要條件是盡量了解和發現自己的情緒。我們要憑藉經驗和知識控制好自己的情緒，讓情緒成為一種力量，成為我們的生命助力。

　　人都有七情六慾，當我們在生活中、感情中、工作中遭遇難題的時候，難免會有情緒波動，並被情緒影響。有情緒是本能，而穩定情緒是本事。與其逞一時之快，任意發洩自己的情緒，不如嘗試控制情緒。

　　真正厲害的人都能不被情緒吞沒，保持穩定的情緒是檢驗一個成年人是否成熟的重要標準。能掌控情緒的人，即使身處險境，也能化險為夷；不能掌控情緒的人，即使天降橫財，也會一敗塗地。當我們有情緒時，不妨試著轉移一下自己的注意力，比如調整呼吸、看部電影、找朋友聊天等，這些都可以幫助我們舒緩情緒。

　　人類具有許多種力量，例如，身體中有肌肉的力量，頭腦中有智慧的力量，而人類的情緒中蘊藏著更大的力量。只要我們願意去做，就能夠獲得情緒的力量。

## 第二節　情緒的緩解和鍛鍊

### 一、情緒的緩解

　　RAIN冥想練習是美國著名心理學家塔拉·布萊克（Tara Brach）提出的一種透過正念來排解負向情緒的方法。這一方法能幫助我們分離情緒和自我，接納自己的負向情緒。

　　RAIN旁觀負向情緒法包含四個步驟。

☺ 辨識（Recognize）：辨識發生了什麼。

☺ 接納（Allow）：接受情緒本來的樣子，如其所是。

☺ 探究（Investigate）：帶著善意去探究、覺察感受。

☺ 非認同（Natural Awareness）：不要去認同正在發生的情緒。

第一，辨識就是注意此時出現的任何念頭、思緒和感受。我們可以靜下心來問問自己現在的情緒是什麼，也就是簡單地了解到，我們被困住了，受制於當下痛苦的負向情緒，比如生氣、悲傷、鬱悶、煩躁、嫉妒等。我們要試圖傾聽和信任自己的內在，告訴自己：「此刻，我有情緒了。」在這個過程中，最重要的是把注意力放在內在，而不是放在引起自己負向情緒的人或者事物上。

第二，我們要允許並接納第一步辨識到的念頭、思緒和感受。通常當我們陷入不愉快的情緒時，我們會評判自己，或者選擇逃避。對於大腦中喋喋不休的聲音，我們可以試著去覺察，讓感受順其自然地存在，允許內在痛苦的存在。這些負面的聲音只是我們聽到的一種聲音，是我們產生的一個念頭或想法，並不代表我們就是這樣的。我們不要去認同它或批判它，只是感受它。也就是說，我們要接納正在出現的情緒，感受情緒真實的樣子，但不進行評判。我們越是自責、牴觸和排斥這些情緒，就越會出現更多的負向情緒。

第三，把注意力放在自己的身體上，去探究身體的哪些部位有緊繃感，胃部是否有不舒服的感覺，心臟是否感覺緊繃或抽痛，以及身體是否顫抖。這些都是情緒在我們身上作用的結果。我們要去覺察它，關照它，允許它的存在，全然地去經歷它，不要抗拒。我們會發現，全然地接納和經歷會讓不好的情緒更快地消失，甚至轉化為喜悅。

第四，當我們的情緒不好時，當下的感受不好時，要理解到這些都只是暫時的，是我們的一部分，而不是我們的全部，不要將這些感受和我們自己畫等號。雖然我們的情緒是憤怒，是生氣，但是並不代表我們就是一個愛生氣的人。我們要嘗試調整呼吸，深度放鬆下來，不再自我糾結，要意識到我們需要改善的只是當下的情緒和行為，而不是全面否定我們自己，這時心情會很快恢復平靜。

## 二、情緒的鍛鍊

　　情緒使我們的生活變得多姿多彩，也在隨時隨地影響著我們的生活。情緒管理不是消滅情緒，而是調適情緒，使情緒盡可能不給自己的生活帶來負面的影響。

　　在《*The Happiness Hypothesis*》一書中，作者喬納森・海特（Jonathan Haidt）將情緒比作大象，代表著人類最原始的衝動，力量非常強大，將理智比作騎在大象背上的人，力量非常弱小，騎象人想要靠蠻力控制住大象幾乎是不可能的。深陷情緒中的人無法用理智駕馭情緒，而調適情緒的高手可以馴服大象，讓它朝著騎象人指定的方向前進。那麼如何馴服大象呢？最有效的辦法有三種：注意力轉移法、換位思考法、慢慢說話法。

### 1. 注意力轉移法：冷卻情緒，不要立即回應

　　注意力轉移法是指將注意力從引發負向情緒的刺激情境中轉移至其他事物上的自我調節方法。當我們遇見不能忍耐、難以接受的事，首先讓自己跳脫出當前的情境，讓自己有冷靜的獨立空間，接下來嘗試喘氣，不說話，然後再大口地喘氣，讓氣息進入腹部丹田，再緩緩地吐氣。這樣反覆做三次深呼吸之後，基本上想發火的情緒就會穩定很多，隨後扯開嘴角，露出微笑的樣子。

### 2. 換位思考法：看到事情好的一面

　　換位思考法是指與對方互換位置，設身處地為對方著想，看到事情好的一面。人生不如意十有八九，失業、失戀、失意、失去最在意的事和人，往往都會導致情緒波動或失控。人各有各的苦難，所處立場不同，往往很難真正做到感同身受。但就像《大亨小傳》（*The Great Gatsby*）中所說的：「在你想要批判別人之前，要知道很多人的處境並不如你。」因此，凡

事都要看到事情好的一面，都從不同的角度去理解，嘗試換種思路，換種做法，人生就會走向不同的軌道。

### 3. 慢慢說話法：說話時語速慢一點，再慢一點

當我們情緒激動時，語調會變得很高，語速往往也會不自覺地加快，說話不經過大腦，口不擇言。如果對方反駁，我們的聲調會提得更高，以在氣勢上壓倒對方。而這個時候，要有意識地提醒自己語速慢下來，語調平和下來，時刻警醒自己要保持理性，開口之前充分思考什麼該說，什麼不該說。如果我們能做到這一點，對方也不會以情緒來回擊我們，雙方才能進行有效的溝通。

## 第三節　正向情緒的意義

人類情緒的起源是什麼呢？讓我們隨時光倒流，回到遠古時代，去想像這樣一個場景：當我們的祖先遇見凶猛的食肉動物，生命受到嚴重威脅時，本能的反應是逃跑或躲避，自然產生的情緒是害怕和驚恐，這種情緒會促使我們的祖先迅速逃跑，從而保全生命。當我們的祖先遇見沒有攻擊性的草食性動物時，就會產生一種驚喜的情緒，這種情緒會促使他們主動地去接近動物並獵取它們。在漫長的人類進化過程中，負向情緒使人類得以生存下來，但是在人類獲得生存能力以後，為了活得更好，進而發展出正向情緒。

心理學家在研究人類情緒的起源時發現，負向情緒優先於正向情緒產生。正向情緒的功能與負向情緒正好相反，當我們的祖先透過狩獵獲得一隻肥碩的鹿時，他會產生高興的情緒，這時他會手舞足蹈；當第二天他又獲得一隻肥碩的大山羊時，他會高興得用大喊大叫來慶賀。至今全世界的

許多民族在表示歡樂的情緒時，都是採用千姿百態的舞蹈或載歌載舞的行為來表示歡慶。

可以說，正向情緒的程式是一個螺旋上升的、不間斷的過程，而負向行為則會縮小個體的行為和思想。同樣都是跑步，當一個人面臨生命危險時，逃生是最重要的，他只能選擇全力以赴去跑得更快，絕不會講究跑步的姿態和美觀程度。但是當一個人處在興奮和滿足的快樂情緒時，他既會選擇跑步的姿態，還會講究跑步的美觀程度。所以說，人類舞蹈的起源就是人類在最初享受愉悅的感覺時創造出來的藝術。

當人們處在悲痛的情緒時，大多哭泣、沉默，或者收斂自己的行動，甚至變得不願意多參與活動。但是當人們處在愉快的情緒狀態下，卻可以找到很多不同的表現方式，比如喝酒、唱歌、跳舞、大笑、遊玩等。在人類的發展歷史中，負向情緒造成了保護人類的作用，而正向情緒才能讓人類發展。要讓生命能夠更好地發展和創新，請更多地體會正向情緒。

## 一、正向情緒的三個部分

正向情緒橫貫過去、現在與未來三個時間段，強調對過去感到滿意，對現在感到快樂，對未來充滿希望。

### 1. 對過去感到滿意：感恩的心

很多人總是糾結於過去的失敗、遺憾和錯誤，反覆思索已經發生過的事情，並因結局的一點點美中不足就抹殺自己所付出的努力和成功，從而陷入對過去的反芻性思考中，陷入一種習得性無助的狀態。其實，每個人都有各自的優勢和潛力，如果我們已經拚盡全力，結局依然不盡如人意，要學會允許自己失望，允許自己無助，因為再完美的人都有不夠好的時候，沒有人能永遠成功。我們要懷著一顆感恩的心，即使身處最糟糕的境

地，也要感謝已經擁有的一切，雖然自己不是最好的，但是已經盡了最大努力，這種思維會讓我們獲得正向力量。

## 2. 對現在感到快樂：當下的心

在《馬男波傑克》(*BoJack Horseman*)中，戴安問了波傑克一個問題：「你上次真正開心是什麼時候？」如果這是你第一次聽到這個問題，並且感覺很「扎心」，建議你好好思考這個問題。心理學研究發現，如果一個人能夠專注於眼前的事情，活在當下的時刻，不計較過去的得失，不擔憂尚未發生的事情，就能感受到一種寧靜而清醒的快樂。如果我們能掌控當下，那麼這種快樂就能延伸至未來，也能追溯至過去，我們人生的每一分每一秒都是快樂的。

## 3. 對未來充滿希望：希望的心

威廉·莎士比亞 (William Shakespeare) 說：「希望在任何時候都是一種支撐生命的安全力量。」我們的一生會經歷很多苦難，遭遇很多困境，希望就像黑暗中的明燈，照亮未來前行的路，賜予我們前行的力量。人生沒有白走的路，每一步都算數。每一次成功的背後都有一連串失敗的足跡，而每一次失敗都意味著離成功越來越近。

## 二、十種正向情緒

正向情緒除了讓我們活得更開心一些，還有其他作用嗎？提到正向情緒，我們首先想到的可能是快樂，正向情緒領軍人物芭芭拉·弗雷德里克森 (Barbara Fredrickson) 認為，快樂是一個過於籠統的詞，不能精準地表述我們的感受。他在《Positivity》一書中將正向情緒根據人們感受的頻率分成十種：喜悅、感激、寧靜、興趣、希望、自豪、逗趣、激勵、敬佩、愛。

芭芭拉‧弗雷德里克森經過研究發現，正向情緒有兩大極容易被忽略的功能：擴展和建構功能、復原功能。負向情緒會把我們的心理能量集中到關鍵的求生方向，並把思路和行為集中到熟悉的選項。也就是說，負向情緒會導致我們的關注點越來越少，選擇的機會也越來越少。而正向情緒能開闊我們的思路，增加可選擇的行為選項，讓我們更靈活地、富有創新地與世界互動，創造更多的可能性，也更容易從挫折中復原。

## 三、正向與負向情緒的比例

正向情緒能帶給我們巨大的幸福感，我們需要多少正向情緒才會覺得足夠？是不是徹底消滅負向情緒才會最快樂？

適度的負向情緒對我們的生活也是有正向意義的，它能提醒我們密切關注周圍存在的一切威脅與挑戰，並時刻準備好應對的辦法。

如果我們只有正向情緒，就容易忽略外界釋放的危險訊號。當然，即使負向情緒有很多正向意義，我們也不要讓自己在負向情緒中停留太久。

我們的生活是欣欣向榮，還是枯萎凋零，取決於內心的正向情緒。正向情緒不是越多越好，負向情緒也不是越少越好。每承受一次撕心裂肺的負向情緒，需要再體驗至少三次讓你振奮的正向情緒。也就是說，正向情緒與負向情緒的最佳配比是3：1。正向情緒與負向情緒的上限配比是11：1，也就是說，如果一個人經歷十一件快樂無比的事情，而只經歷一件不開心的事情，那這個人就是一個超級快樂的人。

我們在看待自己的生命時，可以把負向情緒當作支出，把正向情緒當作收入。當正向情緒多於負向情緒時，幸福這一「至高財富」就營利了；反之，我們的幸福就是透支和虧損的。想擁有幸福，就要與正向情緒常相伴、常相隨！

# 第四節　如何建立正向情緒

## 一、創造正向情緒的環境

外在美好的事物能激發我們的正向情緒，正向情緒又會促使事情朝好的方向發展。當我們感覺負能量爆棚，即將陷入絕境時，我們的視野自然會變得狹隘，只會拘泥在讓自己煩心的事情上，對其他事物失去興趣和關注。這個時候，最好的辦法就是跳脫出來，暫時拋開眼前的一切，不去想這件事，去做一些自己平時最喜歡的事情。

在這裡分享一種能提醒我們回到正向情緒狀態的辦法 —— 幸福力能量箱。幸福力能量箱可以用來收集生活中的美好時刻，比如照片；收集對我們有意義的書籍、電影、音樂、舞蹈；收集最喜歡的勵志座右銘或歌詞；收集童年的紀念品、令人喜愛的裝飾品等。我們可以把一切能讓我們回憶起正向時刻的東西收集到這個箱子裡，每當我們感到心情低落的時候，就可以把這個箱子拿出來，激發自己的正向情緒。

## 二、鞏固和關注 90% 的快樂

「一分鐘不開心，就失去了一分鐘的快樂。」遇到煩心事，要學會扭轉原有的負向思維，盡量把事情往好的方面想，試著用正向的思考方式，這樣就容易擺脫當前的困惑和痛苦。

有一個心理學家就做了一個很有意思的實驗。他在一個週日的晚上召集一群實驗者，要求他們把未來七天中所有能想到的煩惱都寫下來，然後投入一個大型的煩惱箱。到了第三週的星期天，他在這些實驗者面前開啟了那個箱子，與在場的每個實驗者逐一核對每項煩惱，結果發現其中有九成的煩惱根本就沒有發生過。心理學家又要求大家把剩下的那一成煩惱寫

在一張字條上，重新丟入煩惱箱中，等過了三週，再來尋找解決之道。結果到了三週後的星期天，他發現實驗者的那些煩惱已經不再是煩惱了。

據研究者統計，一般人的憂慮情緒中有40％屬於過去，有50％屬於未來，只有10％屬於現在。而90％的憂慮從未發生過，剩下的10％則是一般人能夠輕易應對的。

心理學家的實驗證實了那句「煩惱是自找的」。甚至可以說90％的煩惱都是人為產生的。那麼如何增加快樂的經驗呢？答案就是鞏固和關注90％的快樂。我們要有意識地去關注正向的事物。我們往往會本能地關注負面事件，並且由此得出「生活本就是痛苦的」結論，但生活並不是缺少美好，而是缺少記錄美好的習慣。我們可以每天堅持記錄能帶給自己正向經驗的事件，並且有意識地去創造這類事件發生的機會，以增加正向情緒在生活中的比重。

另外，我們還可以暢想夢想實現後的樣子，想像的過程需要盡可能詳細化、場景化。研究發現，僅僅透過想像，我們也能得到切實的正向情緒經驗。另外，當我們正在經驗正向情緒時，也不要試圖抓住它，這樣反而會讓我們感到焦慮。我們不僅要接納負向情緒，還要接納正向情緒，讓其來去自如，不去評判。

## 三、樂觀情緒的訓練法

美國神經生物學家經過長達10年的研究發現：好心情是先天的，負責好心情的腦區在大腦左半球。伴隨著嬰兒的第一聲啼哭，他的大腦皮層便開始急遽而複雜地形成，出生後的72小時能決定其未來是否成為快樂的人，快樂嬰兒的大腦愉悅區極度活躍。研究還發現，我們的大腦左半球儲存的是享受生活、充滿希望、朝氣蓬勃等樂觀特質，而右半球儲存的則是憂鬱、絕望、後悔等悲觀特質。也就是說，兩個大腦半球控制的是兩類完全相反的情感。

對於先天就是悲觀主義的人，我們能否扭轉天性，將其培養成一個樂觀主義者呢？

威斯康辛大學的心理學家對大腦愉悅區極不活躍的「倒楣鬼」進行實驗，要求他們在一個月內進行各種能激發幸福感的活動：

☺ 每天與周圍的人交換一些愉快的事情；

☺ 每天做20分鐘的體操；

☺ 每天對著鏡子笑2分鐘，鍛鍊「快活肌肉」；

☺ 每天做10分鐘的自我調整，以達到身心完全鬆弛；

☺ 從第三個星期開始，每天用30分鐘來做自己喜歡的事情；

☺ 從第四個星期開始，每天晚上都去跳舞。

一個月後發現，這些人的大腦活動有了顯著的變化，「快活機能」的曲線明顯上浮。也就是說，即使是天生的悲觀主義者，也可以透過心理訓練成為一個快樂的人，樂觀是可以透過後天教育而培養的。

## 第五節　情商的三種能力

### 一、情商概述

情商是指觀察他人情感、控制自己情感的能力。情商能衡量一個人人際交往、為人處世的能力。高情商的人是那些在人際交往和為人處世方面能力強、令人佩服、讓人舒服的人，他們能在與人相處的過程中感知別人的情緒，遇到困境時能巧妙化解問題，並可以從不同的角度去考慮人和事。

## 二、高情商的人具有的三種能力

### 1. 個人的情緒控制能力

　　心理學家在研究中發現，高情商的人善於控制自己的情緒，任何時候都能做到頭腦冷靜，行為理智，抑制感情的衝動，克制急切的欲望；能及時排解不良情緒，使自己始終保持良好的心境，心情開朗，胸懷豁達，心理健康，凡事往好處想。不知道大家讀到這裡，有沒有對號入座呢？如果你基本具備以上幾點特徵，那麼，恭喜你，你是一個高情商的人。

　　如果我們做不了情緒的主人，就會淪為情緒的奴隸。情緒失控具有嚴重的危害性，它就像脫韁的野馬，會置主人於危險的境地。

　　(1)不利於身心健康。我們每一次生氣，都會對身體造成傷害，會使心臟缺氧，影響肝功能，免疫系統功能下降，呼吸急促，腸胃功能紊亂，甲狀腺功能亢進，大腦加速衰老等。

　　(2)容易破壞人際關係。我們在盛怒之下，頭腦很容易失去理智，如說出一些過激或衝動的話，或做出一些具有攻擊性的行為，進而有意無意地得罪人，影響人際關係。

　　(3)影響自己的壽命。《黃帝內經》中有言：「怒傷肝。」如果我們常常控制不住自己的情緒，遇到一點小事就大發雷霆，則很容易積壓內火，使肝臟無法正常運轉和排毒。一旦肝臟代謝不正常，人所需要的養分得不到及時供應，其他器官也無法正常工作，壽命就會受到影響。

　　(4)壞情緒會傳染，而且傳染十分迅速，讓人難以覺察。德國某大學曾做過這樣一個心理研究，同時招募兩批志工，然後分別給他們聽不同的錄音，錄音內容完全相同，只是語調不同。一種錄音的語調較為輕快，另一種錄音的語調比較憂愁。結果發現輕快組的志工聽完錄音之後的心情變

得愉快，而憂愁組的志工聽完之後心情變得陰鬱。所以，環境中一些不易察覺的情緒訊號，比如一首憂傷的歌、一段偏激的文字、一個讓人憤怒的故事，都在無形中影響著我們。

## 著名的踢貓效應

　　一位父親在公司受到了老闆的批評，回到家就把沙發上跳來跳去的孩子臭罵了一頓。孩子心裡窩火，狠狠地去踹身邊打滾的貓。貓受驚後逃到街上，正好一輛卡車開過來，司機趕緊避讓，卻把路邊的孩子撞傷了。這就是心理學上著名的「踢貓效應 (Kick the cat)」，描繪的是一種典型的壞情緒的傳染所導致的惡性循環。

　　當一個人情緒不好時，潛意識會驅使他朝著比自己更弱小的群體發洩，就這樣，壞情緒會沿著強弱關係依次傳遞，進而形成一條情緒傳遞鏈。因此，我們每一個人都應該管理好自己的情緒，這樣才能實現真正的情緒自由。

## 2. 情緒感知能力

　　人際關係大師約翰・高特曼 (John Gottman) 曾經提出，對情緒的感知能力和掌控能力甚至比智商更重要。

　　你是否有過這樣的經歷：感覺自己的狀態很差，卻不清楚自己到底怎麼了，只能模糊地表達「我感覺很糟糕」。這種區分並辨識自己感受的能力就是情緒感知能力。

　　情緒感知能力高的人既能敏銳地感知自己和他人的情緒，又能有效地管理自己和他人的情緒，並用恰當的方式表達出來。

　　良好的情緒感知能力讓我們在任何時候都能迅速讀懂自己的每一種情

緒，覺察自己的內在需求，並及時地調整和滿足自己的需求。同時，它還能幫助我們準確地理解他人，同理他人，快速地融入社交環境，擁有將心比心的習慣，設身處地從別人的角度看待和思考問題。當人際關係出現衝突時，我們也能及時排解不良情緒，使自己始終保持良好的心境和豁達的胸懷。豐富的情緒感知能力能讓我們對這個世界多一份理解力。

## 3. 與他人相處的能力

我們在人際交往中有一些共同的需求：渴望被人關注、被人尊重、被人喜歡、被人讚美、被人接納。高情商的人會讓你在與他談話和相處時感覺很舒服，沒有壓力感，不會讓你產生自卑、渺小和難受的感覺。

(1)人際交往的最高境界是感覺很舒服。情商能衡量一個人的人際交往、為人處世的能力。情商是一種思考方式、一種行為方式。情商高的表現是在與人相處中，能主動地感知別人的情緒，遇到困境時能巧妙化解問題，從不同的角度去考慮人和事。高情商的人有一個共性，他們是人群中那種樂於付出、助人為樂、大氣的人，屬於服務型人格。

(2)高情商的人會為他人著想，在意別人的感受。高情商的人具備同理心，能站在對方的角度上思考問題、發表言論，人緣好，比較討人喜歡。

(3)高情商的人通常是一個圈子裡的領導者。高情商的人在聚會時會在乎每一個人是不是玩得開心，並照顧到每一個參與者，使場面不尷尬。任何一個活動或聚會的核心人物都能讓所有的人玩得愉快，氛圍又始終保持熱烈，是聚會活動的主導，也是服務生（樂於奉獻）。

(4)高情商的人談話時讓別人感到很愜意。在談話中，高情商的人的眼神會始終關注著你，不斷地點頭示意，偶爾還會嘴角上揚，露出會心一笑，示意肯定你的觀點，你能隨時感覺到他對你的談話的內容很在意，與你的節奏很合拍，讓你有一種找到知音的感覺。

（5）高情商的人說話時不以自我為中心。有些人是一開啟話匣子，就滔滔不絕，根本不考慮別人聽不聽，喜歡與否，聽懂與否，只在意自己一吐為快。高情商的人談話時是有問方答，表達時精練概括，話題有趣，故事風趣，能考慮到在場其他人的感受和觀點，給人的感覺是體貼、有人情味。

（6）高情商的人能帶給別人極佳的使用者經驗。「使用者經驗」這個詞是指使用者體驗產品時的感受，即「這個東西好不好用，用起來方不方便」。與人相處時產生的極佳使用者經驗，是指與高情商的人在一起，無論是其外在的肢體語言、面部表情，還是語言的表達方式及談話內容，都讓你覺得很舒服，感覺很好。

## 小結

學習正向心理學，不是為了避免負向情緒，而是有能力處理負向情緒，能擁有正向情緒帶來的力量。

## 自我分析

你是積極樂觀的情緒比較多，還是消極悲觀的情緒比較多？

## 推薦閱讀

《*The Happiness Hypothesis*》喬納森‧海特（Jonathan Haidt）

《*Positivity*》芭芭拉‧弗雷德里克森（Barbara Fredrickson）

《EQ：決定一生幸福與成就的永恆力量》（*Emotional Intelligence: Why It Can Matter More Than IQ*）丹尼爾‧高曼（Daniel Goleman）

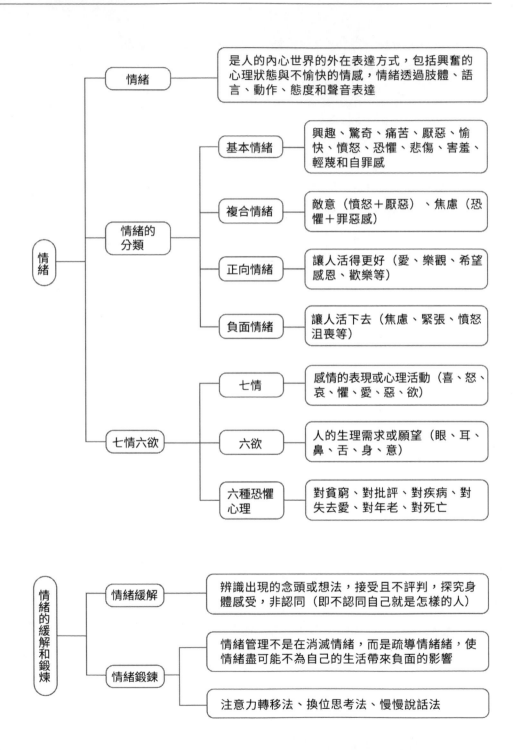

情緒 —— 情緒 —— 是人的內心世界的外在表達方式，包括興奮的心理狀態與不愉快的情感，情緒透過肢體、語言、動作、態度和聲音表達

情緒的分類

基本情緒 —— 興趣、驚奇、痛苦、厭惡、愉快、憤怒、恐懼、悲傷、害羞、輕蔑和自罪感

複合情緒 —— 敵意（憤怒＋厭惡）、焦慮（恐懼＋罪惡感）

正向情緒 —— 讓人活得更好（愛、樂觀、希望感恩、歡樂等）

負面情緒 —— 讓人活下去（焦慮、緊張、憤怒沮喪等）

七情六欲

七情 —— 感情的表現或心理活動（喜、怒、哀、懼、愛、惡、欲）

六欲 —— 人的生理需求或願望（眼、耳、鼻、舌、身、意）

六種恐懼心理 —— 對貧窮、對批評、對疾病、對失去愛、對年老、對死亡

情緒的緩解和鍛鍊

情緒緩解 —— 辨識出現的念頭或想法，接受且不評判，探究身體感受，非認同（即不認同自己就是怎樣的人）

情緒鍛鍊 —— 情緒管理不是在消滅情緒，而是疏導情緒緒，使情緒盡可能不為自己的生活帶來負面的影響

注意力轉移法、換位思考法、慢慢說話法

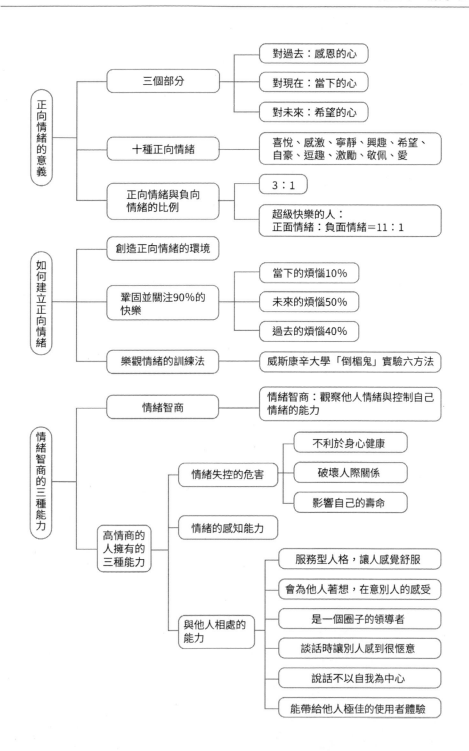

正向情緒的意義
- 三個部分
  - 對過去：感恩的心
  - 對現在：當下的心
  - 對未來：希望的心
- 十種正向情緒
  - 喜悅、感激、寧靜、興趣、希望、自豪、逗趣、激勵、敬佩、愛
- 正向情緒與負向情緒的比例
  - 3：1
  - 超級快樂的人：正面情緒：負面情緒＝11：1

如何建立正向情緒
- 創造正向情緒的環境
- 鞏固並關注90%的快樂
  - 當下的煩惱10%
  - 未來的煩惱50%
  - 過去的煩惱40%
- 樂觀情緒的訓練法
  - 威斯康辛大學「倒楣鬼」實驗六方法

情緒智商的三種能力
- 情緒智商
  - 情緒智商：觀察他人情緒與控制自己情緒的能力
- 高情商的人擁有的三種能力
  - 情緒失控的危害
    - 不利於身心健康
    - 破壞人際關係
    - 影響自己的壽命
  - 情緒的感知能力
  - 與他人相處的能力
    - 服務型人格，讓人感覺舒服
    - 會為他人著想，在意別人的感受
    - 是一個圈子的領導者
    - 談話時讓別人感到很愜意
    - 說話不以自我為中心
    - 能帶給他人極佳的使用者體驗

# 第三章　正向心態：心商

一個健全的心態比 一百種智慧更有力量。

# 第一節　心商：心理軟實力

## 一、什麼是心商

　　除了情商，心商也是衡量一個人能否在競爭激烈的社會中脫穎而出的標準之一。高情商能讓我們在參加社交活動時遊刃有餘，而高心商能讓我們在應對這些場景時更富有能量。心商是維持心理健康、緩解心理壓力、保持良好心理狀況和活力的能力，它反映的是一個人的心理軟實力。心商不是看得見、摸得著的物質力量，而是無形且強大的精神力量，對我們的心理健康、心理壓力調適有至關重要的作用。

　　心理學指出，人的智力品質可採用智商這一參數來描述，其大小取決於人的智力年齡與其實際年齡的比值。人的綜合抗壓性可採用心商這一參數來描述，其大小取決於人的綜合心理年齡與其實際年齡的比值。

　　影響心商的因素有很多，比如思維、心態、人格等。

　　思維就是我們看問題的角度、高度和深度，有高維思維的人能用獨特的視角看待問題，跳出原有的思考框架，從更深刻的層面進行自我提升，能調動一切心理資源來應對生活中的煩惱，這類人的心商水準通常很高。

　　在生活中，不如意的事情時常發生，對我們所造成的影響並非由其破壞力決定，而是由我們的心態決定。任何人都無法時時刻刻感到快樂，只有用正向的心態看待問題，我們才會發現很多事情可以迎刃而解，甚至會有意想不到的收穫。

　　人格穩重的人無論在生活中遇到多大的挫折，都不會有憂鬱、憤怒、悲傷、絕望等影響心理健康的負向情緒。他們往往遇事不慌亂，所言所行都經過一番深思熟慮，能從容應對一切危機，理性分析當前局面，能用最合理的方式讓彼此都達成雙贏的結果，不會茫然地陷入被動僵局。

## 二、心商是一種心理能量

研究顯示，一個人的成功20%靠智力因素，80%靠非智力因素。

非智力因素有廣義和狹義之分，廣義的非智力因素是指除智力因素以外的生理因素、心理因素、環境因素、道德因素等；而狹義的非智力因素是指不直接參與認知過程的心理因素，主要包括需求、興趣、動機、情感、意志、人格等方面，而這些因素其實就是心商。

心商是一種心理能量，是一種有限的心理資源。一個人在人生道路上能走多遠、能否成功，則取決於其心商的高低。

21世紀被一些人稱為「憂鬱時代」。人類面臨更大的心理壓力，很多都市青年的工作常態是：上班如上墳，下班躺地上；一邊崇尚佛系文化，一邊面臨著無休止的焦慮。因此，提高心商，保持心理健康已成為整個時代的迫切需求。

現代人渴望成功，而取得成功的一個重要因素是一個人的心理狀態和心理健康程度。研究者發現，成功者都具有強大的心商能力，如觀念、情感、意志、態度、習慣，而失敗者則表現出心商不高。有很多人即使取得了短暫的成功，因承受著生活的各種壓力，鬱鬱寡歡，因不堪重壓或經不起生命的一次挫折而患上心理障礙，甚至走上不歸路。從某種意義上講，心商的高低直接決定了人生過程的終極苦樂，主宰人生命運的成敗。

## 三、高心商的四大特點

### 1. 和諧的人際關係

有學者曾說過：「對於人際關係，我逐漸總結出最合乎我性情的原則，就是互相尊重，親疏隨緣。我相信，一切好的友誼都是自然而然形成的，

不是刻意求得的。我還以為，再好的朋友也應該有距離，太熱鬧的友誼往往是空洞無物的。」高心商的人懂得發展能讓自己成長和享受的人際關係。他們能夠在關係中和對方一起實現雙贏，最大限度地汲取關係中的養分。

## 2. 正確的自我評價和情緒經驗

有的人在社交圈裡看到別人分享自己的美好生活 ── 旅遊、聚會、鮮花等時，就覺得別人都在過著舒心的生活，只有自己過得一塌糊塗。這種負向的自我評價和情緒經驗讓我們徒增很多煩惱。高心商的人確信：這個世界上沒有人是完美的，適當的焦慮能幫助自己變得更優秀，太多的焦慮則會造成反作用。他們能對自己有客觀而正向的評價，不會將心理資源消耗在無意義的事情上。

## 3. 熱愛生活，正視現實

我們的一生會有無數的煩惱，但真相是有些煩惱從來沒有發生過。高心商的人都能正視現實，降低對未知事物的過高期待，接納生活中的起起伏伏，認真活在當下，熱愛多姿多彩的生活，能跳出過度心理耗能的漩渦。

## 4. 人格完整

高心商的人對自己的優點和缺點有明確的認知，能辨識真實自我和理想自我的差距，也能知道自己如何看待自己和別人如何看待自己的差別。一個人格獨立且完整的人可以讓任何關係都變得融洽。

低心商的人在遇到問題和困難時，往往認為是自己能力不足導致的，從而產生恐慌心理，把有限的精力浪費在漫無目的、有害無益的生活漩渦中，對生活失去控制力。另外，如果他們任由這種驚恐狀態發展，結果就是整個人變得遲鈍，放棄抵抗，喪失方向感，自怨自艾，消極等待命運對自己的宣判。

## 四、怎樣提高心商

第一，明確目標，全力以赴。

第二，用行動使每天的生活成為你實現目標的鋪路石，積小勝為大勝。

第三，經常與心靈對話，沉思冥想，及時清除心理汙垢，學會自我暗示技巧。

第四，養成精益求精的好習慣，若選擇好了，就集中精力做好一件事，克服懶散、逃避、觀望、猶豫等壞習慣。

第五，心胸開闊，提升視野，以相同或更多的價值，回報給予你幫助的人。

第六，善於學習，向自己學，向他人學，向社會學，向歷史學，向書本學，從而滋養和提升你的心商。

第七，樹立正確的觀念，學習技能，調整欲望與需求。

第八，培養自信自尊，強身健體，適時娛樂，與新老朋友常溝通。

## 第二節　正向心態：樂觀向上

## 一、樂觀向上的生命力

生命力是一個人維持生命活動的能力，也是生存發展的能力。

蔣勳先生在講述《紅樓夢》中劉姥姥為王熙鳳的女兒取名字這一段情節時，曾提到生命力。所謂生命力，就是災難不再是災難，危機也不再是危機。生命力弱小的人遇到一點挫折就覺得堅持不下去了，要放棄，坐在地上

痛哭，抱怨自己的命為什麼這樣不好。其實天生命不好的人並不多，更多的是由於缺乏強大的生命力而導致自己陷入「這一生都不太順」的泥潭中。

生命力強大的人無論身處何種境地，都能熱愛自己的生活，能對所面對的苦難和痛楚報以微笑。他們偶爾也會沮喪、灰心，但生命力支撐他們積極向上地去抗爭、去打拚、去面對、去承擔。他們不可能被打倒，而是「熱氣騰騰」地活著。

## 二、正能量：正向的動力

李察‧韋斯曼（Richard Wiseman）在《正能量心理學》（*Rip It Up*）一書中將人體比作一個能量場，他認為，透過激發一個人內在的潛能，可以使人表現出一個新的自我，這個人也會變得更加自信，充滿活力。這種從內在潛能中被激發出來的健康樂觀、積極向上的動力和情感，就是正能量。

正能量是一種狀態，更是對正向人生的主動選擇。正能量的人就像陽光一樣，熱情溫暖，積極向上；負能量的人就像陰霾一樣，消極頹廢，悲觀固執。我們和正能量的人在一起，就會不知不覺地被感染，心情變得輕鬆、愉快。

不同的能量會造就不同的世界觀、人生觀和價值觀。我們對別人的好意和善良，最終成全的都是自己。

## 三、心態與心態效應

心態是指一個人透過言談舉止所表現的對事、對人的觀點和態度。心態決定一個人的生命狀態，從而決定一個人的命運。

有一個書生進京趕考，在一客棧落腳，這天夜裡他做了兩個夢，第一個夢是在牆上種高粱，第二個夢是下雨天戴著斗笠撐傘。由於考期將近，

他覺得這個夢或許有預示性，所以趕忙找算命先生解夢。算命先生說：「你這個夢不太好，牆上種高粱不是白費力嗎？戴著斗笠還撐傘不是多此一舉嗎？」

書生一聽，覺得甚有道理，瞬間垂頭喪氣，回到客棧就要收拾行李回家。店老闆覺得很奇怪，問書生怎麼還沒到考試時間就要走，書生便將自己的夢境和算命先生的話說了。店老闆說：「依我看，你這次一定能高中。你想啊，牆上種高粱不是高種（中）嗎？戴斗笠撐傘不是穩上加穩嗎？」書生覺得店老闆的解讀更有道理，於是重整心態準備考試，最終果然高中。

其實，事情沒有好壞之分，擁有正向心態的人總能看到希望，而擁有負向心態的人看到的是危機。一個人的心態很可能決定未來的命運。

## 四、成就人生的八種好心態

☺ 正向進取，駕馭命運；

☺ 圓潤平和，內外兼修；

☺ 心態放平，眼光放遠；

☺ 人情練達，樂於付出；

☺ 身心相融，自然和諧；

☺ 理解職業，愛上工作；

☺ 正向心態，懂得知足；

☺ 放開自我，駕馭人生。

作家查爾斯·狄更斯（Charles Dickens）有一句名言：「一個健全的心態比一百種智慧更有力量。」人與人之間最大的區別，並不在於愚笨還是聰慧，也不在於富有還是貧窮，而在於心態不同。

## 第三節　正向心態與負向心態

### 一、正向心態與負向心態

當生活中遇到挫折和困難時，擁有正向心態的人不會只看到負向又消極的一面，而是會將自己的思維方向轉向樂觀的一面，並能找到解決問題的辦法。正向心態會指引我們從危險的山谷中走向坦途，使我們得到新的生命、新的希望，支持著我們的理想永不泯滅。

法國作家大仲馬（Alexandre Dumas）說：「人生是由一串串無數的小煩惱組成的念珠，樂觀的人是笑著數完這串念珠的。」如果我們將心態為比喻為一桿秤，平和的心態就是歸零的那個原點。消極在秤的左側，樂觀在秤的右側。只要向秤的右側增加一點正向的砝碼，你就會進入正向心態。

如何培養正向心態呢？心理學家認為，建立積極樂觀的語言習慣很重要。有些人當事情不順利時就會說 「煩死了」、「完蛋了」、「沒希望了」之類的話，這也許是一種口頭禪，說話者自己也並沒有意識到這些話會對他們產生不好的影響，但是負向又消極的語言暗示會複製到人們的大腦中，讓人覺得：「這件事是不可能的。」

那些擁有正向心態的人在生活中習慣對自己說正向的話，善於自我鼓勵，如「沒關係」、「我可以」、「我真棒」、「我覺得這樣做真好」、「沒問題」等。漸漸地，他們就會發現自己真的變成那樣了。

### 二、你關注了什麼心態

太多的人都有這樣的經歷：每當陷入困惑、無助時，常常束手無策，找不到解決問題的方法，嚴重時還會陷入迷茫、困惑和絕望的狀態，但是

無論事情怎樣，最終還是走出了困境。

事後，當人們回憶當時的經歷，往往會發現，事情本身其實並不可怕，關鍵是採用怎樣的思考方式，是以怎樣的心態面對和解決問題的。可以說，不同的心態和思考方式會決定事情最後的結局。

有這樣一個故事。有個弟子很愛抱怨。一天，師傅將一把鹽放入一杯水中，讓弟子喝，弟子喝完說：「鹹得發苦。」師傅又把更多的鹽撒進湖裡，讓弟子再嘗湖水，弟子喝後說：「純淨、甜美。」師傅說：「生命中的痛苦是鹽，它的鹹淡取決於盛它的容器。你是願意做一杯水，還是做一片湖水呢？如果是一杯水，即使很小的苦難也可能使你消極或者沉淪；如果是一片湖水，再大的苦難也會被你寬大的心胸化解，它也就算不了什麼。」

生命中的痛苦和快樂取決於你的心態。其實，任何事情本身並沒有什麼好壞之分，問題在於你怎樣去看待。你心裡想什麼、關注什麼，你的眼睛就會看見什麼，你的世界就是什麼。

## 三、用正向心態看人生

在心情低落的時候，我們可能會說「我好憂鬱」、「太鬱悶了」、「我覺得自己真沒用」。其實，我們常常掛在嘴邊的「憂鬱」只是一種憂鬱情緒。真正的憂鬱症患者不僅精神萎靡，情緒持續低落，而且身體的行動力下降，經常感到疲倦，對周圍的一切都沒有興趣，整個人都沒有活力，就像一朵枯萎的花朵，任憑人怎樣用心澆灌，它都沒有辦法汲取養分，重新綻放。因此，憂鬱症被稱作幸福的殺手。

憂鬱症的最佳治療方法就是相信憂鬱症是可以戰勝的，在這種強大的心理能量支持下，再去接受適合自己的治療方法，憂鬱症就有被治癒的可

能。當我們將心理能量聚焦在快樂的感受上，幸福感就會逐漸擴散。我們可以因為愛得到全世界，也可以因為恨失去全世界。

有這樣一個故事。兩個歐洲業務員到非洲推銷皮鞋，當地人一向都是打赤腳的。一個業務員看到這樣的情景後，頓時心灰意冷：「這裡的人都打赤腳，怎麼會買我的鞋呢？」於是，他放棄了努力，沮喪地回去了。而另一個業務員看到非洲人都打赤腳時，卻驚喜萬分：「這些人都沒有皮鞋穿，皮鞋在這裡的市場潛力一定很大。」於是他留了下來，想方設法推銷皮鞋，最終成功了。

有人抱怨生活中煩惱的事情太多，其實，不如意的事情就像白襯衣上的油漬，是煩人，但是我們只要用漂白水、去漬劑等加以清洗，汙漬就會蕩然無存，我們的心態也是一樣。我們應該多去關注生命給我們的恩典，在生活中有90％以上的事情是值得感恩的好事情，只有10％的事情不夠好，但足以幫助我們成長。當一個人擁有了正向心態，他將會是快樂和幸福的。

## 第四節　三腦理論學說

### 一、三腦理論

人類大腦的進化經歷了千百萬年的歷史，1952年，美國腦神經學家保羅·麥克萊恩（Paul MacLean）提出「三腦理論（Triune brain）」，即人類的大腦由爬蟲類腦（腦幹）、哺乳類腦（邊緣系統）和人類大腦（新皮質）三部分組成。

人類大腦進化過程的第一個階段形成了爬蟲類腦，也叫本能腦，即腦

幹。腦幹的主要功能是維持整個生命，包括呼吸、消化等重要的生理功能。爬蟲類動物是典型的冷血動物，如龜、蛇、鱷魚等。冷血動物產卵之後會讓它自生自滅，幼龜、蛇、鱷魚破殼出生之後，要想生存，就必須自己學會飛快地爬行。冷血動物是「本我」的典型表現。它們表現為進攻性強，沒有感情。

第二個階段形成了哺乳類腦，也叫情感腦。這是控制情緒的大腦邊緣系統，人類情緒中的快樂、厭惡、憤怒、恐懼和欲望等都出自這個系統。人腦的邊緣系統使人類與哺乳動物具有一些共同的本性，如關心、餵養後代等。哺乳動物的攻擊性相對於冷血動物來說較弱，是典型的「自我」表現。哺乳動物的特點是餵養和照顧後代，但不會照顧自己的父母，年老的動物都很悲慘。

第二個階段形成了人類人腦，也叫理性腦。這是人類大腦形成和發育最晚的部分，即最外層的大腦皮層，也就是新皮質。新皮質是以理性、良心、道德和人格為主要功能和特徵的最近進化的產物，它的形成是大腦進化的最高階段。人類腦更注重大腦的思考和推理能力。

## 二、大腦的發育過程

孩子在爬蟲類腦發育的過程中經歷了生存腦和運動腦形成的兩個過程，其中 0～1 歲形成生存腦，是孩子大腦發育最重要的過程，1～1.5 歲是運動腦的發育時期。2 歲前後，孩子的情感腦開始發育，這個腦區的主要作用是處理情緒和儲存記憶。人擁有複雜的情緒，比如愛、恨、恐懼、失落、傷心、開心、憤怒。孩子到了 2 歲時，動不動就愛耍賴，發脾氣，打人，唱反調，過去爸爸媽媽眼裡天使般的寶寶忽然變成無理取鬧的小霸王。

　　進入學齡期後，直至成年，這漫長的時間裡都是理性腦在發育。理性腦的發育主要表現在語言表達能力、文字書寫和處理能力、邏輯思維能力、推理判斷及預測能力、同理和同感能力、將心比心的能力、分析比較及抽象思維等能力的發展上。

## 三、三腦理論的應用

　　學齡前兒童處在情感腦的發育時期中，智慧腦尚未發育成熟，家長如果用「講道理」的方式跟孩子溝通，是沒多大效果的，因為「講道理」需要用理性腦來理解和處理，而7歲之前的孩子的大腦還沒發育好，根本就聽不懂爸爸媽媽的要求。但是，孩子在發育和成長中，對世界充滿著好奇，從運動腦發育到情感腦形成的過程中，需要不停地去接觸、觸控、破壞和探索，用一些「搗亂」的行為去了解這個世界。

　　在孩子生氣、摔東西時，父母應盡量不要批評和指責孩子，可以用轉移注意力法或者「擬人化」的表述來勸導孩子。「擬人化」表述就是告訴孩子，玩具也是有生命的，不能隨便摔，玩具也會疼等。

　　當孩子的情緒平復之後，父母再安撫。父母可能要重複上百次，不斷引導，耐心說教，在一次次耐心的陪伴教育後，孩子才能學會處理負向情緒，孩子的同理心也開始發展，他們會從父母安慰自己的過程中學會如何去安慰別人，這也是情商發展和培養的過程。

　　要明白孩子的心思和需求，就一定要了解孩子的發育過程，情感腦的發育過程很重要，這是大腦發育的黃金期。父母既要了解和理解孩子發育中的一些情緒反應，還要採取一些措施來促進孩子的情感腦的發育，讓孩子成為一個有情趣、有興趣、有好奇心、有創造力、人際關係好、身體發育好的人。

# 第五節　心理輔導的技能

## 一、什麼是心理輔導

隨著社會競爭的加劇，人們的生活壓力與日俱增，很多人出現了不同程度的身心症狀，比如失眠、肥胖、焦慮、憂鬱等。因此，每個人都需要具備一定程度的心理輔導能力。廣義的心理輔導泛指所有心理諮商和治療；而狹義的心理輔導則是指透過言語的溝通技巧對心理進行梳理、減壓、引導，改變個體的自我認知，從而提高其行為能力和改善自我發展的心理宣洩和引導方法。

心理輔導是我們本身就具有的心理自癒能力。也就是說，對於大多數人，一般的不良情緒和心理不需要特殊的介入，它們都會隨著時間的推移而自癒。當人們面臨不快樂的情境時，心理免疫系統也會產生作用，自行調適心理感受。心理免疫系統就如同人身體的免疫系統一樣，既能產生抗體，又能抵抗細菌或病毒的侵入。

西方醫學奠基人希波克拉底在西元前5世紀曾說：「並不是醫生治癒了疾病，而是人體自身戰勝了疾病。」美國一名教授追蹤與採集100位志工在各種情緒狀態下心臟的激素分泌情況，發現人的情緒越高昂，心情越愉悅，心臟分泌的激素就越充沛。反之，人處在痛苦、擔憂、憂鬱等負向狀態時，心臟幾乎完全停止分泌這種激素。在身患重病時只有保持心情愉悅，正向求生，心臟才有可能分泌救命的激素，當這種激素達到一定量時，才能殺滅體內的癌細胞，從而創造不治自癒的生命奇蹟。而那些因絕症整日憂心忡忡、活在痛苦和絕望中的患者，則沒有自癒的機會。

## 二、六種自我心理輔導法

### 1. 自我放鬆

我們要學會接受已發生和體會過的壓力與情緒反應，學會淡忘刺激性的場景和畫面。無論自己過去做得怎樣，都要從內心肯定自我，主動糾正看待問題的偏差，多從事件的正向面去看待問題，這樣就可以減弱或轉化負向情緒。

### 2. 傾訴宣洩

如果我們將不愉快的經歷壓抑在心裡，日積月累，這些未被消化的情緒就有可能導致身體疾病。我們可以找家庭教育服務中心、心理師，或者親密友人傾訴煩惱，有人幫我們分擔，我們的心情就會頓感舒暢。

### 3. 哭泣減壓

心理學家發現，在悲痛欲絕的時候，適時地哭一場能幫助我們將壓力反應中產生的毒素排出去，從而使情緒恢復穩定。

### 4. 做喜歡的事

我們可以將注意力從引發負向情緒的事情上轉移至別處，做一些自己喜歡的事情，比如看書、看電影、下棋、逛街等，這樣可以使我們迅速從負面感受中解脫出來。

### 5. 運動減壓

當我們情緒低落的時候，行動力往往也會變得遲緩，更願意睡懶覺或者坐著發呆，這會加劇我們的低落情緒。運動可以轉移我們的注意力，調節情緒。

## 6. 放棄完美

生活不是非黑即白，非此即彼，我們要放棄對完美的追求，接受有遺憾的人生。沒有人能做到讓所有人都滿意，我們要把有限的精力用於追逐可以實現的目標。

## 三、面對不確定性，怎麼辦

不論是全球性的突發事件，比如疫情、金融風暴，還是每個人遭遇的意外，比如失業、生病，都是人世間的無常和不確定性。人類的本性是追求確定感、安全感。面對這麼多的不確定性，我們應該怎麼調節自己呢？

### 1. 情緒穩定

當我們遇到負面事件時，通常會有激烈的情緒反應，進而導致一系列的失控行為。然而，情緒穩定是一個人成熟的重要象徵，若能理性地分析原因，並正向地解決問題，情緒自然能悄無聲息地消退。

### 2. 樂觀心態

情緒穩定的本質是樂觀，心態變得樂觀了，情緒自然就穩定了。樂觀的心態能讓我們在面對外界的波動與不確定時，既不否認事件負向的一面，也能更多地看向正向的一面，從而獲得更多的能量與希望。

### 3. 從不同角度去看待問題

單一的固化思維會限制自我認知，將我們局限在某一特定的思考模式中，而從不同的角度思考問題，能讓我們更靈活地應對多變的世界，即使面對突如其來的挑戰，也能迅速轉變思路，轉危為機。

## 小結

幸福力教育可以幫助我們正確面對困難，最好的方法是培養正向心態，調整內在思考方式和看待人生的角度，建立外在平衡、科學的生活方式。

## 自我分析

你更多地關注正向心態，還是負向心態？

## 推薦閱讀

《正能量心理學》（*Rip It Up*）李察‧韋斯曼（Richard Wiseman）

《反脆弱：脆弱的反義詞不是堅強，是反脆弱》（*Antifragile: Things That Gain from Disorder*）納西姆‧塔雷伯（Nassim Taleb）

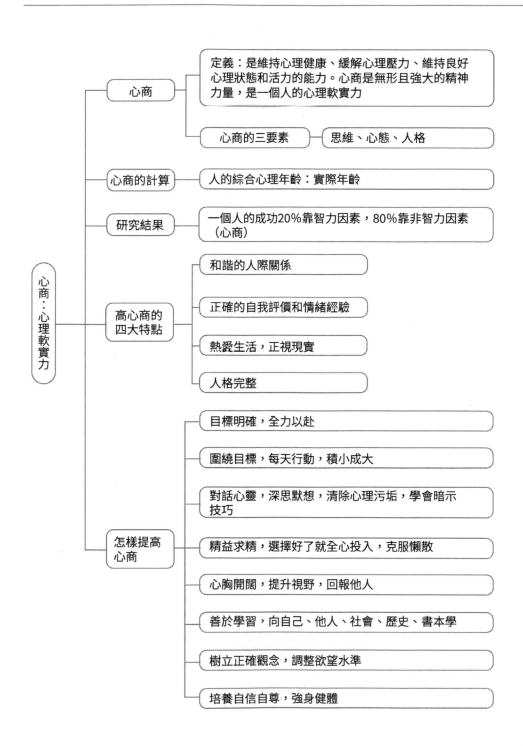

心商∵心理軟實力

- 心商
  - 定義：是維持心理健康、緩解心理壓力、維持良好心理狀態和活力的能力。心商是無形且強大的精神力量，是一個人的心理軟實力
  - 心商的三要素 —— 思維、心態、人格
- 心商的計算 —— 人的綜合心理年齡：實際年齡
- 研究結果 —— 一個人的成功20％靠智力因素，80％靠非智力因素（心商）
- 高心商的四大特點
  - 和諧的人際關係
  - 正確的自我評價和情緒經驗
  - 熱愛生活，正視現實
  - 人格完整
- 怎樣提高心商
  - 目標明確，全力以赴
  - 圍繞目標，每天行動，積小成大
  - 對話心靈，深思默想，清除心理污垢，學會暗示技巧
  - 精益求精，選擇好了就全心投入，克服懶散
  - 心胸開闊，提升視野，回報他人
  - 善於學習，向自己、他人、社會、歷史、書本學
  - 樹立正確觀念，調整欲望水準
  - 培養自信自尊，強身健體

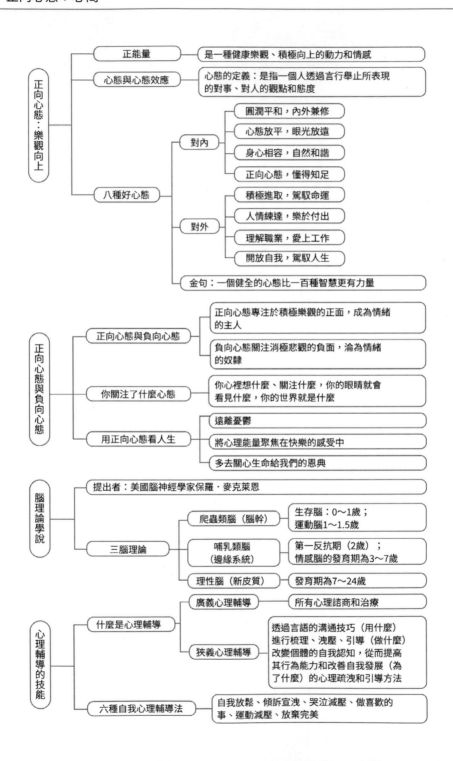

正向心態：樂觀向上
- 正能量 —— 是一種健康樂觀、積極向上的動力和情感
- 心態與心態效應 —— 心態的定義：是指一個人透過言行舉止所表現的對事、對人的觀點和態度
- 八種好心態
  - 對內
    - 圓潤平和，內外兼修
    - 心態放平，眼光放遠
    - 身心相容，自然和諧
    - 正向心態，懂得知足
  - 對外
    - 積極進取，駕馭命運
    - 人情練達，樂於付出
    - 理解職業，愛上工作
    - 開放自我，駕馭人生
- 金句：一個健全的心態比一百種智慧更有力量

正向心態與負向心態
- 正向心態與負向心態
  - 正向心態專注於積極樂觀的正面，成為情緒的主人
  - 負向心態關注消極悲觀的負面，淪為情緒的奴隸
- 你關注了什麼心態 —— 你心裡想什麼、關注什麼，你的眼睛就會看見什麼，你的世界就是什麼
- 用正向心態看人生
  - 遠離憂鬱
  - 將心理能量聚焦在快樂的感受中
  - 多去關心生命給我們的恩典

腦理論學說
- 提出者：美國腦神經學家保羅·麥克萊恩
- 三腦理論
  - 爬蟲類腦（腦幹） —— 生存腦：0～1歲；運動腦1～1.5歲
  - 哺乳類腦（邊緣系統） —— 第一反抗期（2歲）；情感腦的發育期為3～7歲
  - 理性腦（新皮質） —— 發育期為7～24歲

心理輔導的技能
- 什麼是心理輔導
  - 廣義心理輔導 —— 所有心理諮商和治療
  - 狹義心理輔導 —— 透過言語的溝通技巧（用什麼）進行梳理、洩壓、引導（做什麼）改變個體的自我認知，從而提高其行為能力和改善自我發展（為了什麼）的心理疏洩和引導方法
- 六種自我心理輔導法 —— 自我放鬆、傾訴宣洩、哭泣減壓、做喜歡的事、運動減壓、放棄完美

# 第四章　正向力量：施容

微笑是明媚的陽光，照亮一切陰暗角落。

# 第一節 內心力量：正向與負向

## 一、正向與負向兩股力量

《道德經》中有這樣一句話：「禍兮，福之所倚，福兮，禍之所伏。」意思是好的事情和壞的事情往往相互依存、轉化，訓誡人們在逆境中要堅韌不屈，保持正向的信念，在順境中切勿得意忘形，否則容易滋生災禍。生活中的「禍」與「福」看似對立，其實此消彼長，當禍事發展到一定程度就會帶來新的轉機，帶來福事，而當福事進展到一定階段，也會導致禍事。

正向心理學認為每個人的內心深處其實有兩股能量：正能量和負能量。正能量包括勇氣、幽默、好奇、善良等，負能量包括自卑、害怕、怨恨、憤怒等。這些能量不僅對應每種情緒和感受，更重要的是會對我們的行為產生影響。這兩股能量在每個人的身體裡相互交融，相互抗爭，糾纏在一起。人如果發揮出更多正能量，就可以獲得內心的幸福和平靜；人如果發揮出更多負能量，就會陷入無限苦惱之中。

美國著名的投資人、華爾街金融巨鱷Harry Edelson在分享自己的人生經驗時，認為正能量可以使我們變得更幸福、健康、聰明和富有。他在《*Positivity: How to Be Happier, Healthier, Smarter, and More Prosperous*》一書中寫道：「我們要有一種信念，就是相信自己能夠獲得幸福，用安慰劑效應給自己正向的心理暗示，有了正能量，我們就更容易奔向幸福。」

## 二、選擇和培植正能量

正能量和負能量在我們的內心中共同存在，同時亦是此消彼長的關係，如果選擇注入正能量，為其提供適宜生存的心理環境，那麼，正能量增加，負能量減少；反之，負能量增加，正能量減少。其實，我們的人生

就是這兩種力量相互拉扯的過程，只是在某個階段，由於種種原因導致其中一種力量更強，在應對當下的問題時發揮了主導力量，也使得我們或主動或被動地陷入某種力量，甚至陷入某種負性結果中無法自拔。儘管正能量與負能量有各自的發展規律，但是並不意味著我們只能被動等待內心力量的自然轉變。當我們了解正向心理學對內心力量的解讀後，就可以做出選擇，透過恰當的方法去培植正能量，有效地減少或抑制負能量。

## 三、正向心理學的三大支柱

正向心理學涵蓋三個重要的內容，同時也被稱為正向心理學的三大支柱：正向的主觀幸福感研究、正向的個人特質的培養和正向的社會組織建設的科學依據。

主觀幸福感是心理學在研究「幸福感」主題時提出的一個專業概念，是指人們對自己的生活和經歷做出的評價和情感反應，簡言之，即人們主觀感知到的幸福程度。幸福感是一種主觀經驗，正向心理學並不會定義幸福是什麼，而是從每個人的經驗出發，著眼於生活滿意度、幸福感和樂觀精神等正向經驗，以期幫助每個人獲得舒適的身心經驗。

個人特質是一種相對穩定的行為傾向，不會受到時間和情境變化的影響。正向的個人特質能夠令我們更好地適應環境。正向心理學認為，每個人的身上都具有某些現實能力和潛在能力，透過激發和強化它們，就能夠在應對問題時自動去使用這些能力，這時正向的個人特質就形成了。正向心理學總結出了24項優勢品格，分別是好奇心、熱愛學習、開放性思考、創造力、社會智慧、洞察力、勇敢、毅力、正直、仁慈、愛、團隊精神、領導力、公平、自我控制、謹慎、謙虛、美感、感恩、希望、寬恕、幽默、熱忱、人生目的感。每個人的身上都具有3～5個優勢品格，我們要做的是發現並保持自己已經具備的優勢品格。

穩定、自由、民主的文化環境和組織系統能夠顯現和發揮正向的個人特質，促進正向的個人經驗。我們能夠成為什麼樣的人和經驗怎樣的幸福感都受到所處社會文化環境的影響。現代心理學研究認為，營造尊重、包容、熱情的氛圍對人的身心健康最有利，最有可能幫助人完成自我實現。因此，正向心理學推崇美德，讓人獲得內心的豐盈，朝氣蓬勃。人如果處在非黑即白的絕對化評判體系中，會誤以為只有達到某個標準才會被接納和被愛，一味地追求單一的目標而失去對事物的多角度的評判，從而失去更多的自我成長的可能性。

## 第二節　正向心理學的力量

正向心理學，本書亦稱為「幸福心理學」，其核心即正面思考。

### 一、正面思考的力量

幾乎所有人都有過摔倒的經歷，可能是因為冬天路滑，可能是由於上臺階時踏空，可能是人多時被推擠，當你摔倒的時候（普通摔倒，未產生事故），大腦中出現的念頭是什麼？

1. 哎呀，怎麼這麼不小心！
2. 這麼倒楣，一出門就摔倒。
3. 太尷尬了，千萬不要讓人看見。
4. 還好沒有摔受傷，運氣真不錯。

不同的人有不同的看待事情的角度。當一個問題發生，我們的分析和考慮決定了這個問題最後的走向和呈現的結果。有著想法A的人帶有自我譴責的意味，可能接下來一整天都自怨自艾；有著想法B的人可能充滿

抱怨和焦慮，認為這一天都不會順利；有著想法C的人可能會試探和猜測他人是不是看到自己摔倒了，惶惶不安；有著想法D的人可能會開心地拍拍身上的塵土，甚至露出笑容。人如果糾結於事情的負面角度，焦慮、抱怨、咒罵甚至報復性地也推倒其他人，事情不僅會更糟糕，人的情緒也會螺旋式地下降，最終掉入無盡苦痛之中，也就是俗稱的「鑽到牛角尖世間的事物都存在著正面與反面、正向的部分和負向的部分。站在不同的角度，感受和收穫會天差地遠。」

正向心理學認為幸福就是遇事便站在正面的、正向的角度，進行正面思考。凡事往好處想，如果這一面不好看，翻過來看另一面。換個角度看事情，你會發現幸福生活並不遠。

## 二、正面思考的四大益處

正面思考的四大益處是危機化為轉機、衝突化為溝通、磨難化為成長、壓力化為動力。

四五年前的冬天，我在某地乘坐計程車，上車後對司機說：「前面第一個路口左轉，然後走兩個路口右轉，別上橋。」司機應承說可以。之後我打了一個電話，結果司機直接上橋，走了錯誤的路線。我發現後告訴司機：「司機先生，您走錯路了，說好不上橋的。」我原本以為司機會道歉，然後回到原來的路線。結果司機突然轉過頭，不客氣地吼道：「叫什麼叫，叫什麼叫啊！我調頭不就好了！」我正坐在副駕駛，真切地感受到司機的負面情緒，瞬間怒氣值上升，當時就想爭辯。

此時就是一個危急時刻，我如果受到怒氣值的影響，爆發自己的負能量，很可能會出現衝突，甚至更糟糕的結果。於是我根據多年的正向心理學知識的累積，當即控制住怒氣，並觀察到這個司機有一些典型的甲亢患者的外在特徵。接下來，我採取正面思考，嘗試轉化衝突，建立起有效的

溝通。我捂著胸口，努力喘氣，像是受到了刺激的樣子。

這時司機突然緊張起來，開始關注我，搖下窗戶，不斷確認情況。我等了一會兒告訴司機，自己有心臟病，受不住這樣的吼叫。司機開始和我道歉，並控制情緒。於是我和司機進一步溝通，詢問司機是不是患有甲亢。

司機說：「是啊，我老婆早上還說我最近脾氣怎麼那麼大，如何如何……」我繼續回應司機要注意休息，注意飲食，遵從醫生的建議，還引導他作為司機要注意和乘客之間的關係。至此，我不僅化解了衝突，成功達成了溝通，同時將司機的壓力轉變為動力。正面思考提醒我們別把對方想太壞，別把事情想太壞，別把結局想太壞，別把你預知的那些東西想太壞。

有這樣一句臺詞：過日子就是問題疊著問題。沒有誰的人生是事事順心、時時如意的，所謂「人生不如意十有八九」。

失業、失戀、失意、失去你最在意的事和人，會導致你情緒波動或失控；但看到事情好的一面，會讓你步入正常的生活軌道。失業了，雖然會暫時失去經濟來源，但這是重新審視自己、強迫自己進步的一次契機，否則依舊在原本已經成為「雞肋」的職位上猶豫遲疑，只會浪費時間和生命。失意了，雖然會感到委屈、憤怒，但這也是互相坦誠和深入了解彼此的重要訊號，是了解對方、關愛對方的最佳時機。不論經歷怎樣的不如意，不要忘記正面思考，請對著鏡子將嘴角上揚，給自己一個真誠的微笑。

## 三、嘴角上揚的抗壓性

保持嘴角上揚並不容易，有時候我們可能正在經歷負向情緒，但是有的人由於工作要求，如銷售員、各類服務人員、心理師等，必須面帶笑

容。在生活中的各種情境下都能夠露出笑容，是一種強大的抗壓性。

被誤解時依舊能夠保持笑容，代表了一個人的素養。不論是主管誤解你，還是你的工作業績被其他人冒領，抑或是你的言行被陌生人甚至親人曲解，你還是你，你的價值、能力、品行等並不會因此改變。此時的笑容是對他人評價的不在意，是自我的強大。

受委屈的時候保持微笑，代表了大度。我們的很多社會角色都難免承受委屈，不得不忍受父母的強勢、伴侶的脾氣、孩子的頑皮、工作的強壓等，面對這一切的時候，笑能夠凝聚各種關係，是一種包容，是一種情操。

吃虧時笑一笑，代表了豁達。在人與人的交往中，與其糾結別人比自己多得了什麼，自己虧了什麼，不如換一個角度，凡事都給別人比自己多一點，往往給出的一點就是成功的原點。

無奈時微笑，代表了豁達。晏殊詞云：「無可奈何花落去，似曾相識燕歸來。」遇到無奈的人與事，微笑展現了一種氣魄和胸懷，我們喜歡和豁達的人相處，當我們展現出豁達的心境，也會獲得更多的讚賞。

危難時保持笑容，代表了大氣。恐懼和膽怯會讓我們失去冷靜的判斷，手忙腳亂也無法很好地解決困境。這時候笑一笑，給自己一些力量，讓自己變得理智和平靜。

被蔑視時微笑，代表了自信。我們渴望被尊重、被認可，同時也要努力保持對自我的評價，不被他人的評價和回饋擺布。真正的自信是對自我評價的堅定相信。不因他人的奉承而自傲，也不因他人的輕蔑態度而自我貶低。

失戀時也要微笑，這代表了灑脫。失去在所難免，因此而悲傷是人之常情，而此時的微笑是對感情的新的認知和理解，是對未來生活的信心。

## 第三節　微笑的力量

### 一、微笑帶來的改變

在生活中，你是否曾經被人撞到，弄散了辛苦整理的檔案？是否曾經在擁擠的停車場準備入位時被其他司機搶占了停車位？是否曾經被灑了一身的熱咖啡？那一刻的你會怎麼做呢？

現實中，因為人的憤怒，一起起暴力事件頻頻發生。當你被激怒到想舉起拳頭時，不妨學一下小朋友，每天多一點微笑，在遇到問題的時候，不輕易發怒，寬恕他人的過失，這通常能夠帶來意想不到的幸福結果。這就是微笑帶來的改變，也是微笑的神奇的治癒能力。

### 二、微笑的意義

微笑的意義有很多。

第一，微笑能夠促進社會溝通，面帶笑容的表述往往都是順利的，讓人舒服的，帶來更多成功的機會；第二，大笑令人開懷，幫助我們通氣，當張開嘴巴發出笑聲，從咽喉到肺部的氣息都是通暢的；第三，微笑可以避免衝突；第四，微笑能夠促進健康，越來越多的生理學和心理學的研究證據表明保持心情愉悅能夠增強免疫力，提高身心健康水準；第五，微笑能夠降低心血管的緊張程度，每當情緒發作的時候，都會導致一系列相關生理指標發生變化，如呼吸、心率、體溫、各種神經化學物質的含量等，但是微笑、愉悅的正向情緒經驗能夠調節這些生理指標；第六，微笑能夠放鬆迷走神經，迷走神經是腦神經的一種，控制著呼吸系統和消化系統的大部分器官，能幫助我們說話，保持心跳和流汗，同時是連線大腦和全身

器官的訊息高速公路；第七，微笑有利於各種關係，尤其有利於婚姻關係，保持美好婚姻關係的三種方法是微笑、擁抱和讚美，伴侶之間的微笑和擁抱既會帶來正向經驗，也會增進親密感。

微笑的意義和作用不止如此，如果你正在經歷苦惱，正在面對緊張的關係，甚至影響自己的飲食和睡眠，不妨先停止思考，拿起鏡子，對自己笑一笑，親身體會一下。

## 三、微笑使人善良

心理學家做過很多有意思的實驗，這些實驗從側面說明了微笑的神奇作用。英國心理學家李察‧韋斯曼博士曾經進行過一個關於丟失錢包的心理學研究，他想知道錢包中放些什麼最能令撿到的人將之歸還失主。

於是懷斯曼博士準備了240個錢包，每個錢包中都放入相同的購物優惠券和標有連絡方式的假名片，然後將這些錢包每40個分為一組，第一組錢包中放入一張微笑的嬰兒照片，第二組錢包中放入一張可愛的寵物狗照片，第三組錢包中放入一張快樂的家庭合照，第四組錢包中放入一張恩愛的老年夫妻的合照，第五組錢包中放入一張捐款給慈善機構的證明，第六組不額外放入照片或卡片。這些額外的照片都放在很明顯的位置，只要開啟錢包就能看到。接著懷斯曼博士把錢包悄悄「遺落」在人來人往的街上。

結果，在接下來的7天內，有125個錢包被歸還。進一步的統計發現，在歸還的錢包中，35%是放著微笑的嬰兒照片的錢包，21%是放著快樂的家庭合照的錢包，19%是放著可愛的寵物狗照片的錢包，11%是放著恩愛的老年夫妻合照的錢包，8%是放著捐款證明的錢包，而6%是沒有額外放入照片或卡片的錢包。可見，那些鮮活的、能夠讓我們會心一笑的事

物比起冷冰冰的理性的事物更能起動我們心中的善意。

　　所以，如果想提高錢包被撿到後歸還的可能性，可以在最明顯的地方放一張微笑的照片，尤其是一張嬰兒的微笑照片。如果想收穫周圍更多的善意，請展露出你的笑容。

## 第四節　施容：真實的微笑

　　時刻保持微笑，不吝展露微笑，給予他人笑容，施以笑容，即施容。

## 一、真笑：杜鄉式微笑

　　展露笑容很簡單，但是隻有真實的笑容能夠帶來正能量。1862年，法國神經病學專家杜鄉（Guillaume Duchenne）在治療一個面癱患者的時候發現，患者由於面部肌肉無法做出表情，因此很少能體驗到愉悅的情緒。於是，杜鄉醫生使用電擊刺激患者的面部肌肉，當電擊令患者嘴角上揚，並露出八顆牙齒的時候，患者「做出」了一個微笑的表情，但是患者並沒有任何情緒感受，接著，杜鄉醫生刺激患者眼周部位的肌肉，使眼角出現了皺紋，這時患者表示自己突然感到很高興。因此，杜鄉醫生發現，只有嘴角向上翹，眼部周圍肌肉收縮，表現內心充滿甜蜜情緒的微笑，才是真實的微笑，此時大腦才能產生快樂情緒，因此，這種笑也被稱作「杜鄉式微笑」（Duchenne Smile）。嘴部的微笑不一定代表真正的快樂，嘴部加眼部的微笑同時出現才代表真正的快樂。現在回想一件讓你開心的事情，再對著鏡子觀察一下自己的表情，眼睛周圍的肌肉動了沒有？你的感受如何？

　　全球首席表情測謊大師、美國心理學家保羅・艾克曼（Paul Ekman）在隨後的研究中發現，人類的微笑有19種之多，例如聽到為難的事情時做

出的附和式微笑、惡作劇得逞時候的壞笑、無可奈何的笑等，但是其中18種是社交禮儀性微笑，只有一種微笑是真正的微笑，即杜鄉式微笑。

## 二、假笑：社交禮儀性微笑

那些做出了微笑表情但是並沒有發自內心的、開心的微笑統稱為社交禮儀性微笑，也就是我們通常所謂的「假笑」。有時候，出於職業要求或禮貌，人們常常在工作中做出社交禮儀性微笑。然而2012年《美國國家科學院院刊》(*Proceedings of the National Academy of Sciences of the United States of America*)中曾經刊登了一項研究，研究顯示透過青少年的微笑程度能夠預測其成年後的收入水準，快樂的青少年，也就是有杜鄉式微笑的青少年，在29歲時的年平均收入為6.5萬美元，高出了同年齡群體年平均收入的10％，而不快樂的時常憂鬱的青少年，在29歲時的年平均收入是5萬美元，低於同年齡群體年平均收入的30％。所以，真正微笑的人收入更高。

1960年，美國加州大學的兩位教授跟進了學校裡141名女性畢業生的生活和婚姻滿意度。兩位教授根據畢業紀念冊上的照片，將這些女生分成兩組：杜鄉式微笑組和泛美組 (Pan American smile，當時美國泛美航空公司一直在宣傳空姐們嘴角上揚、露出牙齒的典型禮儀性微笑，也被稱為「官夫人剪綵微笑」)，並且將這些女生的漂亮程度進行量化。兩位教授分別在她們27歲、43歲和52歲的時候進行了測試，結果顯示杜鄉式微笑組的女生對生活和婚姻的滿意度更高，結婚率更高，離婚率更低，並且她們的生活和婚姻滿意度與漂亮程度無關。

由此可見，真實的笑容具有巨大的能量，在生活中，我們可以透過一些練習來提高杜鄉式微笑出現的比例，愉悅身心。

## 三、微笑憂鬱症

憂鬱症是被大眾一直關注的一種心理疾病，但憂鬱症患者並不都是看上去意志消沉、毫無生氣的，還有一種高功能憂鬱症患者，他們長時間壓抑或隱藏自己的真實情緒與感受，強顏歡笑，或是由於某些原因明明在經受內心波濤洶湧的痛苦，表面上還要風和日麗，也被稱為微笑憂鬱症。這種情況常常出現在一些要求隨時保持微笑的職業中，例如空姐、售貨員、心理師等，而且研究統計發現，女性的患病比例高於男性。

在生活中，我們需要練習和保持真實的笑容，體驗真正的開心，也要警惕假笑的危害。如果你一直經驗到持續性的惡劣心境，無法擺脫，逐漸失去了原來的興趣，沒有對未來的期待，懷疑自己存在的價值和生命的意義，那麼請連絡專業的心理師進行專業的診斷和治療。微笑看似容易，但是並不簡單，微笑不只是停留在表面，其背後還蘊含了很多心理訊息。

# 第五節　學會真笑，增強免疫力

## 一、微表情背後的心理

微表情，是心理學名詞，是一種人類在試圖隱藏某種情感時無意識做出的、短暫的面部表情。美國心理學家保羅‧艾克曼研究發現，人類的面部表情並不是基於社會文化背景或語言而產生的，而是共通的。也就是說，不論生長在什麼樣的文化環境中，由情緒引起的面部肌肉抽動、表情變化都是一致的。因此艾克曼使用科學方法，編制了臉部表情辨識系統（Facial Action Coding System, FACS），透過系統辨識、捕捉各種表情。艾克曼將FACS和微表情結合，可用於辨識謊言，美國的國防部門和調查部

門都在使用這個方法。2009年5月，艾克曼被美國《時代週刊》（*Time*）評為全球最具影響力的100人之一。

2009年，美劇《謊言終結者》（*Lie to Me*）就是根據艾克曼的研究而創作的。劇中的主角是一位測謊專家，他透過對面部表情和身體動作的分析，檢測人是否在說謊，幫助警方發現各種疑難案件的真相。劇集中展示了很多辨識微表情的技項，例如：超過一秒鐘的驚嚇表情，表示對方在假裝；真的在生氣的時候，大喊和拍桌子會同步發生，如果出現先後順序，則可能是假的；如果對所說的內容沒有信心，聲音會下降；並不完全相信自己所說的內容時，會下意識地撫摸自己的手，用來打消心裡的疑慮。微表情的出現時間十分短暫，但是最容易暴露真實的情緒和想法。

## 二、微笑增強免疫力

發自內心的開懷大笑可以緩解緊張感與壓力，提高免疫細胞與抗體活性，減少皮質醇分泌。皮質醇是一種壓力激素，含量增多的時候會導致壓力感、暴躁和不開心。驚嚇、熬夜、不規則的飲食、緊張會促進皮質醇的分泌；而保證睡眠，放鬆情緒，保持心情愉悅，則可以減少皮質醇的分泌。

儘管笑容有很多益處，但是我們並不需要時時刻刻都在笑，如果可以，每天給自己一個短暫的放鬆時間，例如與家人一起讀笑話，看搞笑影片，每天和家人享受5分鐘的開心時間，享受一起大笑帶來的快樂和健康。

假笑往往會逐漸變成真笑。如果實在無法開懷大笑，也可以從假笑開始，做出嘴角上揚的動作，然後再動一下眼部的肌肉，先笑出來，再體會愉悅的感覺。此外，愉悅是可以相互感染的，嘗試做一件讓別人開心的事

情，即使是乘坐電梯的時候幫對方按一下開門鍵，在看到對方微笑致謝的時候，也能讓自己感受到快樂。

一篇正向心理學的研究顯示，快樂有益於身體健康。第一，真實的笑臉除了能讓自己開心，還會透過影響別人而產生社會性價值；第二，快樂的人有更強的免疫系統及更佳的心血管功能（這類人較少出現心臟病發作和動脈阻塞的病症）；第三，快樂的人願意做出更多的健康行為，例如繫安全帶；第四，快樂的人很少有不利於健康的生活習慣，如酗酒和抽菸等。

## 三、笑的重要性

施以笑容如此重要，所以請每天給自己也給他人多些微笑。即便沒有事情發生，也請回想一下或是想像一下快樂的時光，然後微笑。主動為自己尋找一個發自內心地笑的理由，譬如找到你日記中值得感恩的經歷，心懷樂觀和善意對待身邊的每個人和每件事，發掘一下自己的幽默感，對著朋友、家人做個鬼臉，講個笑話，照鏡子的時候對自己做一個飛吻等。

身體是一切的本錢，身心健康才能夠有機會實現自我價值，並獲得最終的幸福經驗。保護好自己的免疫力，削弱負能量，增強正向力量。

一方面，有序規律地生活。首先做到四好：吃好、睡好、喝好、心情好。人們常說，健康是1，財富、名利、地位等都是1後邊的0，1和0可以組成各種數值，但是沒有1，再多的0都失去了意義。因此，保持身心的活力才是追求幸福經驗的前提，而保持身心的活力就要有良好的免疫力。

另一方面，保持樂觀喜悅的心情。好心情就是療癒一切煩惱困擾的「特效藥」，如果現在的你感到生活壓力很大，身心疲憊，那麼在做出新的

生活計畫之前，請開懷大笑；如果你正經歷某種失去，感到悲傷和失落，也請調動面部的肌肉，給自己一個微笑；如果你正在猶豫不決，不知道該如何選擇或取捨，也請回想一下開心的事情，露出真實的笑容，在身體裡累積一下正能量。

此外，還可以每天練習微笑瑜伽，一分鐘的微笑瑜伽相當於10分鐘的有氧運動，一起來感受吧！

## 小結

真實的微笑會讓人感覺到快樂，學會真笑能增強免疫力。微笑是「潤物細無聲」的力量；微笑是明媚的陽光，照亮一切陰暗角落；微笑讓我們架起情感交流的橋梁，建構和諧人生。

## 自我分析

1. 在日常生活中，你的真笑多嗎？
2. 你是有幽默感的人，還是總繃著臉的人？

## 推薦閱讀

《*Positivity: How to Be Happier, Healthier, Smarter, and More Prosperous*》Harry Edelson

《正向心理學》（*Positive Psychology: The Science of Happiness and Human Strengths*）艾倫‧卡爾（Alan Carr）

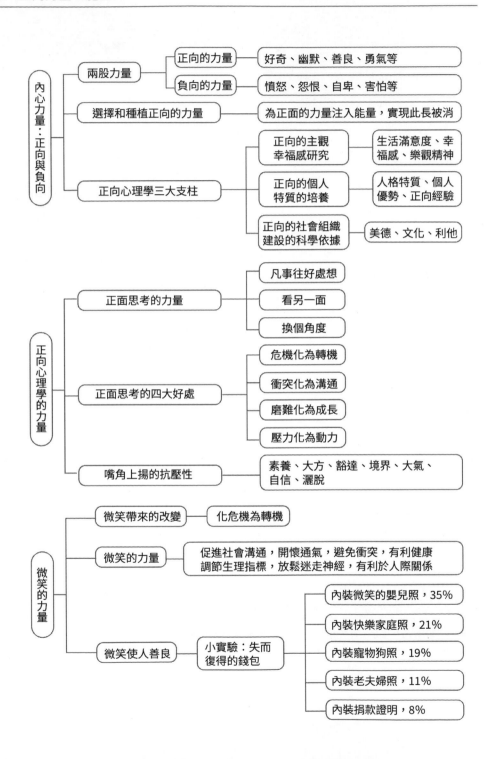

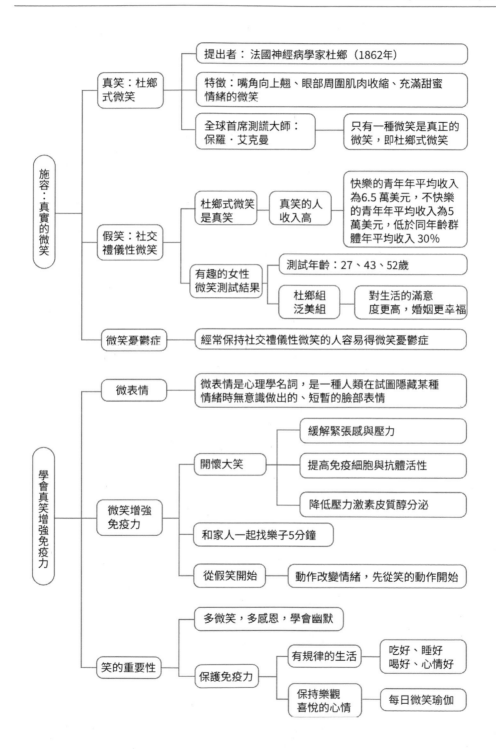

施容：真實的微笑

真笑：杜鄉式微笑
- 提出者：法國神經病學家杜鄉（1862年）
- 特徵：嘴角向上翹、眼部周圍肌肉收縮、充滿甜蜜情緒的微笑
- 全球首席測謊大師：保羅・艾克曼 — 只有一種微笑是真正的微笑，即杜鄉式微笑

假笑：社交禮儀性微笑
- 杜鄉式微笑是真笑 — 真笑的人收入高 — 快樂的青年年平均收入為6.5萬美元，不快樂的青年年平均收入為5萬美元，低於同年齡群體年平均收入30%
- 有趣的女性微笑測試結果
  - 測試年齡：27、43、52歲
  - 杜鄉組泛美組 — 對生活的滿意度更高，婚姻更幸福

微笑憂鬱症 — 經常保持社交禮儀性微笑的人容易得微笑憂鬱症

學會真笑增強免疫力

微表情 — 微表情是心理學名詞，是一種人類在試圖隱藏某種情緒時無意識做出的、短暫的臉部表情

微笑增強免疫力
- 開懷大笑
  - 緩解緊張感與壓力
  - 提高免疫細胞與抗體活性
  - 降低壓力激素皮質醇分泌
- 和家人一起找樂子5分鐘
- 從假笑開始 — 動作改變情緒，先從笑的動作開始

笑的重要性
- 多微笑，多感恩，學會幽默
- 保護免疫力
  - 有規律的生活 — 吃好、睡好喝好、心情好
  - 保持樂觀喜悅的心情 — 每日微笑瑜伽

# 第五章　正向語言：語商

不懂好好說話的家庭，養不出幸福的孩子。

# 第一節　正向語言及其特點

## 一、什麼是正向語言

　　正向語言就是引發個體正向情緒，發現個體優點及潛能，關注使人生美好的有利條件，促進個體美德及正向品格形成，有利於建構正向人際關係的語言。

　　語商，即單位時間內所用語言達到所期待目標的水準。提高語商，有助於展現自身價值，提高溝通效率。通常我們使用的語言詞彙和對方的最終反應共同代表了語商的水準。

　　譬如，在生活中，當你希望孩子放下手機，早點休息的時候，你會怎樣和孩子說？

1. 「已經是休息的時間了，再玩10分鐘，馬上去盥洗睡覺。」

2. 很嚴厲地說：「幾點了，還不睡覺！」

3. 直接拿掉孩子手中的手機，命令他：「睡覺！」

4. 其他

　　孩子的反應又是如何？

　　第一種：馬上放下手機，準備盥洗，上床睡覺。

　　第二種：完全忽視，依舊全神貫注地玩手機。

　　第三種：開始討價還價，撒嬌要賴，耽擱很久，也沒有完全放下手機或上床睡覺。

　　相較之下，能夠產生第一種反應的語言，屬於語商較高。

　　語言是我們重要的溝通工具，不論是話語還是文字，在溝通的時候，

不同的語言所帶來的反應不同。正向心理學研究發現，當我們使用能夠引發正向情緒經驗的語言時，更容易讓對方接受和理解自己的想法和目標。溝通是一個合作的過程，對方的回饋受到己方表達方式和表達內容的影響。

## 二、正向語言的目標與原則

使用正向語言的目標是給彼此帶來愉悅的心情、正向的感受，提升幸福感，盡可能發揮語言的正向作用。通常人們在表達的時候，會有如下幾種語言風格：始終批評，始終表揚，先批評後表揚，先表揚後批評，正向引導。如果從聽者的角度出發，始終批評和先表揚後批評的風格都會讓人感到不舒服甚至是厭惡，因為自己像是在接受懲罰，能力被否定。始終表揚和先批評後表揚的風格，相對來說，讓人們感到更舒服，雖然也被指出問題，但是人們會更願意接受。而正向引導的風格則讓人感到被信任，也會信服說話者，更願意面對問題本身，而不是糾結於因此而產生的不良感受。

正向語言能夠帶來正向的經驗，並不意味著正向語言只能是對對方的誇獎、稱讚、應承，而是將溝通變得有效、可持續、有趣、言之有物。因此，真正的正向語言的原則是在傳遞資訊、思想和情感的過程中保持目標明確，使彼此清楚要做什麼，達成共識，且有效果。正向語言的衡量標準是在短時間之內，語言準確有效，使對方做出與自己期待一致的行為。有的人堅持使用批評或先批評或表揚的方式，認為只有批評才會帶來進步，這其實是一種失誤。聽到批評，我們的第一感受是自尊心受傷，自我被否定，這種負面的感受如此強烈，使我們無法再去關注問題和行為本身。使用正向語言進行引導，不僅保護了對方的自尊心，也透過正向肯定和正向關注傳遞了更多的關愛，發揮了內心的正向力量，因此，更容易達到協調雙方的認知、行為和關係的目的。

## 三、正向語言的特點

正向語言並非指代某些特定的詞語，而是指那些為自己和他人帶來愉快的經驗和情緒的表述。正向語言既能夠幫助我們發現他人的優點，也能夠激勵他人關注生活中的美好事物；同時，正向語言還可以引導自己和他人發揮優勢和潛能，發現使人生美好的有利條件，提升幸福感，例如那些逗趣的、具有激勵和振奮效果的、帶來肯定的話語。要時刻記得，正面的表達比宣洩情緒能夠清晰地將訊息傳遞給對方，我們只是因為這件事而發怒和著急，而不是這個人。換個角度看缺點，只要有一定的條件和合適的引導，缺點就可以變成潛能。孩子總是能找到各種理由不去練鋼琴，總是和家長鬥智鬥勇，這是孩子思維靈活的一個表現；伴侶總是做事猶豫，要衡量好久，這是因為他謹慎和細緻。

在表達正向語言的時候，如果配合一些肢體動作，所發揮的正向力量會更加顯著。例如點頭表示同意和認同，在對方說明自己的想法之後，點頭並配合「哦，是這樣呀，我明白了」，對方會產生被理解的感覺，也會得到正向的鼓勵；在表達欣賞的時候，配以微笑和「是呀，確實很厲害！」；在表示關注的時候，靜靜傾聽，或者加上幾句「後來呢？你是怎麼想的？」。不妨試試：每天在公司裡，對同事多一些點頭和微笑；在家庭中，對伴侶、父母和孩子多一些點頭、微笑和傾聽，看看會發生什麼樣的變化。

## 第二節　正向語言的五個層次

國際正向心理學協會 (International Positive Psychology Association, IPPA) 祕書長說過，正向語言必須是積極樂觀和實際可行的結合點，二者缺一不可。

正向心理學研究者陳虹博士將正向語言進行了更加具體的歸類，總結了正向語言的五個層次：禁說惡語，不說禁語，少說「NO 語」，多說「YES 語」，總說敬語。

## 一、禁說惡語

所謂惡語，是指一些惡毒的、辱罵的、誹謗性的話語。惡語不堪入耳，只具有惡意的攻擊性，對正常溝通和相互理解沒有任何幫助。

惡語是語言暴力的一種，剝奪了對方的被愛感和歸屬感，只是滿足了說話者的情緒宣洩。惡語通常在情緒激動的時候出現，說話者或有意（對對方有極大的恨意）或無意（激烈情緒導致衝動表達），但是語言接收者往往會受到極大的傷害。因此，在正向語言的表述中，惡語是絕對禁止使用的。

## 二、不說禁語

正向心理學的研究者發現，有些語言雖然不是辱罵或誹謗性的，但是會令聽者的自尊心受到傷害，不利於維護和諧的關係，也不利於溝通的進行，例如「笨」、「傻」、「沒用」、「討人厭」、「拖後腿」等。這類語言大多在批評的時候出現，並且都是肯定性的、結論性的，完全忽視了對方的立場和緣由，否定了對方的成長可能性，被歸為禁語。

## 三、少說「NO 語」

有一類語言帶有很多的否定性詞，表達的是對對方的不信任和否定，統稱為「NO 語」，例如「沒出息」、「沒用處」、「沒救了」、「不專心」、「不努力」、「不聽話」「不求上進」「沒教養」、「一天不如一天」等。單是

看到這些詞，就讓人感受到一種深深的無力感，失去了繼續努力的勇氣。這些話說出口的時候，都是在阻止某些行為的發生，傳遞了「放棄吧，不會成功的」等意思，然而，我們每個人的潛能是無限的，任何事情的結果都不是必然的，努力和堅持不懈雖然也會受到一些意外情況的影響，但是放棄一定不會達到目標。因此，不論是對他人還是對自己，請少說「NO語」，相信自己的潛能，相信他人的能力，將會收穫更多好的結果。

## 四、多說「YES 語」

與「NO語」相對應的是正向、肯定性的詞，也稱為「YES語」，例如「好」、「對」、「可以的」、「沒問題」、「試試吧」、「做得了」、「會成功的」、「是」、「能做到」等。

「YES語」的特點是傳遞了認可和尊重，不論對方做了什麼事情，是否有經驗，是否經常出錯，都相信和理解對方的決心。

「YES語」不僅對他人有正向作用，也會令自己充滿力量。我們並不是在各個方面都一直優秀，我們可能不擅長計算，可能總是控制不好情緒，可能一直成績平平，但是我們的內心深處都渴望能夠堅持下去。儘管失意、難過的時候，我們會說很多的「NO語」，但如果聽到「YES語」，心中就會有所期望。

事實上，很多人習慣使用批評類的「NO語」，認為忠言逆耳利於行，可是我們的忠言沒有被接受，這和我們不接受他人的忠言的理由一樣，不是道理不對，而是表述的方式不對。在理解對方的基礎上，應先正向肯定，再指出其中的原因，提出建議，這樣會使溝通更有效。「這個想法可行，我支持你去做，只是這裡我覺得還可以注意一下」要比「這個想法不成熟，這裡得改，你總是這麼粗心，考慮不全」更能夠促使對方做出積極修改。

## 五、總說敬語

敬語不僅具有正向肯定性，還包含激勵、引導和讚賞，能夠促進彼此的自我實現。例如「我相信」、「我贊同」、「我理解」、「我期待」、「我尊重」、「有道理」、「有進步」「有新意」、「有趣」、「有能力」、「令人滿意」等。

設想一下，當你想到一個工作企劃，只是雛形，還不成熟，這時主管說：「我相信你可以完善它，我很期待你的呈現。」當你某次考試成績下滑，父母說：「我知道你這次沒考好是有原因的，我相信你會調整好自己。」此時是一種什麼樣的感受？是覺得主管和父母都糊塗了，自己可以繼續偷懶了，還是覺得原來大家是看到我的努力的，我是被理解的，並充滿幹勁？同樣，當我們的同事、伴侶、朋友、孩子提出了一個想法，或是做了某件事，我們給出的回饋是敬語，那麼他們並不會因此狂妄或自滿，而是感到被激勵和受到引導。敬語運用得當，不僅能夠給出指向未來的建議，還會帶來有效果的行為。

## 第三節　正向語言的四種表達

語言傳遞表達者的情緒和感受、立場和觀點，然而訊息總是無法百分之百地傳遞給對方，經常會失真，甚至導致誤解和溝通失效。正向語言的五個層次總結了能夠帶來正向力量的語言類別，在表達的過程中，我們還需要注意表達的方式與方法，盡可能做到真誠、友善，傳遞期待，兼具優美。

## 一、真誠言語

甜言蜜語是嘴巴對耳朵的誘惑，推心置腹則是將一顆心送給另一顆心。很少有人能夠抵禦讚美、誇獎和告白，所以難免會擔憂自己因此陷

入口蜜腹劍的陷阱中。因此，表達正向語言時要真誠，即真誠地讚美，真誠地告白，真誠地表達「YES語」和敬語，如此一來，能增加語言的可信度。

## 二、友善言語

「良言一句三冬暖，惡語傷人六月寒。」

「毒舌」和「刀子口」都是圖自己一時痛快，而傷了人心。那些「刀子口豆腐心」的人經常被誤解，不熟悉的人無法理解其中的善意，熟悉的人在失意、難過之時難以接受；而那些溫柔和善的人經常被信賴。友善的表達更有利於實現語言的目的。

## 三、期待言語

1968年，美國心理學家羅伯特‧羅森塔爾（Robert Rosenthal）博士在一所小學進行了一場實驗，實驗結果證明：如果教師在教學過程中對學生抱有正向的期待，學生就會朝著期待的方向成長。這種現象被稱為比馬龍效應（Pygmalion effect），也叫期望效應。期望效應不僅適用於教師和學生之間，也適用於各種人際關係，對對方產生某種正向期待和殷切希望，也會令對方做出正向的回應和改變。在使用正向語言的時候，傳遞出期待，有助於產生良好的溝通效果。

## 四、優美言語

語言的藝術性並不在於辭藻的華麗，而在於令溝通雙方感到舒服。觀察生活中那些讓我們感到舒服的朋友，同樣的話語，他們說出口的時候我們更樂於接受，他們真誠、友善，充滿信任和期待。

　　在繁華的街頭，有一個滿頭白髮的盲人老人坐在臺階上乞討，他在紙板上寫著「I AM BLIND，PLEASE HELP ME.」（我是一個盲人，請幫幫我），然而路人行色匆匆，很少有人停下來，在他面前的鐵罐中投入錢幣。有一位女士注意到了老人，她停了下來，老人發覺面前有人，伸出雙手摸到對方的鞋子，但是這位女士只是將老人的紙板翻過來寫了幾個字，就離開了。結果，路人開始紛紛停下，向老人的鐵罐中投入錢幣。第二天，這位女士再次路過這裡，停在老人跟前，老人摸到女士的鞋子，認出了她。

　　老人好奇地詢問她到底做了什麼，令路人願意幫助自己。女士說，她寫了同樣的內容，只是用了不同的詞語。原來這位女士在老人的紙板背面寫上了「IT'S A BEAUTIFUL DAY，BUT I CAN'T SEE IT.」（生活如此美好，可我卻看不見它）。

　　只要我們的語言能夠打動對方，奇蹟並沒有那麼難以出現。

## 第四節　正向語言與負向語言

### 一、語言像一顆種子

　　語言像一顆種子，可以在我們的心裡長成充滿活力的大樹，也可以結出一顆苦澀的果子，甚至是變成長刺的藤蔓，時刻刺痛我們的心。

　　話語具有生命力，肯定、表揚和讚美會鼓勵正向行為的發生，帶來無限的可能，否定、指責和抱怨會阻礙正向行為，讓人陷入消極和困擾之中。

　　人對讚美的需求不亞於對食物和睡眠的需求。人本主義心理學家亞伯拉罕・馬斯洛（Abraham Maslow）在分析人們的行為動機後，提出人們的

行為受到內心不同層級的需求的激勵。第一個層級是對食物、水等維持生存所必需的資源的生理需求；第二個層級是對安全的需求，包括對人身安全、身體的健康、穩定的就業等的需求；第三個層級是對愛和歸屬的需求，如渴望得到友誼、認同和情感歸屬；第四個層級是對尊重的需求，即對內在價值的肯定和對外在成就的認可；第五個層級是自我實現的需求，即充分發揮潛能，實現理想、抱負。

　　每個層級的需求雖然有先後順序，但是每個需求對我們的激勵程度是相同的。我們對食物的渴求，對穩定環境的需求，對被認可、被肯定的需求都是相同程度的。有的父母認為只要給孩子提供豐厚的物質條件，就可以讓孩子感到幸福；有的團隊領導認為只要薪資夠高，團隊就會穩定。這些都是誤判和忽視了人們對愛和歸屬、尊重及自我實現的需求，甚至可能會帶來糟糕的結果。

## 二、正向語言：肯定、欣賞

　　英國喜劇演員、作家羅溫·艾金森（Rowan Atkinson）因為經典的喜劇角色「豆豆先生（Mr.Bean）」而家喻戶曉，但是羅溫先生的成長並不是那麼順利。羅溫先生小時候是一個按時完成作業的乖學生，長相憨憨的，動作也很笨拙，朗誦的時候表情滑稽，同學們總是哄堂大笑，也總是捉弄他，老師們對他的負面評價比較多，就連父親也覺得他腦子有問題。

　　幸運的是，羅溫先生有一位了不起的花匠母親。他的母親一直認為自己的兒子是優秀的。面對一個發育遲緩的孩子，母親並沒有鄙視和貶損他，而是欣賞和鼓勵他。母親經常告訴他：「每個人就像是一朵花，每朵花都有開放的機會。那些沒有開放的花，只是季節未到。在季節未到的時候，花需要努力地吸收養分和陽光，儲蓄足夠多的能量，耐心地等待，時

候到了，花自然會綻放。」

母親幫助羅溫先生培養了「正向的潛意識」，引導他相信自己，守候希望。羅溫先生長大後，在成名前也經常碰壁，但是他牢記母親的鼓勵，最終等到適合自己盛開的時刻。

## 三、負向語言：指責、否定

已故美國歌唱家、音樂家麥可・傑克森（Michael Jackson）在樂壇中留下了很多至今無人打破的紀錄，他的作品充滿愛和力量，給了很多人勇氣和希望，歌迷幾乎遍布全世界，他卻說自己是「人世間最孤獨的人」。他好像這一生都在努力治癒自己的童年。

麥可的父親教育子女的方式很「特別」。父親脾氣暴躁，人格古怪，為了「教導」兒子們晚上睡覺的時候不要開啟窗戶，他會在深夜戴著面具扮成劫匪，爬到兒子們的睡房裡大喊大叫，雖然兒子們牢記了這條戒令，但是麥可和他的幾個兄弟多年來都因此而做噩夢。當麥可和兄妹幾人在節目彩排中的表現令父親不滿意的時候，父親更是會用皮帶或棍棒抽打他們。麥可回憶起小時候時說：「有一次，他（父親）扯斷冰箱的電線來打我。」在麥可的記憶中，父親從來沒有背過自己，從來沒有和自己玩過遊戲，他給自己留下的都是一些飽受虐待的心理陰影。麥可在青春期的時候，臉上長了暗瘡，他覺得自己的樣子好醜，皮膚又黑，鼻子又寬，完全不想出門見人。他的父親和哥哥們沒有任何安慰，還幫麥可取了外號「大鼻子」。儘管後來麥可擁有眾多粉絲，人們稱讚麥可的才華，也有人追捧他的外貌，但是麥可的內心深處一直否定自己，認為自己是個醜孩子，不接受自己的外貌，甚至後來多次進行整形手術。

來自父母和親人的否定與指責，給我們帶來更深的負面影響，很多人

都曾感慨幸福的童年治癒一生中的挫折，痛苦的童年卻需要一生去治癒。對於成長而言，表揚導致的自滿遠遠小於批評帶來的傷害，而正向語言的鼓勵遠遠大於負向語言的勉勵。

## 第五節　愛的語言

### 一、有話好好說

「也許我們並不認為自己的談話方式是『暴力』的，但我們的語言確實常常引發自己和他人的痛苦。後來，我發現了一種溝通方式，依照它來談話和傾聽，能使我們情誼相通，樂於互助。我們稱之為『非暴力溝通』。」這是美國臨床心理學家馬歇爾·盧森堡（Marshall Rosenberg）博士在他的著作《非暴力溝通：愛的語言》（*Nonviolent Communication: A Language of Life*）中的一段描述。

馬歇爾博士認為人們的衝突源自暴力溝通，即言語上的指責、嘲諷、否定、說教及任意打斷。但是人天性友善，暴力的方式只是後天學習來的，我們也可以練習一些和諧的、非暴力的溝通方式：充滿理解、傾聽和互助。

實現非暴力溝通需要四個要素：觀察、感受、需求、請求。首先，觀察並表達觀察的結果，不進行評價，也避免將觀察和評價混為一體，例如不使用具有評價性的語言，如「蘇菲長得很醜」，而是客觀地表述「蘇菲對我沒有吸引力」。其次，表達感受而不是想法，喜悅、興奮、滿足、平靜、舒適、震驚、失望、悲傷、寂寞、嫉妒等屬於感受，而被利用、被忽視、被拋棄、不受重視、無人理解屬於想法，溝通的時候描述情緒感受，而不猜測對方的立場、想法。再次，描述導致感受的理由或原因。最後，提出具體的請求，請求越具體，越有利於溝通。

例如，看到孩子把髒衣服隨手扔在沙發上，暴力溝通的家長會說：「說了多少遍了，還是沒有記得，髒衣服又亂丟，搞得亂七八糟！」非暴力溝通的家長會說：「你把髒衣服丟在沙發上，這讓我很不開心，因為我希望家裡是整潔的。我希望你現在把衣服放在髒衣籃裡。」

說好話能促進人際關係和諧，會說話展現的是愛與被愛的能力。

一項關於父母離婚率與青少年犯罪的關係的數據分析發現，隨機抽樣的100名少年犯中，有60％的人來自離異家庭，父母出軌、爭吵是造成少年犯具有暴力行為和冷漠人格的真正元凶。很多教育學者相信父母離異是孩子心靈健康的殺手。然而這並不意味著父母需要為了孩子困守在無望的婚姻中，也並不能反向證明父母離異一定會導致孩子出現行為偏差和心理問題。其中還隱藏著一個重要環節，就是父母與孩子的溝通方式。研究者相信，不懂得好好說話的家庭，養不出幸福的孩子。

因此，教養孩子的時候，父母需要增強語言表達能力，也就是會說話、懂說話、說好話、說對話。

## 二、讓愛永恆的祕密

美國著名婚姻家庭專家蓋瑞·巧門（Gary Chapman）博士認為，每一個人都應該擁有一個裝滿「五種愛的語言」的箱子，只有當這個箱子被「愛的五種語言」填滿的時候，人際關係才能發展。但是不同的箱子就像不同的人一樣，填滿它的語言不盡相同，伴侶之間發生誤解和爭吵都是因為不知道如何填滿對方的愛箱，如果能夠對對方使用正確的愛的語言，就能夠化解衝突，進一步發展親密關係，讓愛永恆。

查普曼博士認為，這「五種愛的語言」分別是肯定的言語、精心的時刻、接受禮物、服務的行動、身體的接觸。

## 1. 肯定的言語

要填滿這類人的愛箱，需要給予肯定的言語，贊同、承認他們做到的一切，肯定他們的價值和優點，可以是口頭上的及時稱讚，也可以是真誠深入的交流。

## 2. 精心的時刻

這種類別的人渴望得到對方的全部注意力，因此精心的時刻並不僅僅是指增加兩個人在一起的時間，更重要的是讓兩個人共同完成一件事情。這類人關注細節，希望兩個人在一起時對方能夠凝視他，關注他的表情、語調、肢體動作等，有品質的陪伴才能填滿他的愛箱。

## 3. 接受禮物

這種類別的人是視覺型的，需要看到實物才相信你的愛。禮物並不一定是物質的，也不用太昂貴，可以是一些用心製作的小東西、有意義的小儀式，也可以是你付出的時間和陪伴。他們重視見面、節日和生日，對禮物的要求是不論價格，不論場合，而是更在意時機。

## 4. 服務的行為

這種類別的人希望伴侶能夠做自己希望他做的事情，如果伴侶做到了，就證明伴侶是愛自己的。這些事可能是一些家務，可能是在事業上取得一定的成績，可能是與其他人保持距離等，並不統一。所以在滿足他們的希望之前，一定要進行溝通，明確他們想要什麼樣的服務行為，而不是從自己的角度去猜測。如果你的愛人總是為你做很多事，可能他也在期待同樣的回應。

## 5. 身體的接觸

　　這種類別的人喜歡身體的接觸，當陷入困擾和憂慮時，任何語言都比不上給他一個輕輕的擁抱。伴侶之間的身體接觸有很多，例如觸控、擁抱、牽手、親暱的拍拍和碰碰等。如果你的伴侶喜歡身體接觸，你卻反應過激或是不願接受，他會感覺受到很大的傷害，沒有被尊重。

　　愛的目的並不是按照自己的想法去得到什麼，而是尊重愛人的需求，為愛人做些什麼，或許這就是讓愛永恆的祕密。

## 三、語言的睡眠者效應

　　語言有一個有意思的特點，當一個人接受了某則訊息，隨著時間的推移，圍繞這則訊息的其他訊息就會逐漸被遺忘，人的記憶裡將只留下訊息的內容，這就是語言的睡眠者效應（Sleeper Effect）。心理學家發現，無論什麼訊息，其可信度都會隨著時間的推移而改變。

　　有這樣一個故事，一個男孩對相識不久的女孩表白：「你真漂亮，我喜歡你。」面對男孩的突然表白，女孩十分局促：「他是不是對任何人都能說出這樣的話呢？才認識多久啊，就說這樣的話，是不是太輕浮了？」所以女孩並沒有答應。

　　又過了一段時間，男孩再一次對女孩進行讚美並且表白，女孩忘記了之前對男孩的輕浮印象，答應了做男孩的女朋友。

　　隨著時間的推移，男孩第一次讚美時的「誰說的」、「怎麼說的」、「在哪裡說的」等因素都會被女孩遺忘，而留在女孩記憶裡的「我喜歡你」、「你太美了」等這些核心詞語卻很清晰。

　　這些記憶會帶給女孩單純的喜悅和愉快。當男孩再次對女孩進行讚美時，她就會想起「他以前也是這麼說的」。雖然這是一個故事，卻帶來一

些關於睡眠者效應的啟示：人們往往都能記住那些自己愛聽的內容，讚美之人不會被人輕易忘記。

讚美並不簡單，它需要技巧。讚美不是阿諛奉承，誇獎要出自真心。在讚美的時候，讚揚的是行為本身，而不是讚揚具體的人。讚揚行為本身，可以避免尷尬、混淆、偏袒，並鼓勵更多的同類行為。因此，讚美要具體，要實在，不宜過分誇張。此外，讚揚還要及時，而不要時隔太久。適當地讚揚別人，往往會取得很好的效果。

## 小結

懂說話、說好話能建立和諧的人際關係；會說話是愛與被愛的能力。懂得好好說話的家庭，才能培養出幸福的孩子。

## 自我分析

1. 在「五種愛的語言」裡，你做到了哪幾種？
2. 你覺得自己是一個會說話、懂說話的人嗎？

## 推薦閱讀

《愛之語：永遠相愛的祕訣》(*The 5 Love Languages: The Secret to Love that Lasts*) 蓋瑞・巧門 (Gary Chapman)

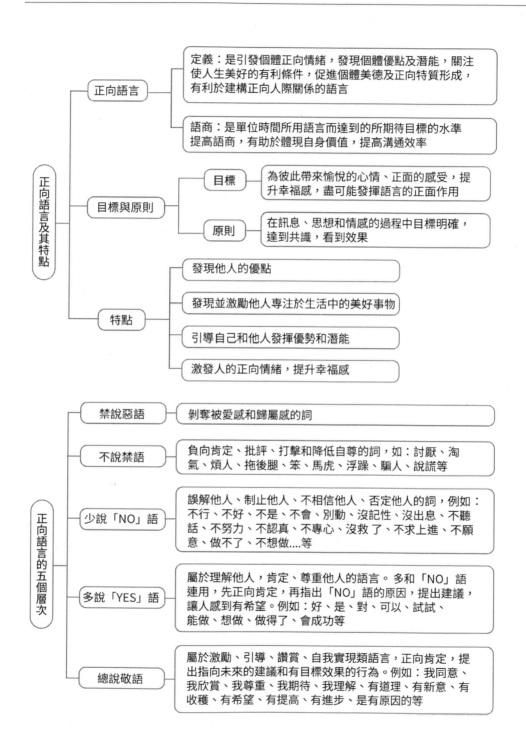

正向語言及其特點

正向語言
- 定義：是引發個體正向情緒，發現個體優點及潛能，關注使人生美好的有利條件，促進個體美德及正向特質形成，有利於建構正向人際關係的語言
- 語商：是單位時間所用語言而達到的所期待目標的水準 提高語商，有助於體現自身價值，提高溝通效率

目標與原則
- 目標：為彼此帶來愉悅的心情、正面的感受，提升幸福感，盡可能發揮語言的正面作用
- 原則：在訊息、思想和情感的過程中目標明確，達到共識，看到效果

特點
- 發現他人的優點
- 發現並激勵他人專注於生活中的美好事物
- 引導自己和他人發揮優勢和潛能
- 激發人的正向情緒，提升幸福感

正向語言的五個層次

- 禁說惡語：剝奪被愛感和歸屬感的詞
- 不說禁語：負向肯定、批評、打擊和降低自尊的詞，如：討厭、淘氣、煩人、拖後腿、笨、馬虎、浮躁、騙人、說謊等
- 少說「NO」語：誤解他人、制止他人、不相信他人、否定他人的詞，例如：不行、不好、不是、不會、別動、沒記性、沒出息、不聽話、不努力、不認真、不專心、沒救了、不求上進、不願意、做不了、不想做....等
- 多說「YES」語：屬於理解他人，肯定、尊重他人的語言。多和「NO」語連用，先正向肯定，再指出「NO」語的原因，提出建議，讓人感到有希望。例如：好、是、對、可以、試試、能做、想做、做得了、會成功等
- 總說敬語：屬於激勵、引導、讚賞、自我實現類語言，正向肯定，提出指向未來的建議和有目標效果的行為。例如：我同意、我欣賞、我尊重、我期待、我理解、有道理、有新意、有收穫、有希望、有提高、有進步、是有原因的等

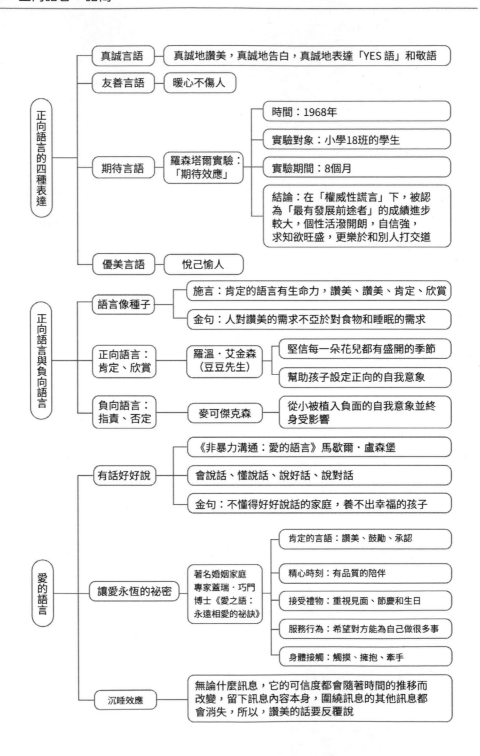

正向語言的四種表達
- 真誠言語 —— 真誠地讚美，真誠地告白，真誠地表達「YES語」和敬語
- 友善言語 —— 暖心不傷人
- 期待言語 —— 羅森塔爾實驗：「期待效應」
  - 時間：1968年
  - 實驗對象：小學18班的學生
  - 實驗期間：8個月
  - 結論：在「權威性謊言」下，被認為「最有發展前途者」的成績進步較大，個性活潑開朗，自信強，求知欲旺盛，更樂於和別人打交道
- 優美言語 —— 悅己愉人

正向語言與負向語言
- 語言像種子
  - 施言：肯定的語言有生命力，讚美、讚美、肯定、欣賞
  - 金句：人對讚美的需求不亞於對食物和睡眠的需求
- 正向語言：肯定、欣賞 —— 羅溫・艾金森（豆豆先生）
  - 堅信每一朵花兒都有盛開的季節
  - 幫助孩子設定正向的自我意象
- 負向語言：指責、否定 —— 麥可傑克森 —— 從小被植入負面的自我意象並終身受影響

愛的語言
- 有話好好說
  - 《非暴力溝通：愛的語言》馬歇爾・盧森堡
  - 會說話、懂說話、說好話、說對話
  - 金句：不懂得好好說話的家庭，養不出幸福的孩子
- 讓愛永恆的祕密 —— 著名婚姻家庭專家蓋瑞・巧門博士《愛之語：永遠相愛的祕訣》
  - 肯定的言語：讚美、鼓勵、承認
  - 精心時刻：有品質的陪伴
  - 接受禮物：重視見面、節慶和生日
  - 服務行為：希望對方能為自己做很多事
  - 身體接觸：觸摸、擁抱、牽手
- 沉睡效應 —— 無論什麼訊息，它的可信度都會隨著時間的推移而改變，留下訊息內容本身，圍繞訊息的其他訊息都會消失，所以，讚美的話要反覆說

# 第六章　正向溝通：施語

會說話、懂說話是人類獨有的、偉大的靈性。

# 第一節　高情境溝通模式與低情境溝通模式

## 一、什麼是溝通

我們每天都進行溝通，溝通可以發生在任何人之間，不論親疏遠近；溝通的發生不限定時間和地點，隨時隨地都可以進行；溝通也有多種形式，如語言的、文字的、肢體的、特定符號等。

學術界對溝通有一個比較清晰的定義：溝通是人與人之間、人與群體之間思想與感情的傳遞和回饋的過程，以求思想達成一致和感情通暢。

可見，對於溝通來說，比較重要的是傳遞過程和結果，是處在某種關係中的雙方協商交換資源和資訊。正向溝通就是尋找促進資訊有效傳遞的途徑和方法，更快速地達成思想一致和感情通暢。而語言是溝通過程中重要的符號，是人類透過高度結構化的聲音組合，或者透過書寫符號，或者透過手勢等構成的一種符號系統。語言是一種社會現象，伴隨著人類社會的產生而出現，伴隨著社會的發展而發展。在不同的時代，相同的語言可能會有不同的含義；而在同一個時代，不同的文化環境也會透過語言達成共識。

社會學家愛德華·霍爾（Edward Hal）提出，人類的溝通有很多潛在的面向和風格，其中有兩種特別典型的風格：高情境溝通模式（high context）和低情境溝通模式（low context）。

## 二、高情境溝通模式

高情境溝通模式是指在與他人溝通交流的過程中，不僅關注對方的言辭，更注重對方說話的方式、場合及其他情境。戀愛情境就是一個高情境，約會的場所、時間、禮物、著裝打扮、話題、一言一行在雙方眼中都

倍有深意，需要時刻去感受，更強調其中的感情與關係。

高情境溝通模式的最明顯的一個特點就是間接、委婉，溝通時需要猜測對方的意圖，甚至要藉助自己的情感進行同理和推測。

高情境溝通中很多內容都蘊含在習俗、共同的價值觀、相同的立場裡，不需要用過多的言語來表達。好朋友之間，僅靠一個眼神就能領會彼此的想法，這就得益於高情境溝通。而國家政要之間的會面也屬於高情境溝通，會見的場所和形式，其深意遠遠多於言語的資訊。因此，高情境溝通中的言語往往是簡短的、碎片化的。霍爾認為，大多數亞洲國家都屬於高情境溝通模式，中國和日本尤甚。例如，中國的流水席中會有一道「送客菜」，這道菜上來了，就代表主人的感謝以及暗示宴席要結束了。日本則是世界上極端的高情境溝通國家，日語中的同一句話會由於語境的不同而有不同的解讀。

高情境溝通模式的人更有悟性，尤其能理解溝通過程中的沉默。若要與高情境溝通模式的人相處，需要關注話外之意，聽取弦外之音。

## 三、低情境溝通模式

低情境溝通模式是指在與他人溝通交流的過程中，更強調和關注言語本身的內容，而不太關注情境、場合等背景資訊。很多西方國家例如英國、美國屬於低情境溝通模式。例如在開庭審理的時候，美國的庭審由於低情境溝通的影響，很少考慮當事人的成長經歷，而更關注事件對公平和正義的影響，因此我們常常看到影視劇中律師透過高超的辯護技巧為當事人減免刑責。高情境溝通模式的日本在庭審時更強調當事人的行為所導致的社會倫理後果及對社會秩序的影響。而處於低情境溝通到高情境溝通座標軸上的中間位置的法國，庭審時更關注當事人是一個怎樣的人。

　　低情境溝通模式的人強調就事論事，直截了當，完全透過語言來表達，不會藉助肢體和環境進行暗示，所以需要用比較強的表達能力來闡述觀點和細節，即使是陌生人之間也能夠很快接收到更多的資訊，短時間內就能達到好的溝通效果。但是，如果理解能力稍弱，需要反覆推敲才能領悟全部含義，可能就會導致內容冗長，有時候情感表達會比較誇張和戲劇化。

　　語言是人們溝通、合作和交流的基本保證。會說話、懂說話，是人類獨有的、偉大的靈性。高情境溝通模式和低情境溝通模式並沒有好與壞之分，各有優勢和不足，在溝通過程中只有了解對方的風格及其關注的是言語還是其他，才能不斷修正自己的說話方式和行為方式，避免誤解和降低溝通成本。溝通的目標不是自己說得開心，而是有效傳遞資訊並與對方建立連結，當對方接收資訊不暢，與其抱怨對方不得要領，不如自己轉換溝通風格。

## 第二節　溝通的基本知識

### 一、溝通的三要素

　　溝通過程像是一個漏斗，每個環節都會有內容的丟失，假設你心裡想表達的內容是100％，當說出口的時候，因為條理不清或不好意思，只表達了80％，對方由於沒有複述或沒有聽清，只聽到了60％，但是對方能夠理解的內容可能只有40％，當他去做的時候，由於缺少監督，也缺少方法，最後只完成了20％。為了減少資訊的丟失，可以採取各種方法，包括清晰而有條理地進行陳述，讓對方重複，驗證對方的理解力等。而溝通高手會在溝通三要素上下功夫：調整心態、關心對方、主動參與。

## 1. 調整心態 —— 溝通的基本前提

　　有效溝通需要雙方達成一致，只想到自己而忽略了對方則會阻礙溝通。影響溝通效果的最基本因素就是溝通時的心態。概括而言，有三種阻礙溝通的不良心態。其一是自私，東方文化強調集體，因此我們在意歸屬感，更關心讓我們有歸屬感的群體，包括父母、兄弟姐妹、夫妻、朋友等。當我們開始偏私，就會影響溝通的進展。其二是自我，只能想到自己，忽略他人。例如，吸菸的人總是會尋找禁止吸菸的標識，認為沒有標識就可以吸菸，但其實還要考慮身邊的人，如果所處的環境中不全是有吸菸習慣的人，就不應吸菸，否則就是自我的表現，也會阻礙資訊的傳遞。其三是自大，以為自己的經驗和理解就是真相，無視且質疑專業人士的講解，經常會說「我就不這樣，所以這不可能」、「雖然你是專家，但是我想這樣做」。

## 2. 關心對方 —— 溝通的基本原理

　　關心對方，即真誠地關注對方的狀況和難處、需求和不便、痛苦和問題。對方的情緒、專注狀態、睏倦程度等都會影響溝通，如果忽略了這些因素，溝通效果就會大打折扣。對方並不會直接講明，因此我們需要觀察和驗證，例如，你若發現對方一直在看錶，則盡可能簡要地表述，適時詢問他接下來的安排。

## 3. 主動參與 —— 溝通的基本要求

　　溝通中如果能夠做到主動支援和主動回饋，將會消除溝通中的誤解。有時候，溝通對象會陷入麻煩或負向情緒，在其開口之前就提供相應的資訊，能夠緩解不融洽的氛圍，例如在參觀地點的不同位置擺放提示出口距離的指示牌。

## 二、溝通效果

影響溝通效果的三個要素分別是場合、氣氛和情緒。

心理學的一項關於兒童行為的研究發現，兒童在不同的場所和情境中表現出不同的行為特質，在學校的時候自立、積極，在家裡卻拖延、依賴性很高，以至於家長因為只看到兒童在家庭中的行為而誤判其在學校中的行為。其實，不僅是兒童，成人也會在不同情境中表現出不同的行為特質，有的人覺得自己既外向又內向，例如，在不熟悉的人群中沉默寡言，和自己熟悉的朋友在一起時侃侃而談，這其實反映了人們的適應性。溝通亦是如此，也需要根據場合、氣氛、對方的情緒做出調整。如果忽略或無視這些要素，只會導致溝通不愉快。

## 三、溝通的三個特徵

溝通具有三個特徵：行為的主動性、過程的互動性和對象的多樣性。

能夠達到自己目的的溝通往往是主動開始的，不論時間或地點，主動開始才會實現資訊傳遞，被動等待則機會渺茫。溝通效果比評判對錯更重要，溝通的目標可以拆分成各種小目標，每個目標都是在溝通的過程中逐漸實現的。溝通的對象有很多，因此溝通的技巧和使用的語言都要轉換，面對主管、下屬、客戶，面對父母、伴侶和子女，都需要我們有策略地調整溝通方式。

## 四、溝通的五個步驟

溝通的五個步驟：點頭、微笑、傾聽、回應、做筆記。

看著對方點頭示意贊同，保持杜鄉式微笑，真誠地傾聽，及時進行語言或表情回應，適當記錄筆記，可以營造一個良好的溝通氛圍，也能避免

資訊的流失。其中傾聽最簡單，卻最難做到，很多人在傾聽的時候不專心，對方剛開啟話題就急於打斷，聽到異議，就失去耐心或者心裡做了立場預設，無意識地做出一些不耐煩的動作，這就可能導致衝突和跑題。實現良好傾聽的技巧是對方優先，注意觀察，消除心裡的預設和其他訊息的干擾，聽取關鍵詞和重點，適時總結、確認並鼓勵對方繼續。

## 五、溝通的五種心態

　　溝通的五種心態：喜悅心、包容心、同理心、讚美心、愛心。

　　每一次溝通的場所、氛圍、情緒和狀態都可能不同，所以要珍惜每一次和朋友聊天、和客戶協商、和孩子對話的機會，讓自己保持良好的心情，包容對方的小狀況，從對方的立場和感受出發，不吝稱讚。

　　溝通的特點是情緒的轉移、資訊的轉移、感情的互動。溝通沒有對錯，只有立場。生活中有很多既定結論，雙方對話的時候難免發表觀點，若執著於觀點的對錯，有時會損害關係。眾所周知，地球是一個球體，但是有一個堅持「地球是平的」的群體，其中不乏科學研究者和專業人士。很多關注這個論點的人並非想論證哪一個是真理，而是想保持一種質疑的精神和看待世界的新角度。如果有一天你的朋友和你說，他聽到一個有意思的論斷 —— 地球是平的，請你不要當即論斷，也不要執著於糾錯，或許他只是想分享發現新觀點的欣喜，只是想和你進行情緒、情感的互動。

　　溝通是有規律可循的，神經語言程式學（Neuro Linguistic Programming）把溝通由淺入深分為五個層次。

☺ 打招呼。打招呼一般是淺層對話的開始，能夠很快開啟溝通局面。所以，可以在平時累積一些可用於打招呼的話題或句式，這樣能夠很好地在陌生環境裡開啟局面。

☺ 談事實。這個層次的對話只是就事論事，沒有表露觀點，也沒有建立彼此的關係。

☺ 分享觀點和想法。這時候的溝通進入一個初級階段，雙方建立起初步的信任。

☺ 分享感受。只有建立了信任的關係，雙方才能暢快地分享感受，有時候對方沉默或拒絕表達，是因為關係還沒有建立。

☺ 敞開心扉。在一個完全信任和完全接納的關係中，我們才會敞開心扉。這與關係類別無關，而是與心理感受有關。所以我們有時候並不願意對父母說出心裡話，卻能夠在心理諮商室訴說真實想法。

## 第三節　有效溝通：3F 傾聽

美國人際關係學大師戴爾・卡內基 (Dale Carnegie) 開創了一套成人教育方式，融演講、推銷、為人處世和智力開發於一體。很多人從中獲益，開闊了視野，改善了人際關係。卡內基將這些內容總結在《卡內基說話術》(*The Quick and Easy Way to Effective Speaking*) 一書中，講述如何透過建立自信來提高表達能力，以及如何說服他人，在特定場合中的溝通技巧和演講技巧等。

## 一、傾聽的三個層次

第一層次，以自我為中心的傾聽。傾聽者完全沒有注意聽說話者所說的話，假裝在聽，其實卻在考慮其他毫無關聯的事情，或內心想著辯駁。在假裝的狀態下，人的注意力並不集中，眼神飄忽不定，還會經常做一些小動作。在傾聽的過程中，以自己的觀點進行判斷，雖然在「聽」，但是

完全沒有接收到新的內容，依舊沉浸在自己的信念和想法中。

第二層次，以對方為中心的傾聽。傾聽的時候注意力集中在對方身上，根據對方的語氣、速度、態度等做山反應。在傾聽的過程中不斷點頭，表示會意，保持微笑和放鬆的表情、專注的姿態，與對方保持適度的目光接觸和交流，身體前傾，關注對方話語中所傳遞的內容，能夠找出關鍵字詞進行回應，還能夠進行適當的總結。

第三層次，高效的、深入的傾聽。傾聽者能夠依靠直覺、洞察力、同理心，在說話者傳遞的訊息中尋找感興趣的部分，他們認為這是獲取新的有用資訊的契機。傾聽對方真正的情感、意圖、優點或卓越性。傾聽者不僅能聽到事實（Fact），還聽到情緒（Feel）和情緒背後的意圖（Focus），因此高效的傾聽也被稱為3F傾聽。

## 二、3F 傾聽：聽的最高層次

若要做到3F傾聽，就要從傾聽者「我」和說話者「你」的兩個角度去聽。3F傾聽有六個要點：我聽到的事實、我聽到的感受、我聽到的意圖、你聽到的事實、你聽到的感受、你聽到的意圖。我聽到的事實是你今天買了很多東西，你神采飛揚，你很開心；我聽到的意圖是你想展示自己買到的心儀物件，於是我會根據我的意圖讓你聽到我的表達。如果我並不認同你，我想打擊你，我會皺眉，說這些東西超過預算了，那個東西根本不值錢；如果我想認同你，我會表現出好奇和欣喜，稱讚你的購物品味。

3F傾聽是有技巧的。

技巧一：少講多聽，管住自己的嘴。進行3F傾聽時，最大的障礙就是陷入自我中心的模式。大腦在進行資訊加工的時候會運用邏輯思維，這樣能夠幫助我們快速辨識資訊，節省精力，同時會因為已有思維對事實進

行錯誤的歸因。例如聽到對方說失眠，我們會不由自主地進行判斷：「哎呀，你就是想太多了，心思太重。」或者我們會給出建議：「你應該關上手機，現在人們都被手機綁架了。」這種情況下，會錯失對方表達的情緒和意圖，也許對方只是最近換了新的枕頭，也許是想分享一些治療失眠的方法。當他人訴說的時候，並不一定是在徵求建議，而是期待理解。

技巧二：傾聽最終目標，聽到對方語言背後的正向意圖。很多家長在孩子進入校園開始集體生活之後，都會有一個困惑，即怎樣幫助孩子解決每天遇到的難題。孩子每天回到家裡都會講述在學校裡發生的事情：和同桌發生了分歧，老師今天講課時表情嚴肅，中午教室裡的陽光很晃眼等，孩子講述的事實令以自我為中心的傾聽的家長開始焦慮。隔壁同學不好相處，老師脾氣不好，學校環境有待改善，都是從家長角度出發的評判，卻不是孩子的真正意圖。

家長需要透過技巧進一步準確觀察孩子的感受。這並不需要家長去猜測，而是去驗證。這真是煩人，那你怎麼想？這讓你苦惱了嗎？你用了什麼辦法？當孩子感覺到自己被理解，被讀懂，就會增加信任，並且願意和家長進一步說出自己的目標，他們只是想和家長說說話，只是不知道是不是要順著隔壁同學的想法，只是覺得原來老師也會情緒不好，只是想告訴家長自己遇到了問題。3F傾聽的意義和價值最終展現在我們與對方在相互信任的前提下共創解決問題的方案。

技巧三：3F傾聽的最高境界是連線他人的卓越品格。當我們連線到他人的卓越品格，就能激發他人更好地發揚卓越品格。我們總是容易發現對方的問題和缺點，卻忽略了對方的優點，當我們從對方的立場去看待溝通的主題，就可以發現更多新異的立場。

## 三、溝通的五用傾聽法

☺ 用耳朵聽：用耳朵聽對方說或問的內容。

☺ 用眼睛看：用眼睛觀察對方的表情、肢體語言等，例如對方說話的時候眼睛裡閃著亮光，嘴角上揚，還有點興奮。

☺ 用腦思考：一邊傾聽，一邊用大腦思考對方說話的真實意圖。

☺ 用嘴提問：用嘴巴提出問題，以便彼此進行互動，例如：「你看起來精神很好，是不是有什麼好事？」

☺ 用心感受：用心體會說話者的感受。當對方分享最近在追的劇或是在看的書時，我們需要進一步感受對方的情緒，讓對話繼續下去。

在溝通的過程中，不僅要聽見、聽清，更要聽懂。

## 第四節　正向溝通的方式

## 一、正向溝通的三種方式

溝通是雙方的事情，多傾聽對方的意見，注意自己在溝通過程中的語氣，要有足夠的耐心。溝通能力是維繫人脈的紐帶。培養與人正向溝通的良好習慣，可以使我們的人際網路越織越寬。

### 1. 高效溝通和善於傾聽

好的傾聽者不急於做出判斷，而是感同身受。他們能夠設身處地看待事物，多詢問而非辯解。而高效率的傾聽者清楚自己的個人喜好和態度，能夠更好地避免對說話者做出武斷的評價。與聽相比，說更需要技術。高效溝通還要有極強的觀察力，拿捏好對方的心理及自己說話的方式和分寸。

## 2. 良好的表達和溝通能力

　　表達能力好或不好的判斷標準是能否清晰表明自己的觀點，並盡可能讓對方接受。溝通能力高低的判斷標準是能否理解別人的話語，能否透過交流與對方達成一定的共識。因此，表達和溝通是兩個不同的方面。

## 3. 說什麼更重要，怎麼說最重要

　　如何選擇說的內容和說的方式，有四點建議可以參考：少問多說，多說自己；客觀陳述事實；適當表達感受；謹慎評價對方。

## 二、初始效應：第一印象

　　1957 年，心理學家在大學生中進行了一個實驗，首先將大學生分成四個小組，然後向每個小組呈現一個故事，其實這個故事的主角是一個人，只是故事中描述了兩件事，一件是主角和朋友去買文具，路上與很多同學打招呼、聊天，另一件是主角一個人在校園裡，雖然看到很多同學，但是都沒有聊天。故事的表述中，一個顯得開朗外向，另一個顯得沉默內向。研究者給第一個小組呈現了聊天的片段，第二個小組呈現了沉默的片段，第三個小組呈現了兩個故事，但是聊天的片段在前，沉默的片段在後，第四個小組呈現的故事則是沉默的片段在前，聊天的片段在後。

　　結果，第一個小組中約 80％ 的成員認為主角開朗，第二個小組中不到20％ 的成員認為主角內向，第三個小組中則有 95％ 的成員認為主角開朗，第四個小組中只有 3％ 的成員認為主角內向。可見，優先呈現的內容會影響一個人的認知。

　　心理學家將這個現象稱為初始效應（Primacy Effect）。

　　人們在第一次交往中給他人留下的印象在他人的頭腦中占據著主導地

位，這種心理學效應即初始效應。性別、年齡、衣著、姿勢、面部表情等「外部特徵」都是第一印象的主要構成部分。研究者總結了第一印象構成形象的四個元素，分別是外表形象、行為形象、聲音形象和語言形象。

## 三、形象的月暈效應

月暈效應 (Halo Effect) 是美國著名心理學家愛德華‧桑代克 (Edward Lee Thorndike) 於 1920 年代提出的。他發現，一個人如果被標明是好的，他就會被一種正向肯定的光環籠罩，並被賦予許多好的特質；而如果一個人被標明是壞的，他就被一種負向否定的光環所籠罩，並被認為具有各種壞特質。

美國心理學家喬治‧凱利 (George Kelly) 為了驗證這個效應，在麻省理工學院進行了一次實驗，凱利選擇了兩個班級，在上課之前，臨時告訴學生們也邀請了一位研究生來代課，並簡單介紹了這名研究生的情況。凱利在第一個班級裡介紹這名研究生很熱情，做事勤奮、務實，個性果斷等，但是在第二個班級裡進行介紹的時候，他把熱情換成了有點冷漠，其他的特質特點沒有變。結果下課的時候，第一個班級的學生和代課的研究生之間很親密，一直進行交談，而第二個班級的學生則很客氣，對這位研究生比較冷淡，有些迴避。這就是「熱情」和「冷漠」所產生的光環暈輪，它導致學生們在上課的過程中不斷尋找證據去證明這些特質，並最後建立起不同的關係。

## 四、55/38/7 定律

溝通受到語言、第一印象、心態、聽的方式和說的方式的影響，然而這些影響的程度各有不同。美國社會語言學家艾伯特‧麥拉賓 (Albert

Mehrabian)總結了溝通過程中的55/38/7定律：溝通過程的55%是透過肢體語言、髮型、妝容等非語言訊息進行的；38%是用聲音完成的；只有7%是透過語言內容。當非語言訊息和語言訊息不同的時候，人們更願意關注非語言訊息，如果一個人在講述的時候眼神飄忽，低著頭，不斷搓手，即使在講一件很篤定的事情，我們也會懷疑；如果一個人氣息穩定，聲音清晰，我們會更信任他所陳述的觀點。

你穿錯了衣服，沒有人會告訴你；你不懂得搭配，沒有人會告訴你；你的頭髮不整，沒有人會告訴你；然而，人們會記在心裡，因為這些細節是你的一部分，同時會影響你。相貌是一個人的內心世界在面相上的反映，相貌可以在一定程度上讓人看出來你是一個怎樣的人。

雖然我們總是強調不能以貌取人，但是有這樣的勸誡正是因為人類有著不可控制的「以貌取人」的心理特點。幸運的是，影響溝通的非語言訊息，如衣著、髮型、表情、特定動作、聲調、發聲方法，都是可以透過練習改變的。

另外，這些非語言訊息都是外在的改變，正向心理學還給出了內在改變的方法，即保持一種正向的狀態。例如，美國心理學家塞利格曼在《真實的快樂》（*Authentic Happiness*）中分享了快樂的要素：享受愉悅的生活，投入到家庭、工作、愛情中，並發揮個人長處而獲得意義，若同時擁有三者，生命是完整的，並且參與和意義遠比享樂重要。

## 第五節　溝通的語言

語言是一種有效的溝通方式，語言溝通可以透過四種方式進行，即口頭語言、書面語言、圖片或圖形、肢體語言。

## 一、口頭語言

　　口頭語言是人們最常使用、最便捷的語言溝通方式，不受年齡和教育水準的限制，會談、講座、聊天都可以使用。使用口頭語言的時候能夠立刻得到回饋，隨時補充，利用聲音可以增強口頭語言的表達意圖，但是不能同時與更多的人進行雙向溝通。

## 二、書面語言

　　書面語言清晰、簡潔，可以用於正式的信函、宣傳廣告、電子傳真、E-mail 等，尤其是在與多人進行溝通的時候，書面語言比較便捷、快速，但是無法立即得到對方的回饋，缺乏感情，有時候語言過於簡潔會導致資訊表達不完全，造成誤解。

## 三、圖片或圖形

　　在文字出現之前，人類在山洞的石壁上繪製圖畫，記錄資訊，這樣的本能似乎一直留在每個人的基因中，每個小孩都會有一個喜歡塗鴉的階段。隨著科技和文化的進步，圖片或圖形越來越豐富，能夠傳遞的資訊也越來越深刻。從識字卡片到講解知識的畫冊、幻燈片、表達對生活的理解的繪畫作品，再到帶來愉悅和思考的電影，圖片或圖形打破了時間和空間的局限。

## 四、肢體語言

　　肢體語言包括動作、表情、眼神和聲音等，最成體系的一種肢體語言是手語，用以輔助有聽力障礙或發聲障礙的人群進行交流。不過這裡主要

介紹輔助溝通的肢體語言。

肢體語言所傳遞的內容大多是無意識的，例如我們和不同關係的人對話時，身體距離是不同的，一般社交距離保持在 120 ～ 360 cm，而好朋友之間的親密距離是 0 ～ 45 cm。此外，聲音裡包含著非常豐富的肢體語言，例如，用什麼樣的音色去說，用什麼樣的音調去說都是肢體語言的一部分。

觸控是一種本能的需求。從嬰兒時期開始，觸控就能夠安撫情緒，給予安全感，建立信任。科學研究發現，觸控能促使身體分泌出讓身心愉快的激素。觸控對我們的正向作用與吃飯、睡覺一樣重要。當生病的時候，撫摸、擁抱會對身體康復發揮正向作用。紐約大學護理系的教授首創了治療性觸控，也叫觸控療法。透過研究發現，當人得到撫摸後，會下意識地激發體內抑制系統，同時使大腦分泌出更多的腦啡肽和內啡肽，它們能夠緩解疼痛，造成一定的保健和治療效果。美國研究人員以愛滋病患者為對象施以治療性觸控，每次撫摸 45 分鐘，每週 5 次。一個月後，患者的焦慮情緒得到平緩，產生了能夠測量的機體免疫效果，並能夠抑制其他病毒的侵入，避免了併發症的發生。

擁抱是愛的能力。美國心理學家維琴尼亞・薩提爾（Virginia Satir）曾說過，人每天需要 4 個擁抱才能存活，每天 8 個擁抱才能維持精力充沛，每天 12 個擁抱才能成長。美國心理學家曾經進行過一個關於擁抱的實驗，研究者將一隻剛出生的獼猴放在一個籠子中，籠子裡有兩個分別用鐵絲和絨布做的母親，鐵絲母親設定了一個可以 24 小時提供奶水的裝置，絨布母親沒有奶水，但是溫暖、柔軟。結果小猴子只有餓的時候才會去找冷冰冰的鐵絲母親，平時都抱著絨布母親。一旦遇到危險（實驗者製作的巨大蜘蛛），小猴子也會奔向絨布母親。研究者認為「接觸所帶來的安慰感」是愛最重要的元素。

在東方文化中，情感的表達方式是內斂的，所以肢體接觸很少，也總是讓人害羞，但是很多時候，一個擁抱、一次愛撫在人疲憊失意的時候勝過千言萬語。

## 小結

語言是人們溝通、合作和交流的基本保證。會說話、懂說話是人類獨有的、偉大的靈性。

## 自我分析

1. 在日常生活中，你會注重第一印象嗎？
2. 文字語言、聲音語言和肢體語言，你認為哪個更重要？

## 推薦閱讀

《真實的快樂》（*Authentic Happiness*）馬汀・塞利格曼（Martin Seligman）

《卡內基說話術》（*The Quick and Easy Way to Effective Speaking*）戴爾・卡內基（Dale Carnegie）

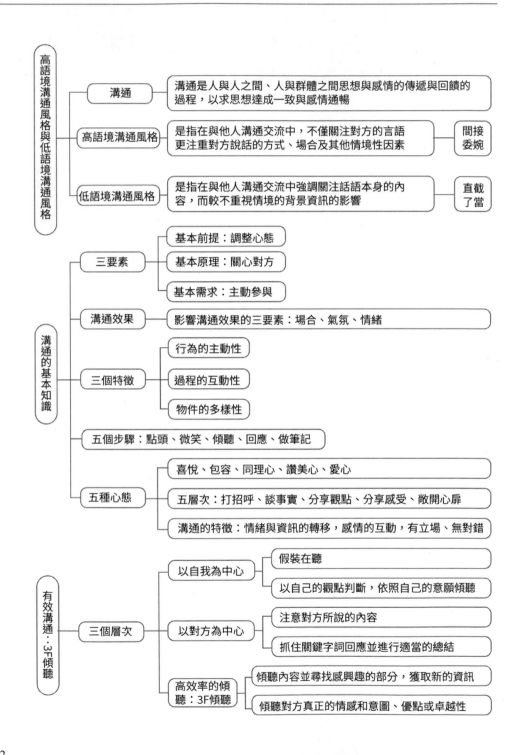

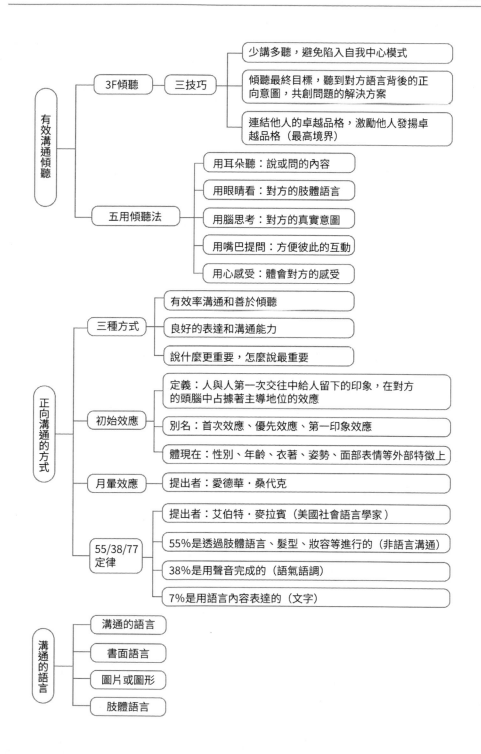

有效溝通傾聽
- 3F傾聽 — 三技巧
  - 少講多聽，避免陷入自我中心模式
  - 傾聽最終目標，聽到對方語言背後的正向意圖，共創問題的解決方案
  - 連結他人的卓越品格，激勵他人發揚卓越品格（最高境界）
- 五用傾聽法
  - 用耳朵聽：說或問的內容
  - 用眼睛看：對方的肢體語言
  - 用腦思考：對方的真實意圖
  - 用嘴巴提問：方便彼此的互動
  - 用心感受：體會對方的感受

正向溝通的方式
- 三種方式
  - 有效率溝通和善於傾聽
  - 良好的表達和溝通能力
  - 說什麼更重要，怎麼說最重要
- 初始效應
  - 定義：人與人第一次交往中給人留下的印象，在對方的頭腦中占據著主導地位的效應
  - 別名：首次效應、優先效應、第一印象效應
  - 體現在：性別、年齡、衣著、姿勢、面部表情等外部特徵上
- 月暈效應
  - 提出者：愛德華·桑代克
- 55/38/77定律
  - 提出者：艾伯特·麥拉賓（美國社會語言學家）
  - 55%是透過肢體語言、髮型、妝容等進行的（非語言溝通）
  - 38%是用聲音完成的（語氣語調）
  - 7%是用語言內容表達的（文字）

溝通的語言
- 溝通的語言
- 書面語言
- 圖片或圖形
- 肢體語言

# 第七章　正向教育：素養

教，上所施，下所效也。育，養子使作善也。

## 第一節　正向教育及其意義

### 一、什麼是正向教育

正向教育是以正向心理學理論知識為基礎的教育，是國際教育界最前沿的教育理念。正向教育不僅主張關注學生的知識與技能，同時也非常重視學生品格與美德的培養，關注學生的心理健康，其教育理念與「立德樹人」的根本任務是一致的。正向教育所努力促進的「幸福」並不僅僅是快樂情緒、片刻的幸福感，而是一種全面的、可持續的蓬勃狀態。正向教育透過教授學生幸福的技巧，培養學生的美德和正向品格，使學生更熱愛學習、享受學習，更能夠關愛他人、管理情緒，從而擁有良好的人際關係、堅毅的特質和抵抗挫折的能力，取得人生的成就，追尋生活的意義。

正向教育也稱為幸福教育、優勢教育，目標是培養、發展、激勵、關注每個人在各個成長發展階段裡自身擁有的天賦和正向資源。

我們每個人都具有一些優點和缺點，傳統教育強調糾錯和反省，導致我們更容易想到自己的缺點，說不出優點，使得我們在成長過程中顯得缺乏自信和勇氣。正向心理學認為過分關注心理問題並不利於心理狀態的調節，但是關注心理優勢則可以讓我們更容易接近幸福。正向教育秉承相同的理念，相對於我們做不到的事情，更關注我們的正向天賦、正向人格、正向優勢 —— 這些我們本就具有但是一直忽略的特質。正向教育培養人類的美德、力量、正向心理，並不是要求我們去學習新的特質，而是發揮其力量，由此幫助一個人擁有長久和持續的幸福。

## 二、正向教育引導「三觀」

不論我們是否喜歡或擅長人際交往，每個人都不可避免地與這個世界和他人產生關係，都需要找到一種舒服的方式去適應這個社會。我們在探索和適應社會的過程中，在與他人交往的過程中，逐漸形成我們的世界觀、人生觀和價值觀，也就是常說的「三觀」。

世界觀是我們對這個世界的認知和理解。有的人認為世界是物質的，認同物理和數學的邏輯解讀；有的人認為世界是意識的，信奉宗教和超自然力量；還有的人認為世界是虛擬的，一切都是編碼生成的程式。由於人們的知識水準、人生經歷、社會角色不同，理解世界的角度就不同，世界觀也並不相同。每個人根據自己的世界觀，在面對這個世界的時候會呈現不同的生活狀態。

人生觀是對自己存在的意義和價值的看法。為什麼活著？為什麼會遇到苦難？我是否值得被愛？我是不是有價值的？這些問題也許沒有唯一的固定答案，但是這樣的思考在不同的人生階段影響了我們對自己的認知和判斷。

價值觀是我們對事物的價值的看法。例如，在你心裡什麼是有價值的，你會為了什麼而付諸行動和努力。價值觀包含很多內容，譬如自由、幸福、自尊、誠實、服從、平等、家庭、朋友、愛等。價值觀影響我們的選擇，我們會為了心中更有價值的事情而放棄另一個相對沒那麼有價值的事情。此外，價值觀最容易受到輿論宣傳的影響。

教育的目的是培養人，東漢學者許慎在《說文解字》中有這樣的解釋：「教，上所施，下所效也。」、「育，養子使作善也。」不論是家庭教育、學校教育還是社會教育，都在傳遞知識的過程中潛移默化地引導每個人的「三觀」。不論社會如何變遷，文化如何發展，教育的目標都離不開

愛 —— 愛自己與愛他人，具體而言，有包含親情之愛、愛情之愛、友情之愛的小愛，也有涉及社會之愛、國家之愛、民族之愛的大愛。而正向教育就是讓人從愛自己的角度出發去善言、善行。

## 第二節　家庭文化及其建設

### 一、什麼是家庭文化

每個人的成長都離不開家庭、學校和社會三個層面的教養和引導，其中家庭是我們最早接觸，也是影響最深刻、最容易被忽視的一個層面。家庭不僅僅依靠法律和血緣凝聚，每個生活在其中的人也會形成一種獨特的氣質，不論這個家庭的成員有幾個人，受教育水準如何。當我們走進不同的家庭，都會感受到不同的氛圍，即家庭文化。

家庭文化是一種客觀存在的社會現象，它是以家庭為單位、以家庭成員為主體的精神文明與物質文明的複合體，具體展現在衣、食、住、行、用等物質方面及德、智、體、美、勞等精神方面。

家庭文化的發展受社會政治、經濟、文化、思想的制約，同時具有相對的獨立性。同社會文化一樣，家庭文化也可以細分為：觀念文化，譬如像對待小朋友一樣對待老人，男孩子要窮養，女孩子要富養之類；行為文化，譬如回家要打招呼，吃飯的時候不能說話等；物質文化，譬如對衣著更在意其實用性，還是更在意其質地等；制度文化，如成文或不成文的家規、家訓。家庭文化是無聲的默契，較少的家庭會按照條目進行梳理。

## 二、家庭文化的三個層面

每個家庭的文化都具有三個層面。

表層文化：是指可供家庭成員衣食住行的物質環境，比如室內裝飾、服飾等，也稱為「器物文化」。

中層文化：如家庭制度、家庭生活方式等。

深層文化：包括精神文化和心理文化，是指凝聚家庭群體的內在情感機制，比如家庭成員的思想、情操、價值觀念，以及愛情心理、道德心理等。

法國思想家皮耶‧布赫迪厄（Pierre Bourdieu）將資本分為社會資本、文化資本和符號資本三種類別。他指出，家庭文化資本是指世代相傳的一般文化背景、知識、性情及技能等，我們從出生開始，在家庭成長過程中不斷獲得知識和經驗。家庭文化資本與生俱來，更取決於家庭和社會的淵源，而不是後天的學習。

家庭文化資本有三種形態：第一種是具體形態，包括家庭中最直接的教育方法和教養方式；第二種是客觀形態，主要包括家庭中客觀存在的文化商品，例如書籍、圖畫、工具等，還包括家庭中先輩留下來的一些可以當作遺產的物品；第三種是體制形態，是指社會文化制度中認可的文化，例如學歷和職業資格，父母為孩子提供的教育支持，如進行各種校內和校外的培訓，也屬於家庭文化資本。

每個人都有自己的家庭，你的父母送給你的文化資本是什麼？如果你成了父母，又想為自己的孩子留下什麼樣的文化資本？車子、房子、金錢？能夠避免孩子辛苦努力的足夠豐富的物質，還是教養（文化品德）、修養（個人素養）？

## 三、家庭文化建設

父母是孩子的第一任老師，父母的待人接物、言談舉止、語言習慣時刻影響著自己的孩子，在潛移默化中薰陶著孩子的意志力、行為習慣、語言風格等。回想一下自己的觀念、行為、處事方法、人生觀、價值觀、世界觀，有多少得益於你的父母，有多少受制於你的父母？

提起父母對我們的影響，或我們對自己的孩子的影響，總繞不開這樣一些俗語：「上梁不正下梁歪」、「打是疼，罵是愛，嬌生慣養是禍害」。這些俗語都在強調一個家庭中父母的重要性。父母傳遞給孩子的文化資本，既包括優點，也包括缺點。很多時候父母只是透過對話、批評、訓誡、指導來糾正孩子的行為，卻不注意自己的言行，就像很多父母自己愛熬夜，作息不規律，卻不斷批評孩子行為習慣不良，結果只會導致孩子學會父母的行為。家庭文化是一種無言的教育、無字的典籍、無聲的力量，所以父母要言行一致，規范家風，謹記自己的話語、行為、做事方法、「三觀」等時刻影響著孩子的心靈，也可以塑造孩子的人格，是孩子「三觀」的基石。

## 第三節　幸福家庭教育

## 一、幸福家庭教育四大基石

家庭教育對孩子的影響是不可估計的。現代家庭教育必須把握幸福的主旋律，實施幸福家庭教育。幸福家庭教育需要四個基石：幸福家庭教育理念、幸福家庭教育環境、幸福家庭教育文化和幸福家庭教育習慣。

幸福家庭教育的目標是讓孩子擁有選擇的能力，在面對朋友、愛情和

工作的時候，目標堅定，知道自己的價值，不迷茫；擁有成長的能力，經歷挫折、不幸和競爭的時候，個性堅毅，不畏風雨，坦然接受自己的成功與失敗；擁有社交的能力，在熟悉的和不熟悉的群體中，保持真誠和自信，善於溝通，不論是選擇熱鬧的人群還是安靜地獨處，都不迴避交往，能夠表達自己、理解他人；擁有合作的能力，在需要團隊合作的時候，信任自己的夥伴，允許自己在團隊中擔任任何角色，時刻保持微笑，願意讚美他人。

　　幸福家庭教育是一門學問、一門教育藝術，不是無師自通或道聽塗說就能做好的，需要父母共同練習，時刻保持學習精神，了解孩子的身心發展，隨時補充知識，自我成長，掌握親子教育的方法，提升自己的生命素養。

## 二、家庭教育的過程

　　在家庭教育的過程中尤其要重視家風建設，千千萬萬家庭的好家風支撐起全社會的好風氣。在家庭中父母各自承擔相應的角色，每個孩子的成長都離不開父母的陪伴與教養。

　　家庭教育是指家長（首先是父母）在居家生活中對其子女實施的有目的、有計畫的教育和影響。家庭是社會的基本細胞，家庭教育是終身教育，也是一項綜合工程，涵蓋了一個人成長的全部方面。

　　智商 ── 一個人的智商取決於先天的遺傳。家庭教育並不能改變一個人的智商，但是父母可以教給孩子知識和技能，使孩子能夠獨立自主地生活。因此，幸福家庭教育並不執著於孩子的成績，而是孩子學習的能力。

　　情商 ── 在與他人交往的過程中，能夠從對方的立場思考問題，同時能夠調控自己的情緒，對他人的情緒有同理心。家庭教育不僅要教會孩

子如何與他人相處，更要教會孩子如何在相處的過程中有正向的經驗。

逆商 —— 勇於面對挫折和失敗，越挫越勇。家庭不能永遠做孩子的避風港，每個人都會有獨立面對風雨的時刻，也都會有其他人無法替代的苦惱，這種對自己的信心、對規則制度的信心、對世界的信心都需要家庭教育進行培養。

愛商 —— 愛的能力，獲得幸福的可能。一個人認為自己是值得被愛的，才能夠更好地愛他人，這種愛來自家庭。

比利時的雜誌曾經對60歲以上的老人進行了一次全國調查，調查的題目是「當你老了，這一生最後悔的是什麼？」。調查結果顯示，75%的人後悔年輕時不夠努力，以至於事業無成；70%的人後悔年輕時選擇了錯誤的職業；62%的人後悔對子女教育不當；57%的人後悔沒有好好珍惜自己的伴侶；49%的人後悔沒有善待自己的身體。這些是可以透過正向的家庭教育來避免。

## 三、家庭教育的六個特點

家庭教育具有六個特點：

啟蒙性，孩子幾乎所有第一次的成長都離不開家長的指導；

長期性，從出生到成人，最後到離世，家庭的烙印永遠刻在我們身上；

情感性，家庭關係影響我們的情感；

全面性，家庭教育涉及我們成長的所有方面；

權威性，不論是否願意，父母的話都在我們心中占有極大的比重；

及時性，隨時發現問題，隨時給予指導、教育。

　　然而在有的家庭教育中，孩子對家長的教育並不滿意，家長對孩子感到失望、灰心和困惑，家長和孩子都沒有體會到教與養的幸福。

　　家庭教育中存在一些問題：重智育，輕德育，家長信奉唯成績論，家長誤以為只有成績才能幫助孩子獲得適應社會的技能；對獨生子女溺愛；家長沒發揮言傳身教的長輩模範作用；家長將自己放在高高在上的位置，只對孩子提出要求。

## 第四節　母親教育是智慧教育

### 一、幸福家庭的味道

　　很多父母在教育子女的時候會陷入一個代價的失誤，認為自己小時候沒有擁有過的、渴望的事物，一定要給予孩子，不能讓孩子有自己曾經的遺憾，卻忘記了自己的孩子和自己所處的時代背景和家庭文化完全不同，孩子完全不需要這樣的補償。家庭教育只能從孩子的成長需要出發，從家長的成長需要出發只會走上歧路。最近的調研數據顯示，「閱讀型」家庭的子女成績優秀的比例更高。相較於經常玩手機、看電視的父母，經常閱讀的父母，其子女的行為表現更優秀。因此，不妨嘗試這樣的家庭文化教養：從自己做起，多讀書，讀好書，終身學習，做孩子的榜樣。

　　幸福家庭的香味來自飯香、櫥香和書香。每個家庭的飯香都從廚房和餐桌中飄來，一家人一起開心地吃飯，不僅飽腹，同時舒緩一天的學習和工作壓力；櫥香來自衣櫃，其中有衣物和被褥，這裡的香味可能是洗衣精的清香，也可能是除蟎的檀香，這個香味就在我們自己身上，它代表了一種安全感；書香並不明顯，展現在每個家庭成員的行為和思想中。

　　清代小說家文康曾經在著作中將讀書人的家庭稱為書香門第。擁有好的家庭背景的家庭或曾經有讀書人的家庭也稱得上是書香門第。具體來，書，泛指四書五經這些有智慧傳承的書籍；香，是指家裡有祠堂、家廟、家譜；門，是指家庭具有受到認可的社會地位；第，是指家裡每100年就會出現一個對社會有重大貢獻的人。現代社會中幾乎所有的家庭都擁有讀書人，亦可將對社會有重大貢獻作為最大的追求。

## 二、母親是家庭教育的主導

　　蘇聯教育家瓦西里·蘇霍姆林斯基（Vasily Sukhomlinsky）曾經說過：「無論您在工作職位的責任多麼重大，無論您的工作多麼複雜，多麼富於創造性，您都要記住，在您家裡，還有更重要、更複雜、更細緻的工作在等著您，這就是教育孩子。」

　　在現在的家庭中，由於女性的個性特質及社會文化導向，母親在每個家庭中都占據了更主導的地位。這與經濟收入並不一定相關。可以說，推動世界的手是搖搖籃的手，我們的依戀、情感、安全感和愛的能力都離不開母親的影響。母親是家庭教育的主導。因此，幸福家庭教育的核心也是提高母親的素養。

　　母親是家風的培育者。當父母在一起聊天對話，應對彼此間的親密關係，處理與朋友、同事、親戚、陌生人的關係，展現出的價值取向和人生觀，營造了家庭文化的語言環境、情感環境、人際環境和道德環境，也進一步形成了家庭理念、家庭環境、家庭文化和家庭習慣。

　　母親教育是智慧教育，母親的修養就是孩子的教養，母親的現在就是孩子的未來。物質條件是父母給予子女的一種財富，素養與教養是父母賦予孩子的另一種更為重要的財富。有修養的人的遺產比那些只看重物質的人的財富更有價值。

## 三、母親快樂是最好的教育

進行家庭治療的心理師發現，母親是家庭情緒的重要影響者，在一個家庭中，母親快樂，則全家快樂，母親焦慮，則全家焦慮。也許很多母親對此並不認同，認為自己在家庭中承擔了很多的壓力，自己並不被孩子、丈夫、父母、公婆重視。然而殊不知，母親這樣的認知和情緒感受影響著每個家庭成員。如果母親對自己的狀態做出調整，很多困擾母親的家庭問題也就迎刃而解了。

母親是家庭文化建設的主導者，決定了一個家庭的凝聚力。母親快樂是對孩子最好的教育，母親心情愉快就是對家庭最大的貢獻。很多母親誤以為只有家人快樂，自己才會快樂，其實心理學研究認為，真實的情況是母親有了屬於自己的、真正的快樂之後，孩子才會感受到快樂和幸福。在「媽媽經常不高興」的家庭中成長的小孩，對童年最深刻的印象就是母親一板臉，全家陰雲密布，在成長的過程中容易形成「討好型人格」，不敢表達自己的需求，尤其不敢拒絕別人，非常善於察言觀色，對於別人的情緒很敏感，總擔心是自己惹別人不高興。因為在孩子的心中對愛有一種不確定感，不能讓媽媽開心，孩子會產生自己不值得被愛的認知。

就像企業有企業文化一樣，家庭也有家庭文化。你是否有信心讓你的家庭文化中坦誠、輕鬆、愉快多於緊繃、壓抑、痛苦呢？

## 第五節 愛的教育：真善美

### 一、勿使用暴力語言

有調查顯示，40%以上的青少年罪犯遭受過父母語言上的傷害。這些孩子的父母用一句句暴力的話語將孩子的未來斷送，也給其他人、其他家庭帶來傷害。有人說，這些孩子刺在別人身上的凶器，是父母親手遞過去的。父母不經意的一句話可能會葬送孩子的一生。

暴力語言並不是以某個詞為區分，而是以聽者的感受為主。很多父母認為自己的出發點是為了孩子好，是為了糾正或勉勵孩子，所以覺得那些批評並不重要，殊不知孩子無法理解話語背後的深層含義，只會接收到來自父母的否定，一旦這樣的認知形成，即使孩子長大成人也難以調節。不懂好好說話的家庭養不出幸福的孩子。

### 二、正向的自我意象

麥斯威爾·馬爾茲（Maxwell Maltz）博士是美國的知名外科整容醫生，很多人經由整容獲得了新的容貌，但是馬爾茲博士發現他們整容後內心的痛苦並沒有減輕。於是馬爾茲博士透過十年的追蹤調查和治療，幫助他們重新獲得內心的平靜。馬爾茲博士將治療的方法整理在了《*The New Psycho-Cybernetics*》這本書中，使得很多讀者受益。

馬爾茲博士認為，一個人6歲之前的經歷是很重要的，因為他在這期間會形成自我意向，即對自我的認知，對自己是什麼人、能做什麼逐漸清晰。自我意象可能是自卑的、消極的，也可能是積極的、向上的，自我意像一旦形成，就會影響至成年。

## 三、羅森塔爾實驗

　　1968年，美國心理學家羅森塔爾博士來到一所小學，從一到六年級裡，在每個年級挑選了三個班級進行「預測未來發展的測試」，並得到一批「擁有優勢發展潛能」的學生名單。羅森塔爾博士將這個名單眼饋給了學校，並強調雖然這些學生擁有潛能，但是必須保密，不能告訴學生和他們的家長，還是要像以前一樣教導。然而事實上，這些測試是假的，名單也是隨機列舉的。幾個月之後，羅森塔爾博士再次來到這所小學，結果發現名單上的學生的成績全部有了很大的進步，而且每個學生都求知慾旺盛，充滿自信，樂於交往。學校的確遵守羅森塔爾博士的約定，沒有向學生洩密，學生們卻在不知不覺間發生了巨大的變化。羅森塔爾博士認為其中的原因是教師們對這些學生產生了正向的期待，在平時的教學中對這些學生進行了更多的正向回饋和正向解讀，這令學生們產生了自我完善的動力。這個效應在心理學中被稱為比馬龍效應或期待效應，它不僅適用於教師和學生之間，也適用於各種人際關係中，對同事、客戶、伴侶、父母、朋友、子女產生某種正向期待和殷切希望，也會令對方做出正向的回應和改變。

　　這個效應可以用於教育孩子，也可以用於讓母親快樂。「關愛母親」也是一種家風，如果家人對母親產生「她幸福」的期待，那麼，這種期待就會傳遞給母親。

　　任何事業的成功都無法彌補孩子教育的失敗！在孩子生命最初的六年裡，給孩子多一點陪伴、多一點關心，你會更幸福！

## 小結

　　幸福教育包括三個部分：家庭教育、社會教育、學校教育。母親教育是智慧教育，母親快樂是最好的教育。愛的教育就是父母用心培養孩子的真、善、美的能力。

## 自我分析

　　1. 你願意用你的3年換取孩子的30年嗎？

　　2. 幫自己在子女教育方面的表現打個分數。

## 推薦閱讀

　　《非暴力溝通：愛的語言》（*Nonviolent Communication: A Language of Life*）馬歇爾・盧森堡（Marshall Rosenberg）

　　《*The New Psycho-Cybernetics*》麥斯威爾・馬爾茲（Maxwell Maltz）

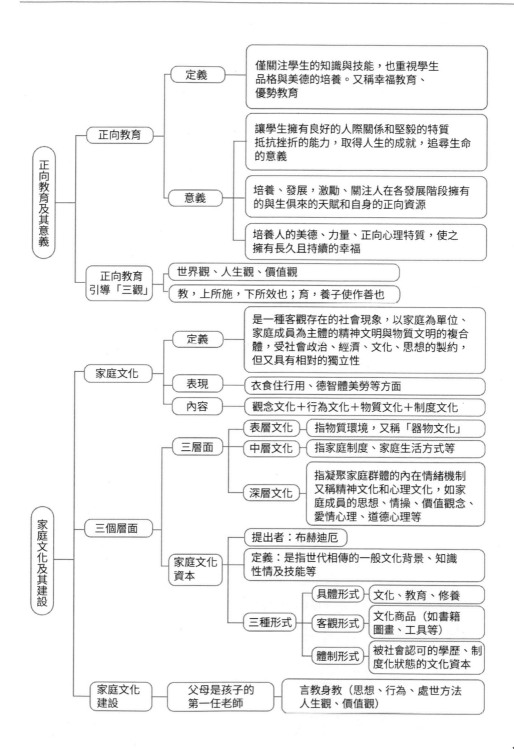

正向教育及其意義
- 正向教育
  - 定義：僅關注學生的知識與技能，也重視學生品格與美德的培養。又稱幸福教育、優勢教育
  - 意義
    - 讓學生擁有良好的人際關係和堅毅的特質抵抗挫折的能力，取得人生的成就，追尋生命的意義
    - 培養、發展，激勵、關注人在各發展階段擁有的與生俱來的天賦和自身的正向資源
    - 培養人的美德、力量、正向心理特質，使之擁有長久且持續的幸福
- 正向教育引導「三觀」
  - 世界觀、人生觀、價值觀
  - 教，上所施，下所效也；育，養子使作善也

家庭文化及其建設
- 家庭文化
  - 定義：是一種客觀存在的社會現象，以家庭為單位、家庭成員為主體的精神文明與物質文明的複合體，受社會政治、經濟、文化、思想的製約，但又具有相對的獨立性
  - 表現：衣食住行用、德智體美勞等方面
  - 內容：觀念文化＋行為文化＋物質文化＋制度文化
- 三個層面
  - 三層面
    - 表層文化：指物質環境，又稱「器物文化」
    - 中層文化：指家庭制度、家庭生活方式等
    - 深層文化：指凝聚家庭群體的內在情緒機制又稱精神文化和心理文化，如家庭成員的思想、情操、價值觀念、愛情心理、道德心理等
  - 家庭文化資本
    - 提出者：布赫迪厄
    - 定義：是指世代相傳的一般文化背景、知識性情及技能等
    - 三種形式
      - 具體形式：文化、教育、修養
      - 客觀形式：文化商品（如書籍圖畫、工具等）
      - 體制形式：被社會認可的學歷、制度化狀態的文化資本
- 家庭文化建設
  - 父母是孩子的第一任老師：言教身教（思想、行為、處世方法人生觀、價值觀）

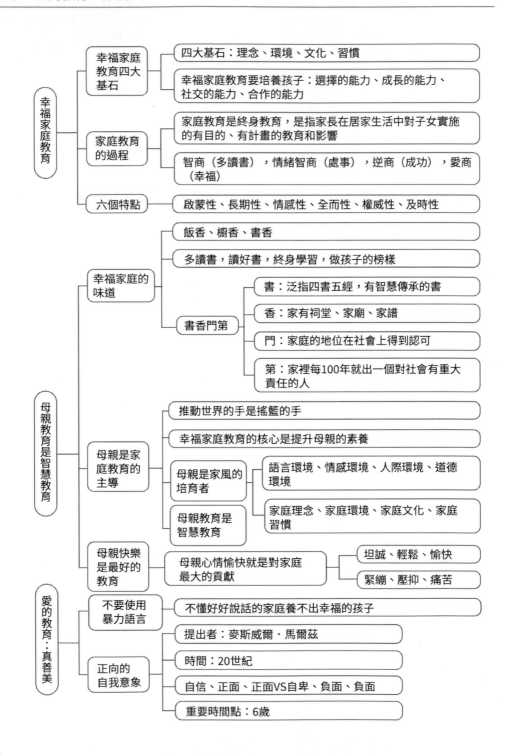

# 第八章　正向教養：管教

正向教養不是贏了孩子，而是贏得孩子。

## 第一節　正向教養的優勢與意義

### 一、什麼是正向教養

　　美國國際教育協會（Institute of International Education, IIE）每年都會進行教育態度普查，其中有一題：

　　「你認為中小學所應努力處理的最大問題是什麼？」年年名列前茅的答案都是孩子的管教問題。孩子的管教問題是每一位家長與老師最關注的問題，也在不斷地困擾著家長與老師。正向教養提倡用一種既不嚴厲也不驕縱的教養方式來教養孩子，培養孩子的各種技能和特質，培養孩子自我管理、勇於承擔責任、善於合作的精神及解決問題的能力，這對他們終身有益。

　　在教育孩子的時候，往往74％的家長會採取賄賂的方式，對孩子說：「把藥喝了，我就給你一個棒棒糖。」81％的家長會恐嚇孩子：「大野狼會把不聽話的小朋友抓走吃了。」65％的家長會懲罰孩子：「考不了高分，就不讓你看電視。」86％的家長會吼或斥責孩子。43％的家長會要求孩子，讓孩子快點做事。

　　許多家長意識到這樣的教養方式不科學，但在採用溫和的方法教育孩子的過程中，還是會出現各式各樣的問題。例如：不斷鼓勵孩子，但孩子更容易放棄，遇到一點挫折就變得不自信，哭個不停；孩子喜歡待在家裡，不願意出門。出現這種情況的原因是家長沒有找到最為科學的教養方法，不妨試試正向教養。

### 二、正向教養的五大優勢

　　第一，正向教養可以改善家長養育孩子的方式。前文提到，父母在養育孩子的過程中往往會採用恐嚇、賄賂、懲罰、斥責、強迫等錯誤方法，

這只會造成不好的效果。正向的養育方式鼓勵父母在不懲罰、不放縱的情況下管教孩子，讓孩子在溫和的氛圍中成長。

第二，正向教養可以改善夫妻關係和家庭氛圍。很多內向、敏感的孩子往往是因為原生家庭有問題才養成這種人格。混亂、動盪、緊張和憂鬱的家庭氛圍很難培養出一個快樂、開朗和優秀的孩子。而正向教養摒棄讓家裡產生不愉快的教養方法，讓家庭充滿秩序、寬容、理解的氣氛。

第三，正向的養育方式有助於建立親密關係，滿足兒童的心理安全需求。由此，孩子在這樣的教養方式下也會形成安全的依戀模式，建立安全的親密關係。

第四，正向教養是一種穩定、易學和實用的方法。吃飯時，父母總是盯著孩子吃什麼，若孩子吃的蔬菜少，父母就想辦法讓他們多吃。按照正向教養的方法，父母只需要多吃蔬菜，做孩子的好榜樣，這就是對孩子最好的教育。

第五，正向教養是教父母如何對待孩子。父母的錯誤之一就是向孩子提要求，而正向教養告訴父母，重要的不是讓孩子做什麼，而是父母要做什麼、怎樣做。

## 三、正向教養的意義

世界上沒有不愛孩子的父母。父母願意為他們的孩子買單。教育不僅是世界上最偉大的工作，也是一項複雜的系統工程。因此，在兒童教育過程中遇到挑戰和困難也是必然的結果，所以父母需要進行科學且專業的學習。

從1980年代開始，至少有19項針對正向教養的研究認為正向教養在養育方面能發揮重要的作用。2019年釋出的研究顯示，相較於沒有採取正向教養方式的對照組父母，採取正向教養方式的父母在對孩子行為的觀

察、對育兒的態度和信念及育兒行為方面都表現出正向的變化。父母採取正向教養的方式，能促使孩子健康、快樂地成長。

## 第二節　正向教養的獨特之處、關注點與目的

### 一、正向教養的獨特之處

相對於傳統的教養模式，正向教養有五大獨特之處。

第一，正向教養重視孩子的內在需求，而不是外在行為。孩子會經歷叛逆期，有了自己的主意，我們會覺得孩子不聽話了，並不自覺地想要控制他。但正向教養認為孩子不必「聽話」，在這一階段，孩子的自主需求是很重要的，所以他不僅不願意輕易地服從父母，也希望自己能做一些決定。現代著名心理學家羅伯特‧史坦伯格（Robert Sternberg）的研究也證明了傳統觀念中青少年的「叛逆期」和「失控期」未必存在，如果監護人尊重青少年日益增加的自主需求，能增加彼此的交流和理解，那麼青春期可以順利度過。

第二，正向教養重視孩子的內在優勢，而不是缺陷。例如，如果孩子被診斷為注意力不足過動症，成績不好，監護人或老師也許會考慮矯正孩子的注意力不足過動症。正向教養則更重視孩子有什麼內在的資源。如果孩子坐不住，那麼他喜歡站著做什麼呢？這有可能成為孩子未來發展的方向嗎？

第三，正向教養重視如何解決問題，而不是問題本身。只要我們還是正常人，就不可能完全避免問題，正向教養始終關心如何促進孩子成長。例如，如果一個孩子有遲到的壞習慣，教育者可能會想教訓他或懲罰他，讓他當眾承諾不再遲到，這種做法會傷害孩子的自尊。採用正向教養方式的父母會想辦法幫助孩子下次不要遲到，孩子感受到了尊重與善意，並且

多了很多具體的方法，問題再次發生的機率大大降低。

　　第四，正向教養注重培養孩子的內在動機和自我管理能力。心理學研究顯示，行為的直接驅動力是動機，而正向教養不提倡養育者過度保護自己的孩子，以免讓孩子失去學習的機會。孩子只有自己探索，才能充分發揮內在動機。

　　第五，用成長型思維看待孩子，與孩子一起成長。孩子的智力、個性、專注力、情緒調節能力、行為習慣等是固定不變的，還是可以改變的？如果你覺得它們是固定不變的，那麼你就是用固定型思維看待孩子；如果你覺得可以提高，那就是用成長型思維看待孩子。養育者要用發展的眼光看待孩子，孩子的一些行為表現都是可以透過養育者的引導而加以改善的。

## 二、正向教養的關注點

　　正向教養重視培養孩子樂觀的心態、充滿希望的信仰以及積極成長的心態。

　　首先，所有的父母都希望孩子是樂觀的。擁有樂觀的心態對一個人有很多好處，樂觀的心態有益於身體健康，並且有研究顯示樂觀的人在學業或事業上取得的成就會更高。正向教養非常重視培養孩子的樂觀心態，主張家長為孩子樹立榜樣，教育孩子以樂觀的態度看待事物。若父母只是單純教導孩子要樂觀積極，那是沒有作用的，最重要的是父母要樂觀，這樣孩子才能更深刻地體會到樂觀的心態。另外，平時孩子做錯事的時候，不要直接否定，也不要隨意幫他貼標籤，而應該用正向、恰當的評價幫助孩子解決當前的問題，這樣孩子會從父母對他的評價中學習看事情的角度。此外，父母還要創造機會，讓孩子有成功的高峰經驗。如果一個人持續做事都很成功，那他的自我效能感會很高，會幫助他形成積極樂觀的心態。

　　其次，希望是生命中最重要的驅動力。它為人類提供了目的地和行動

的能量。根據正向心理學家查爾斯‧斯奈德（Charles Snyder）的希望理論，充滿希望的人比不抱希望的人能取得更多的成就，並且在身心上更健康。正向教養希望父母能夠培養自己及孩子用以目標為導向的方式對待生活。父母要幫助孩子確立生活中的小目標與大目標，並找到實現這些目標的可行途徑。在孩子遇到挫折的時候，幫助孩子渡過難關，鼓勵孩子堅持不懈。

最後，父母要始終保持正向成長的心態，也要教育孩子保持正向成長的心態。心態塑造了我們看待和詮釋周遭世界的最底層的方式，決定了我們是誰、我們是如何生活的，進而決定了我們看待世界的方式，驅使我們進行思考、學習和行動。最終，我們的思考和行動又會決定我們在生活和工作方面取得的成功。成長型心態的人相信自己完全可以改變自身，重視學習和成長，會以正向的心態看待失敗和努力。在生活中，有成長意識的人會把「遇到挫折需要努力」等同於「我正在努力變得更好」。不難想像，在職業、生活和選擇方面，如果父母以成長型心態看待孩子，重視培養孩子的正向成長心態，那麼孩子的人生會充滿希望。

## 三、正向教養的目的

正向教養有三個目的，即培養孩子學會生存和幸福的能力，培植孩子的品格與品質，提高孩子的學業成績。

第一，培養孩子學會生存和幸福的能力。生活中的生存與幸福的能力主要有選擇的能力、成長的能力、社交的能力以及合作的能力。父母需要從小培養孩子自我選擇的能力，當孩子們有機會自己選擇時，就會感受到自己的力量，這樣在今後的人生中就可以自行選擇朋友、愛情和工作。父母需要培養孩子正向地看待自我成長，要讓孩子相信自己完全可以變得更好。這樣一來，孩子在遇到挫折、不幸、競爭的時候，就知道該如何積極面對，如何自我成長。父母需要培養孩子的交際能力，社交能力的高低決

定孩子能否順利地融入社會，決定孩子是否能從與人交往中獲得支持、喜悅、幸福。因此，父母在孩子很小的時候就要培養孩子和他人真誠交流，且在交流中始終保持自信的能力。此外，孩子長大後會逐漸發展獨立意識，出現競爭心理。父母必須在孩子的合作意識出現的萌芽時期，引導孩子形成正確的合作觀。

第二，培植孩子的品格和特質。一直以來，人們更關注智商和情商對孩子成長的影響，而忽略了對人格特質和正向天性的保護與培養。近年來，越來越多的研究發現，引導孩子過上幸福生活的關鍵因素是品格優勢，而正向教養正是點亮孩子品格優勢的一盞明燈。品格優勢能讓孩子感知幸福，親近社會，充分發揮自身優勢，激發終身學習的動力。

第三，提高孩子的學業成績。人們普遍認為，學校制定各種紀律規定，教師嚴厲地教導學生，都是為了讓學生取得優異的學習成績。但是，研究顯示，如果孩子沒有形成良好的社會情感技能，就會出現學習困難和紀律問題。正向教養並不迴避學業成績，而是認為如果能夠培養孩子良好的社會情感技能，培植孩子各種優秀的品格，那麼學業成績的提高是水到渠成的事情。家長應該把注意力放在孩子內心的培養上，而不應事事以學習成績為重點。

## 第三節　三種教養模式

### 一、懲罰式教養

父母是孩子的第一任老師，任何教育者的角色都無法取代他們。父母的早期教育為孩子們塑造了身體發育、知識累積、個性形成、社會交往、人生觀和價值觀確立等方面的基本雛形。目前，大多數父母仍然使用嚴厲

(過度控制)的懲罰式教養模式，即父母要孩子怎麼做，孩子就得怎麼做。

懲罰式教養與專制型父母相對應，他們普遍表現為「高要求、低反應」。懲罰式教養的父母會用自己的標準要求孩子，對孩子缺乏愛心、熱情、關心，做不到及時有效地表揚和鼓勵孩子。這種父母不能接受孩子的回饋，反而要求孩子無條件地服從父母。心理學家黛安娜·鮑姆林德（Diana Baumrind）進行了10年的研究，研究結果發現，專制型父母教養出的孩子發展平平，並且，在這種教養方式下，孩子容易形成抗拒、自卑、焦慮、怯懦等不良人格特徵。例如，有些孩子面對這種不公平，會變得不相信父母，產生報復父母的情緒，進而會和父母對抗，以證明自己不是必須按父母的要求做。有些孩子則會產生退縮情緒，做什麼事情都偷偷摸摸的，生怕被家長發現錯誤，進而產生自卑心理。此外，這樣的孩子將缺少獨立思考能力，猶豫不決，容易產生憂鬱和焦慮等不良情緒，缺乏學習靈活性。

## 二、望子成龍式教養

望子成龍式父母真的很愛自己的孩子，但是他們不知道如何為孩子制定規則，所以成了「高應答、低要求」的父母。根據鮑姆林德的研究結果，望子成龍式父母教養的男孩與女孩的認知能力都普遍低下，而女孩的社會能力也會較為低下。望子成龍式父母給予孩子非理性的愛，會無條件地答應孩子的要求。在溺愛的環境中長大的孩子沒有責任感，也容易有強烈的依賴心理。他們只考慮自己的感受，不顧及別人的心情。這些孩子未來會更加依賴、衝動、任性、幼稚、自私，對工作沒有恆心，沒有忍耐力。長大成人後，當父母無法再滿足他們的欲望的時候，他們有可能對父母做出傷害性行為。

## 三、正向教養

採用正面管教、正向教養方式的父母有明確且合理的要求，和善和堅定是相輔相成的，有權威，有規則。正向教養為孩子設定特定的行為目標，適當限制孩子的不合理行為，並促使孩子實現自己的目標。同時，這樣的父母能夠主動照顧孩子，耐心傾聽孩子的故事，鼓勵孩子成長。在父母理性、民主、愛、耐心的教育下，孩子逐漸形成自信、合作、獨立、積極、樂觀等良好的個性特質。

正向教養強調讓兒童感覺到自己的價值，能為兒童提供寶貴的社交經驗和重要技能，能夠長期有效地促進兒童的良好人格。正向教養更加強調和善和堅定，但許多家長和老師似乎不太理解這一概念。和善或堅定不是生死攸關的問題，卻可以決定我們管教孩子的成敗。和善可以補償因過於堅定而產生的所有問題（叛逆、反抗、自尊受挫等），而堅定可以補償因過於和善而產生的所有問題（任性、自私等）。

若父母以和善而堅定的態度解決親子之間的矛盾，當孩子們感到被理解時，他們就會願意傾聽父母的觀點，並試圖找到解決問題的辦法。有四個步驟可以創造一個讓孩子願意傾聽和合作的氛圍。首先是表達對孩子的行為和心理的理解，但一定要確保你的理解正確。其次是表達對孩子的同情。同情並不意味著你原諒孩子的行為，只意味著你理解孩子的感受。在這一點上，如果告訴孩子你有類似的感覺或行為，效果會更好。再次是告訴孩子對於這件事你自己的感受。如果你友善地邁出前兩步，你的孩子此時就會好好聽你說話。最後是讓孩子專注於解決問題。先詢問孩子他認為如何避免這樣的問題再出現，孩子如果不知道，你可以提出建議，直到你和孩子能夠達成共識。

## 第四節　家庭文化編碼

### 一、家庭文化編碼概述

　　英國教育社會學家巴索・伯恩斯坦（Basil Bernstein）畢生致力於探索家庭和學校教育與政治經濟學之間的關係。語言編碼理論是其教育理論的重要組成部分，伯恩斯坦將符號定義為是預設獲取的，必須在家庭中進行。家庭是兒童語言最初發展的地方，家庭社會關係的形式影響兒童特定語言的發展。因此符號理論首先探討家庭語言符碼。伯恩斯坦相信家庭語言符碼包括語意類別、溝通脈絡等各個範疇的要素，並對其加以整合，使其成為我們看得見的溝通互動和表達意義的形式。雖然符碼對於選擇和統整要素具有調控作用，但並不意味著這些要素可以機械、僵硬地整合在一起。

　　兒童的語言形式展現了其早期家庭生活中的狀態與語言編碼，生活在不同家庭背景中的兒童將形成自己獨特的家庭文化編碼。受到良好家庭文化影響的孩子，他們的語言體系優美、複雜。家庭文化程度不高的孩子，說出的句子簡短，不符合邏輯。

### 二、看圖說話實驗

　　伯恩斯坦為此進行了「看圖說話」實驗，實驗找了兩組人，一組是中產階級家庭的孩子，另一組則是工人階級家庭的孩子。研究者讓這兩組家庭的孩子看四幅圖片，並試著講述一個完整的故事。第一張照片是幾個孩子在踢足球，第二張照片是足球打破了玻璃，第三張照片是一名婦女拿著足球，第四張照片是孩子手裡拿著足球離開了。結果表明，語篇中存在著階層差異。中產階層家庭的孩子會說：「我們幾個人在一起踢足球，但不

小心打碎了一家人的玻璃。女主人出來檢視時，我們急忙跑過去向女主人道歉，並表示願意賠償損失。女主人接受了我們的道歉，並把球還給了我們，我們帶著球愉快地回家了。」工人階層家庭的孩子會說：「我們在踢足球，玻璃碎了，女人罵了我們，我們也罵了她。我們把球偷了回來，之後就回家了。」

## 三、精密語碼與限定語碼

從伯恩斯坦的實驗中可以發現，對於不同階層的家庭，孩子的語言編碼是不同的。伯恩斯坦區分了家庭語言的兩種語碼取向 —— 精密語碼和限定語碼。中產階層家庭的孩子的語言是精密語碼，使用高級語法和流暢的句子，具有民主性和寬容性，表現為邏輯性高，語法複雜，語言優美，文學性高。工人階層家庭的孩子的語言是一種限定語碼，語言缺乏邏輯、修養、文學性。

具體來說，說話者的集體經驗越豐富，越依賴分享的背景，就越能從經濟角度傳遞複雜的內容。在這種情況下，語句傾向簡約而範圍縮小，由說話者的共同背景就可以理解語意，表達的流暢性比較好。這種語言形式很容易出現在強調社會成員的相同生活方式和相似思考方式的社會群體中，伯恩斯坦稱這種語言形式為限定語碼。當說話人之間的社會整合關係發生變化時，語言形式也會發生變化。說話者的集體性減弱，共享經驗減少，在交際中，語義不再是透過集體語境來理解，而是從說話人自身的動機和意圖中理解。在這種情況下，說話者必須選擇較多的詞語，運用複雜而精緻的語法，說明個人動機與意圖，伯恩斯坦稱這種語言形式為精密語碼。

從社會化的角度來看，伯恩斯坦的社會語言編碼理論認為，當一個孩子習慣於某種形式的言語，或學習了規範其言語活動的精密語碼或限定語碼

時，意味著他也獲得了特定符號所要求的社會關係，以及社會自我在群體中的角色和身分。因此，每當孩子說話或傾聽時，他內心的社會結構就會得到加強，他的社會身分就會形成。家庭作為兒童語言社會化的初始單位，其社會關係的形式是限定程式碼或精密程式碼。一般來說，孩子的思考方式取決於家庭文化，思考方式奠定了語言系統，語言系統決定了孩子的學業成績。

## 第五節　正向教養的三項技能

### 一、同理心的溝通技能

人與人之間的溝通是人類生存的本能需求，由於相處環境、溝通媒介、溝通對象以及自身因素等各種因素的影響，人與人之間的溝通顯得千變萬化，錯綜複雜。在溝通中溝通者自身有沒有充滿同理心地去分析問題是決定溝通品質的重要因素。同理心是站在另一個人的角度體驗世界，涉及觀點採擇原則，也就是說，試圖採納另一個人的觀點。將自己置換成對方的角色，在那一刻你會把自己的意見放在一邊，試著理解對方，感受他們的悲傷、喜悅、恐懼等。

同理心的溝通技能包括表達尊重、移情、傾聽能力和情緒自控。它是一個整合他人感受，理解和感知他人的思想、感受、經驗和條件的過程。溝通是傾聽的藝術，善於運用同理心是溝通者與當事人增加親密度、贏得信任的重要能力。家庭教育中避免不了需要與孩子進行溝通，如果父母都能利用同理心的溝通技能，就能與孩子進行良好溝通。父母應該利用同理心去體會孩子的處境和孩子內心的衝突、欲望、恐懼等，真正進入孩子的主觀世界，體會他的感受，分享他的快樂，分享他的痛苦，真正理解他。

## 二、有效的肢體表達技能

溝通專家的研究顯示，文字語言在溝通裡只占了7%，也就是只造成了7%的效果，55%是肢體語言，38%是聲調。可是我們只做了7%的工作，卻想取得100%的成果，這樣的溝通一定是不奏效的。很多父母採用說教的方式，而富有智慧的父母採用有支持力的溝通方式，尤其是肢體語言。肢體語言溝通主要有以下三招。

一，點頭。在平時的教育過程中，父母應該多對孩子的良好行為點頭，表示贊同和欣賞。被肯定長大的孩子和被否定長大的孩子，他們內心的力量是不一樣的。一個總是被肯定、讚賞的孩子在面對困難與挫折的時候會充滿力量，而被否定的孩子就不那麼自信，沒有高價值感。

二，微笑。舉個例子，孩子在學校得了獎，或是在操場上幫助了朋友，您就可以給孩子一個大大的微笑，或是向孩子豎起大拇指，並說出鼓勵的語言。

三，傾聽。孩子們通常不相信成年人真的會聽他們的話並認真對待他們，他們需要一些時間來適應，當孩子們被傾聽並被認真對待，而且他們的想法被認可的時候，孩子們會受到鼓舞，也增強了主角意識。

## 三、正向語言的鼓勵技能

正向語言可以激發自己或他人的正向情緒，促使個體關注美好的生活，促進美德、良好品格的形成，有助於建構正向的人際關係。只有正向語言才能產生有效溝通，其核心是說出別人想聽的內容。1980年代隆納·雷根（Ronald Reagan）和喬治·布希（George Bush）曾先後邀請一位小學教師擔任聯邦政府教育部長，但她都拒絕了，而是選擇繼續堅守在一手創辦的學校中。她就是瑪法·柯林斯（Marva Collins），是世界上最偉大的教師

之一，瑪法・柯林斯有獨特的教育方式，包括如何培養孩子的自信，並透過表揚和鼓勵釋放他們無限的潛力。

　　瑪法・柯林斯在1975年9月8日嘗試創辦了家庭學校。最初學校只有從二年級到四年級的四個學生，其中一個是她的小女兒。最初幾年，來這所學校的孩子在其他學校被認定是問題少年，因走投無路才來這裡。這些孩子有一個共同點，就是感覺自己是一個失敗者。瑪法・柯林斯做的第一件事就是撕去他們身上各式各樣的標籤，如「學習能力低下」、「發育遲緩」。瑪法・柯林斯對每一個孩子都很有耐心，她指導他們學會正向地面對生活。比如說在開學第一天，沒有威脅，沒有警告，沒有條條框框，有的是瑪法・柯林斯堅定的誓言：「我就是來這裡幫助你們的。」接著，她幫學生建立信心，說：「孩子們，我們現在要做的就是相信自己。」瑪法・柯林斯認為最重要的是讓孩子學會相信自己，相信自己是世界上獨一無二的存在，相信自己的能力，習得自尊。

　　瑪法・柯林斯總結出了正向學習法。當瑪法・柯林斯的學生不遵守規則時，她的懲罰是讓他們寫100個理由來解釋為什麼他們有足夠的能力做到這一點，並按字母順序排列。比如：我很聰明，我很特別；我很可愛，我很勇敢，我很有力量；我很興奮，我很厲害；我很棒，我無與倫比；我很熱情，我很可愛，我很重要；我從不調皮，我很漂亮，我很勇敢。

　　瑪法・柯林斯的學生一開始都存在各種「問題」，但在她看來，沒有失敗的學生，只有失敗的教育。她的勇氣、信念、毅力和奉獻精神幫助她的學生發生了翻天覆地的改變。一群沒有自信、被大家認為注定要失敗的孩子從根本上改變了學習態度，取得了很高的學習成績和驚人的成功。

　　每位父母都肩負教育責任，古有擇鄰而居、孟母三遷的故事，在現代社會也不例外，孩子教育的失敗是任何事業的成功都無法彌補的，父母需要全心全意地為孩子的教育付出。投入並不僅僅指金錢，而是包括付出、

教育、習慣養成、親子陪伴等綜合心理力量的投入。一個孩子的成長，既離不開老師與學校的「教書」，也離不開父母與家庭的「育人」。孩子的教育只有一次，無法撤回，也無法重來，希望父母多點時間陪伴孩子。

## 小結

正向教養不是贏了孩子，而是贏得孩子。

## 自我分析

1. 在家庭教育中，你面對過怎樣的挑戰？
2. 目前，你是贏了孩子，還是贏得孩子？

## 推薦閱讀

《溫和且堅定的正向教養》（*Positive Discipline*）簡・尼爾森（Jane Nelsen）

《找回失去的快樂・認知療癒自救寶典》（*Feeling Good: The New Mood Therapy*）大衛・伯恩斯（David Burns）

《一生受用的快樂技巧》（*The Optimistic Child*）馬汀・塞利格曼（Martin Seligman）

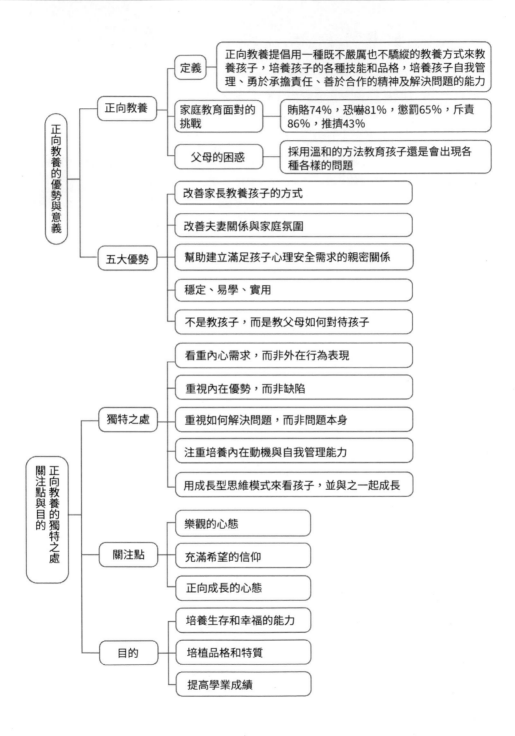

正向教養的優勢與意義
- 正向教養
  - 定義：正向教養提倡用一種既不嚴厲也不驕縱的教養方式來教養孩子，培養孩子的各種技能和品格，培養孩子自我管理、勇於承擔責任、善於合作的精神及解決問題的能力
  - 家庭教育面對的挑戰：賄賂74%，恐嚇81%，懲罰65%，斥責86%，推擠43%
  - 父母的困惑：採用溫和的方法教育孩子還是會出現各種各樣的問題
- 五大優勢
  - 改善家長教養孩子的方式
  - 改善夫妻關係與家庭氛圍
  - 幫助建立滿足孩子心理安全需求的親密關係
  - 穩定、易學、實用
  - 不是教孩子，而是教父母如何對待孩子

正向教養的關注點與目的 / 正向教養的獨特之處
- 獨特之處
  - 看重內心需求，而非外在行為表現
  - 重視內在優勢，而非缺陷
  - 重視如何解決問題，而非問題本身
  - 注重培養內在動機與自我管理能力
  - 用成長型思維模式來看孩子，並與之一起成長
- 關注點
  - 樂觀的心態
  - 充滿希望的信仰
  - 正向成長的心態
- 目的
  - 培養生存和幸福的能力
  - 培植品格和特質
  - 提高學業成績

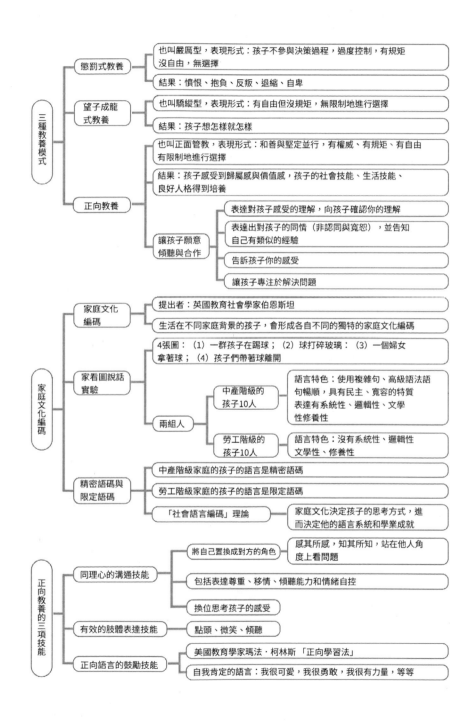

三種教養模式
- 懲罰式教養
  - 也叫嚴厲型，表現形式：孩子不參與決策過程，過度控制，有規矩沒自由，無選擇
  - 結果：憤恨、抱負、反叛、退縮、自卑
- 望子成龍式教養
  - 也叫驕縱型，表現形式：有自由但沒規矩，無限制地進行選擇
  - 結果：孩子想怎樣就怎樣
- 正向教養
  - 也叫正面管教，表現形式：和善與堅定並行，有權威、有規矩、有自由有限制地進行選擇
  - 結果：孩子感受到歸屬感與價值感，孩子的社會技能、生活技能、良好人格得到培養
  - 讓孩子願意傾聽與合作
    - 表達對孩子感受的理解，向孩子確認你的理解
    - 表達出對孩子的同情（非認同與寬恕），並告知自己有類似的經驗
    - 告訴孩子你的感受
    - 讓孩子專注於解決問題

家庭文化編碼
- 家庭文化編碼
  - 提出者：英國教育社會學家伯恩斯坦
  - 生活在不同家庭背景的孩子，會形成各自不同的獨特的家庭文化編碼
- 家看圖說話實驗
  - 4張圖：（1）一群孩子在踢球；（2）球打碎玻璃；（3）一個婦女拿著球；（4）孩子們帶著球離開
  - 兩組人
    - 中產階級的孩子10人
      - 語言特色：使用複雜句、高級語法語句暢順，具有民主、寬容的特質表達有系統性、邏輯性、文學性修養性
    - 勞工階級的孩子10人
      - 語言特色：沒有系統性、邏輯性文學性、修養性
- 精密語碼與限定語碼
  - 中產階級家庭的孩子的語言是精密語碼
  - 勞工階級家庭的孩子的語言是限定語碼
  - 「社會語言編碼」理論
    - 家庭文化決定孩子的思考方式，進而決定他的語言系統和學業成就

正向教養的三項技能
- 同理心的溝通技能
  - 將自己置換成對方的角色
    - 感其所感，知其所知，站在他人角度上看問題
  - 包括表達尊重、移情、傾聽能力和情緒自控
  - 換位思考孩子的感受
- 有效的肢體表達技能
  - 點頭、微笑、傾聽
- 正向語言的鼓勵技能
  - 美國教育學家瑪法·柯林斯「正向學習法」
  - 自我肯定的語言：我很可愛，我很勇敢，我很有力量，等等

# 第九章　正向習慣：自律

天天想，心裡想；天天做，付諸行動。

# 第一節　正向習慣及啟蒙教育

## 一、什麼是習慣

習慣是指一個人以規律、重複的方式做事的行為方式。習慣是指在長時期裡逐漸養成的、一時不容易改變的行為、傾向或社會風尚。習慣形成之後，很難改變，而一旦被破壞，個體就會不適應。

杜克大學的研究顯示，45％的行為來自習慣。事實上，習慣遠比這45％的比例所代表的意義更重要，因為習慣是重複的行為，而且大多數習慣每天都在重複。從長遠來看，這種重複的行為會帶來很多好處或無盡的傷害。正向習慣，俗稱好習慣，是能給人們帶來正向力量的行為，正向習慣既有益於自己，也有益於他人，還有益於社會。因此，從小培養孩子的正向習慣對於孩子一生的發展至關重要。

## 二、啟蒙教育培養孩子習慣

幼兒階段是大腦發育的關鍵時期。俗話說：「三歲看大，七歲看老。」這是有一定的科學依據的，人類大腦神經的發展具有階段性特點，並不是貫穿一生地持續發展。日本有研究顯示，人的大多數大腦神經迴路在三歲時就建立起了穩定的連線，後期很難改變。基於腦科學的證據可以看出，兒童時期的大腦已基本成型，很多隨之而來的行為習慣也會基本定型，培養好的習慣應該越早越好。

韓國一項研究發現，個人生活習慣和智力在三歲時形成了50％，六歲時達到了80％，其餘20％在20歲時逐漸形成。童年時期是培養孩子的正向習慣，使孩子將來能夠成才的黃金階段。孩子在小的時候，一切都未定

性，有很強的可塑性。父母是孩子的啟蒙老師，對於孩子習慣的培養也具有奠定性作用。孩子是父母的翻版，孩子小時候模仿父母的說話方式、走路方式和表情。孩子長大後，會受到父母的思想、行為、人生觀、價值觀等的影響。孩子將來成為什麼樣的人，與孩子的父母是怎樣的人及孩子在早期成長的過程中接受怎樣的家庭教育有很大關係。

英國一項研究在200年期間對兩個家族進行調查。一個是共有1,394人的愛德華茲家族，其中有大學教授100名，律師70名，大學校長14名，醫生60名，法官30名，副總統1名……另一個是共有903人的馬克·尤克斯家族，其中有流氓310個，酒鬼100個，囚犯130人、妓女190人……有人驚訝於怎麼會有這麼大的差別，其中關鍵的因素就在於父母的影響。

「言教不如身教，身教不如境教」這句話強調了以父母作為學習典範的重要性，同時也指出，父母這面鏡子是否「優秀」，就決定了鏡子前面的孩子的品性。孩子小的時候由於缺乏判斷能力，對於父母的一切習慣與做法都會進行模仿。孩子的心就像一塊土壤，並且非常奇妙。如果父母或其他教養者播種下良好思想的種子，就會收穫豐碩的行為的果實；如果播種下良好行為的種子，就會收穫習慣的果實；如果父母給孩子撒下去的是壞習慣的種子，那麼就不能奢望孩子能有正向的好習慣。父母能否在孩子的童年階段透過自己的言傳身教幫助孩子養成好的習慣，將影響孩子的一生。

## 三、狼孩的習慣能改變嗎

狼孩卡瑪拉 (Kamala) 的故事說明了幼兒時期的習慣一旦養成，則很難改變。在距今100年前的印度，村民在一個狼窩裡發現了兩個女孩，小的約2歲，大的約8歲，她們的外形和狼非常相似。人們把她們救回了村

子裡，小女孩不久就病死了，大女孩活了下來，村民叫她卡瑪拉。卡瑪拉最初改變不了狼的習慣，會像狼一樣用四肢爬行，吃扔在地上的肉，不蓋被子，卻喜歡和狗親近，蜷縮在角落。卡瑪拉害怕見到光、火、水，她從來不洗澡。卡瑪拉白天睡覺，晚上出動，經常發出狼般的號哭。過了一年，人們無法改變卡瑪拉，就把她送到了孤兒院。但是，她的生活習慣依然很難改變。她在兩年後學會了兩腳站立，在四年之後學會了直立行走，但快速跑時仍然用四肢。經過近十年的教育，17歲時，她學會了正常的作息，如喝水用杯子，吃飯用手等，然而，卡瑪拉的智力還停留在4歲。最終，她還是無法改變狼的生活習慣，無法適應人類的生活方式，不久就病死了。

由於缺乏早期良好的教育啟蒙，卡瑪拉養成了狼的習慣，即使後期再努力改變，也始終改變不了早期根深蒂固的行為習慣。童年啟蒙教育對孩子一生的發展十分重要，父母的觀念、行為的影響就是孩子的起跑線。

## 第二節　學前教育培養好習慣

### 一、幼稚園培養的好習慣

1978年，諾貝爾物理學獎得主彼得‧卡皮察（Pyotr Kapitsa）被一位記者提問：「您一生中最重要的能力是在哪裡學到的？」卡皮察平靜地回答說：「既不是在實驗室，也不是在大學，而是在幼稚園。」記者好奇地問：「為什麼？在幼稚園您學到了什麼能力？」

卡皮察繼續答道：「在幼稚園裡，我學到了最重要的東西 —— 分享、整齊、清潔、道歉、休息、思考、觀察。比如，把自己的東西分享給同

學，不是自己的東西不要拿，東西要放整齊，飯前要洗手，午飯後要休息，做了錯事要表示歉意，答應小朋友或別人的事要做到，要多思考，仔細觀察大自然。我認為，我學到的東西就是這些。」

從這位諾貝爾獎得主的話中可以看出，人從小養成良好的習慣是至關重要的，比如有禮貌、知道進退、理解與合作。所有的天性和承諾都不如習慣強大。3 ～ 6 歲是智力發展最快的時期，這一時期形成的習慣和人格會對人們產生終身影響。幼稚園的教育為孩子奠定了一生的基礎。

## 二、習得性無助

在極少數動物園裡，我們可能會看到一根柱子、一條細鐵鏈拴著一頭一噸重的大象。當大象還是小象時，馴象師用鐵鏈把大象拴在柱子上，不管它如何掙扎都無法掙脫。小象漸漸地習慣了不再掙扎，當小象變成了一頭大象時，它其實可以很容易地掙脫鏈子，但由於習慣了，它便不再掙扎。小象被鏈子拴著，而大象被習慣拴著。

大象不再掙扎，放棄抵抗，心理學稱之為習得性無助（Learned Help-lessness）。美國心理學家塞利格曼在 1967 年研究動物時提出了習得性無助的概念。實驗者把狗鎖在籠子裡，蜂鳴器一響，就施加電擊。狗試圖逃出籠子，但無奈逃不出去，因此就要遭受電擊。多次實驗後，實驗者改變了策略。在蜂鳴器響之前，實驗者會先開啟籠子門，然後再施加電擊。然而，狗卻不再掙扎著逃走，而是倒在地上呻吟和顫抖，直到真的觸電。這隻狗本可以逃跑，卻在經歷了一次次失敗之後不再掙扎，這就是習得性無助。當一個人試圖做一件事，但屢屢失敗之後，他可能就會停止嘗試。如果這種情況發生得太頻繁，這個人會將這種感覺推廣到所有情況，而這就是習慣帶來的頑固而強大的力量。

好習慣使人終身受益，壞習慣使人終身困擾。長期的不良行為往往會導致思維慣性，並將我們的思想和行為連繫起來。幼兒時期的習慣將伴隨著孩子的一生，如果在幼兒時期養成了壞習慣，那麼孩子一生都將與之痛苦地進行對抗，有的甚至直接放棄掙扎。

## 三、幫助孩子建立好習慣

父母送給孩子最好的禮物除了健康的身體外，便是在孩子幼兒時期幫助孩子養成一些一生受益的好習慣。這些一生受益的習慣主要有規則意識、良好的心態、心理健康、良好的品德等。

第一，規則意識。對孩子來說，規則就是界限，就是什麼事情可以做，什麼事情不可以做。家長要幫孩子界定什麼事情是好事，可以做，什麼事情是絕對不能做的，並且堅持執行。一個建立了規則意識的孩子能判斷是非善惡，自發地建立良好的秩序與和諧的氛圍。

第二，良好的心態。樂觀是幸福的基礎，它可以將我們所有的正向能量調動出來。良好的心態和人格其實是從小一步步培養而成的，例如樂觀、有韌性、堅強等。這些良好的心態與人格都會在孩子遇到困難時幫助他攻克難關，勇往直前。

第三，心理健康。身體健康固然重要，但心理健康也同樣不可或缺。良好的心理狀態包括可以信任別人、有安全感等，這些最早都是透過親情所產生的。如果孩子在與父母的互動中能夠建立對他人的信任，那麼孩子未來能與他人順利合作。

第四，良好的品德。當孩子還在搖籃裡時，我們就要在孩子的心中播下道德的種子。父母在平日要教導孩子禮貌待人，有責任心，對他人有愛心等。

## 第三節　習慣的力量：日拱一卒

### 一、日拱一卒：實現長遠目標

　　養成良好習慣甚至實現長遠目標的關鍵不在於實現目標的雄心有多大，而在於你真的有決心和行動每天朝著目標前進。無論是意外還是混亂的障礙，你有「日拱一卒」嗎？象棋中有言：「寧可十年不將軍，不可一日不拱卒。」日拱一卒中的「卒」是象棋中的兵，兵在象棋規則裡每次只能走一格，所以用來形容速度很慢。每天在一個目標的基礎上堅持，每天走一步，哪怕只是很小的一步，只要堅持，就能養成好習慣。

　　在1911年12月之前，世界上還沒有人到達過南極，當時，有兩支參賽隊伍想要完成這項計畫，一支是來自挪威的阿蒙森隊，另一支是來自英國的史考特隊。他們開始的時間差不多，但最終的結果大不相同：一支隊伍全軍覆沒，另一支隊伍成功抵達。造成這一截然不同的結果的一個關鍵原因是，成功抵達的團隊每天堅持移動30公里左右，而不管天氣如何。另一個團隊則很隨意，天氣好的時候，他們就走很遠，天氣不好時，就睡在帳篷裡，等待天氣好轉，然後再繼續前進。1912年1月25日，這支每天向前移動30公里的阿蒙森隊全部返回營地，成了歷史上第一個成功到達南極並返回的團隊。擁有日拱一卒精神的人才有可能在平時的生活裡逐步養成良好習慣，獲得自己內心的穩定性。

### 二、專注：1萬小時定律

　　麥爾坎‧葛拉威爾（Malcolm Gladwell）在《異數：超凡與平凡的界線在哪裡？》（*Outliers: The Story of Success*）一書中指出，一個人之所以是天

才，不是因為他才華橫溢，而是因為他不斷地努力，1萬小時的錘鍊是任何人成為世界級大師的必經之路。英國神經科學家丹尼爾・列維廷（Daniel Levitin）也認同人腦需要長時間才能理解和吸收知識或技能，頂尖級的棋手、音樂家和運動員等都需要1萬小時才能讓一項技藝至臻完善。

葛拉威爾認為，1萬小時定律的關鍵是1萬小時是最低要求，沒有人能在3,000小時內達到世界級水準；7,500小時也是不夠的，必須達到1萬小時——10年，每天至少3小時。由此可見，堅持不懈是培養行為和技能、邁向成功的主要途徑。

## 三、21天效應

美國心理學家威廉・詹姆斯（William James）透過研究發現，養成或改變一種習慣或許只需21天。在心理學中，21天效應用來形容一個人的新習慣或想法形成和鞏固的最少天數。換句話說，一個人的行為或想法重複21天，就會變成習慣。但實驗也證明，僅僅給人們21天的時間來養成習慣是不夠的。

倫敦大學學院的專家菲莉帕・派瑞（Philippa Perry）進行了這樣一組實驗：要求96名被試每天堅持進行一次運動，例如100次仰臥起坐、70次伏地挺身和半小時的跑步，持續時間超過21天的4倍。按照21天形成習慣的原理，他們應該已經實現了自動化。但真相是什麼？事實上，大多數人在第66天才能養成每天做運動的習慣；一小部分人花了84天還沒有成功。人們養成新習慣平均需要66天。此外，不同的人養成新習慣的時間不同，從18天到254天不等。因此，21天並不足以養成一種習慣。

習慣的形成過程可以分為三個階段。第一階段為懵懂期，1～7天。這一階段的特點是「故意和不自然」，需要提醒自己。例如，需要設定一個鬧鐘，寫一張便條紙來鼓勵和提醒自己。第二階段為沉思期，7～21天。

這一階段的特點是「故意和自然」，也需要有意識的控制，雖然你仍然需要提醒自己，但這更自然。然而，如果你不注意，就會回到過去。第三階段為準備期，21 ～ 90天。特點是「不故意和自然」，是沒有意識的控制。在這個時候，習慣形成了。一旦進入這個階段，一個人就完成了自我轉化，這個習慣已經成為他生活中的有機組成部分，當然也將一直「服務」於他。

好習慣是需要靠持之以恆的堅持與重複來培養與鞏固的。

首先，要按照三個階段的特點進行改變。在第一個階段要靠自己或外界力量時刻提醒自己；第二階段要提防半途而廢、前功盡棄，時刻鼓勵自己；第三個階段要有恆心，把習慣堅持下去，讓習慣成為「自然」。

其次，在養成習慣的過程中要有耐心。以往人們認為新理念、新習慣的形成需要21天，但根據具體要培養的習慣的難易不同，可能需要遠不止21天。派瑞的實驗就發現，要養成早餐後喝一杯水的習慣大約需要20天，養成午餐時吃一片水果的習慣大約需要40天。運動習慣是最難養成的，84天後很多人仍然沒有養成運動習慣。

最後，習慣需要不斷地重複與練習。習慣包括行為習慣、身體習慣、思考習慣，將這些習慣演化成能力與興趣都不是一朝一夕的事情，在不停的練習中，這些習慣才會內化成自身的一部分，發揮良好的作用。

## 第四節　微習慣：幸福力成長

### 一、天天想，天天做，天天練

有專家建議每天做以下五件事情，能夠幫助我們提升幸福力。

第一，每天鍛鍊30分鐘，讓自己更健康。有研究顯示，運動有各方

面的好處，例如，運動可以促進骨骼生長，加快新陳代謝，提高肺活量，改善心肺功能，增加肌肉含量，還可以改善記憶力和反應能力。同時，運動也能帶給人快樂，減輕壓力，緩解焦慮與緊張。

第二，每天做開心的事情3分鐘，讓自己心情愉悅。正向情緒對身心健康十分重要，正向情緒可以改善人體功能，激發人們的動力，激勵人們努力工作。而且，正向情緒有助於智力的發展，也是人健康長壽的重要因素。

第三，每天看書30分鐘，豐富自己的知識。尚-巴蒂斯特·拉馬克（Jean-Baptiste Lamarck）提出了「用進廢退」理論，該理論認為不使用和不挑戰大腦可能會導致認知能力萎縮，而有意識的練習可以維持與提高認知表現。因此，在生活中保持正向用腦的生活習慣會使大腦保持健康。

第四，每天朗讀10分鐘。每天朗讀能讓你頭腦冷靜，思維清晰，記憶效率高。大聲閱讀促進對知識的理解和記憶，也有助於培養語感。

第五，每天拍臉1,000下，讓自己的皮膚更緊緻。皮膚健康也是身體健康的一部分，每天拍臉1,000下既有利於頭腦清醒，也有利於皮膚健康。

這些習慣都是微習慣，但堅持下去也會有很大的收穫。因此，對於習慣的培養有一句話：天天想，心裡想；天天做，付諸行動；天天練，重複1萬個小時。

## ■ 二、用微習慣策略培養好習慣

美國青年史蒂芬·蓋斯（Stephen Guise）是個「懶症」患者，後來他意識到問題的嚴重性，開始改變自己。他不僅克服了懶惰，而且憑藉他的三大專長——健身、閱讀和寫作，成為美國數百萬年輕人的偶像。自2004

年以來，史蒂芬在主要網站上發表文章，與網際網路使用者分享他在自我管理方面的經驗。後來，他在《驚人習慣力：做一下就好！微不足道的小習慣創造大奇蹟》（*Mini Habits: Smaller Habits, Bigger Results*）中指出，微習慣看似很不起眼，但如果每天都能堅持做下去，幾年如一日地做好它，那我們不僅能收穫好習慣，還將實現自我超越。

顧名思義，微習慣意味著習慣非常小。如果你想培養一個新習慣，微習慣就是一個大大簡化的版本。例如，把「每天做50個仰臥起坐」縮減成「每天做1個仰臥起坐」，把「每天寫3,000字」縮減成「每天寫50字」，把「我要保持創新」縮減成「每天想出兩個點子」。

這樣做的好處顯而易見，目標如此小，以至於你沒有理由不去完成它。但微習慣雖小，力量卻一點都不小。一天天地堅持，一點點地改變，積少成多，積小成大，會收穫意想不到的成果，擁有一個全新的人生。

## 三、微習慣令心想事成，夢想成真

微習慣有三個特點：第一，它很簡單，不需要努力就能完成；第二，它不耗費時間，並且可以使用分段時間來完成；第三，微習慣可以提高人們的自我效能感。

自我效能感是心理學家亞伯特‧班度拉（Albert Bandura）提出的一個概念，它指的是你是否有信心完成即將完成的事情。微習慣能夠顯著提高自我效能感並激勵我們從小到大逐步實現目標。微習慣太小，小到不用怎麼努力就可以辦到，因此，人們不僅不會抗拒它，反而樂於堅持，我們的自我效能感也會增強。如果我們堅持微習慣，我們的內在潛力就會充分發揮出來，最終幫助我們實現願望。

當微習慣養成後，就很容易變成完整的習慣。假設你的目標是擁有纖

細的身材，但完成這個大目標的過程中必然會讓你經歷很大的不適與痛苦，可能很多人的意志力與動力不足以支撐自己完成這麼大的改變。而微習慣只需要每次向前邁出一小步，大部分幾乎都可以輕鬆完成，當完成了幾次之後，你就會適應這種改變，就會不自覺地向前，直到達成目標。例如，以每天做一個伏地挺身為例，你不僅會適應做一個伏地挺身的想法，而且從整體來看，你會更適應做伏地挺身這項運動，適應每天做若干個伏地挺身的行為。所以這一小步帶來的影響比你預想的要大得多。這樣一來，逐步加大運動量就會很輕鬆了。一旦養成了微習慣，完整的習慣就唾手可得。

## 第五節　好習慣與高度自律

### 一、自律的棉花糖實驗

美國心理學家史考特・派克（Scott Peck）將多年來大眾日常心理健康問題的研究成果、理論分析和指導彙集到他的《心靈地圖》(*The Road Less Traveled*) 一書中，他在書中說：「避免問題和痛苦的傾向是人類精神疾病的根源。」、「所謂自律，就是主動承受痛苦，以正向的態度解決問題。」、「面對問題，自律讓我們變得堅定，從痛苦中獲得智慧。」可以看出，自律是人們能夠面對痛苦、困難、挫折的根基，有關自律的研究最初起源於著名的心理學研究 —— 棉花糖實驗。

棉花糖實驗是沃爾特・米歇爾（Walter Mischel）博士在幼稚園進行的一系列關於自我控制的經典心理學實驗。在實驗開始之前，研究者給每個孩子一塊棉花糖，並告訴他們棉花糖可以立刻吃。但如果他們能夠等待15

分鐘再吃，他們會被獎勵另一塊棉花糖。實驗結束後，實驗人員追蹤了這些孩子未來的表現，研究者發現，那些能夠等待15分鐘再吃的孩子在未來的表現上會比那些立刻把棉花糖吃掉的孩子更好。這些表現包括人際關係、SAT分數（美國入學分數）、同學評價、體重指數等指標。在這個實驗的基礎上，研究者提出了「延宕滿足」這一啟發性概念：如果一個人有足夠高的自律能力，能夠抵制當前的誘惑，他就容易取得成功。

## 二、高度的自律

自律是指遵循規定並以此為基礎而進行的自我約束，克制自己不做不該做的事情，自律的本質是自我意識和自我管理。培養自律的一個非常簡單有效的方法是習慣。如果一件事重複多次，人就會產生肌肉記憶。更準確地說，產生記憶的並不是肌肉，而是大腦鞏固了行為。

自律的人傾向於把以下兩件事情做到極端。

第一，不喜歡但應該做的事情。人是矛盾的，慣性與潛能並存於體內。當沒有壓力時，人們傾向於碌碌無為，只有在背負一定的壓力時，人們的潛力才能被激發，促使人們朝著目標努力。因此，要做到自律，就要迫使自己做有用的事情，即使這些事情做起來會很不舒服，但這些事對自己有益。例如，你應該總是強迫自己進入一種克服自我的狀態。

第二，喜歡但不應該做的事情。自律意味著你必須有所放棄，放棄自己的偏好，放棄自己的惰性，學會克制自己的欲望。例如，想獲得獎學金，晚上就不能玩遊戲；為了保持苗條身材和健康，就不能吃垃圾食品；想要事業進步，就必須在業餘時間刻苦鑽研，拒絕不必要的社交。

許多人曾經認為自由就是想做什麼就做什麼，後來他們發現只有自律才有真正的自由。當一個人達到了高度自律的時候，他的內心會有強烈的

驅動力，對自己的生活和狀態滿意，對自己內心的掌控、行為的掌控都變得越來越好，進入正向循環的軌道，並且，他有能力將它變得更好，有能力獲得自己想要的東西。要想達到高度自律的狀態，需要做到四點：第一，必須有計畫，如提前規劃工作內容，把每一項工作都按照輕重緩急的優先等次進行排序；第二，善於利用零碎時間，如在飛機、火車、捷運上，利用時間看電子書，學習知識；第三，盡量少看手機和電視，杜絕無意義的、浪費時間的行為；第四，快速做決定，不拖延，馬上行動。

真正的自律、自我控制、自覺都是需要從一點一滴的習慣開始培養的。只有形成習慣，很多行為才能真正落地。想要培養好習慣，並最終達到高度自律的狀態，就要達到一種高明的境界：對自我有高要求，並嚴格去做。有時，想要達成目標，就必須強迫自己，才能將自身潛在的才華和智慧發揮得淋漓盡致。

在形成習慣的過程中要追求「每日成功」，每天最少要「磨刀」一個小時，才能確保個人產能。需要注意的是，由於個體差異，每個人的習慣是不盡相同的，需要在培養習慣的路上不斷探求適合自己的習慣。

以下8個習慣，在人生過程中都是必需的。

☺ 愛的習慣。用全身心的愛去善待身邊的每一個人，迎接美好的每一天。

☺ 堅持的習慣。堅持不懈，直到取得成功。

☺ 自信的習慣。人類最偉大的奇蹟就是自信。

☺ 珍惜時間的習慣。用盡全力過好每一天。

☺ 笑的習慣。要笑對生活，笑對人生，笑對挫折。

☺ 自制的習慣。要學會控制自己的情緒。

☺ 發掘自我潛能的習慣。要加倍重視自我潛能和優勢。

☺ 立即行動的習慣。現在就付諸行動。

## 小結

習慣的力量在日拱一卒中進步。微習慣是提高幸福力的好方法。好習慣與高度自律能提高個人的生活滿意度和狀態滿意度。

## 自我分析

1. 你最值得驕傲的好習慣有哪些？

2. 你有沒有增加一個新的好習慣的計畫？

## 推薦閱讀

《為什麼我們這樣生活，那樣工作？》（*The Power of Habit: Why We Do What We Do in Life and Business*）查爾斯・杜希格（Charles Duhigg）

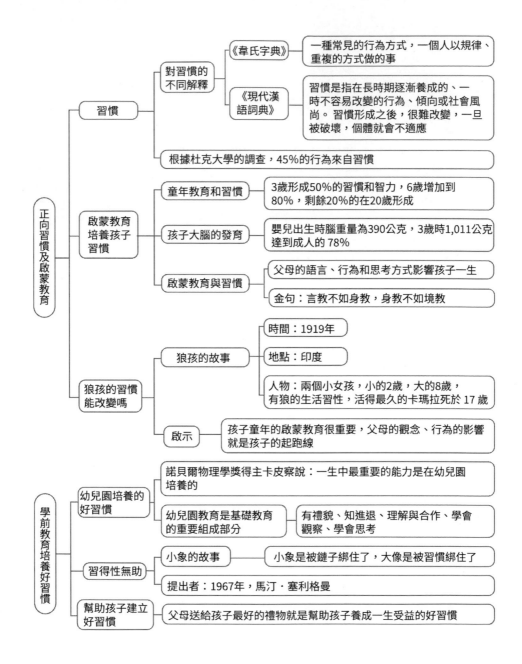

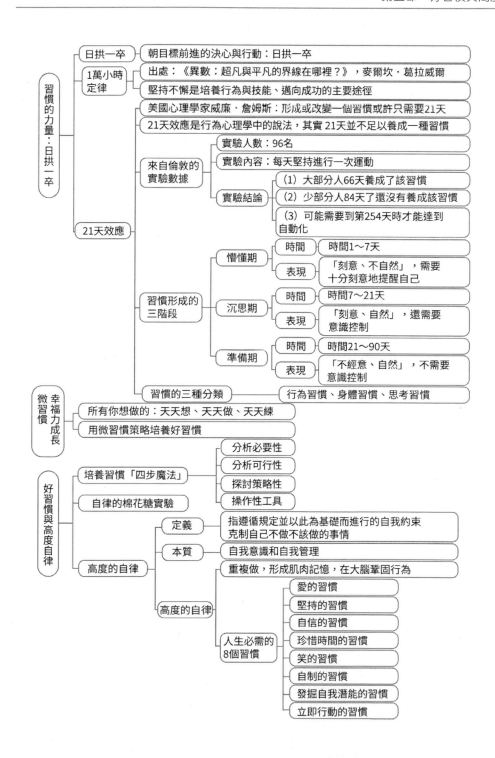

習慣的力量：日拱一卒
- 習慣的力量：日拱一卒
  - 日拱一卒
    - 朝目標前進的決心與行動：日拱一卒
  - 1萬小時定律
    - 出處：《異數：超凡與平凡的界線在哪裡？》，麥爾坎・葛拉威爾
    - 堅持不懈是培養行為與技能、邁向成功的主要途徑
  - 21天效應
    - 美國心理學家威廉・詹姆斯：形成或改變一個習慣或許只需要21天
    - 21天效應是行為心理學中的說法，其實21天並不足以養成一種習慣
    - 來自倫敦的實驗數據
      - 實驗人數：96名
      - 實驗內容：每天堅持進行一次運動
      - 實驗結論
        - （1）大部分人66天養成了該習慣
        - （2）少部分人84天了還沒有養成該習慣
        - （3）可能需要到第254天時才能達到自動化
    - 習慣形成的三階段
      - 憻憻期
        - 時間：時間1～7天
        - 表現：「刻意、不自然」，需要十分刻意地提醒自己
      - 沉思期
        - 時間：時間7～21天
        - 表現：「刻意、自然」，還需要意識控制
      - 準備期
        - 時間：時間21～90天
        - 表現：「不經意、自然」，不需要意識控制
    - 習慣的三種分類
      - 行為習慣、身體習慣、思考習慣

微習慣 幸福力成長
- 所有你想做的：天天想、天天做、天天練
- 用微習慣策略培養好習慣

好習慣與高度自律
- 培養習慣「四步魔法」
  - 分析必要性
  - 分析可行性
  - 探討策略性
  - 操作性工具
- 自律的棉花糖實驗
- 高度的自律
  - 定義
    - 指遵循規定並以此為基礎而進行的自我約束克制自己不做不該做的事情
  - 本質
    - 自我意識和自我管理
  - 高度的自律
    - 重複做，形成肌肉記憶，在大腦鞏固行為
    - 人生必需的8個習慣
      - 愛的習慣
      - 堅持的習慣
      - 自信的習慣
      - 珍惜時間的習慣
      - 笑的習慣
      - 自制的習慣
      - 發掘自我潛能的習慣
      - 立即行動的習慣

# 第十章　正向天賦：優勢

從潛能到能力表現，中間的差距就是投入。

## 第一節　什麼是天賦和正向優勢

### 一、什麼是天賦

「天賦」一詞常被用來表示天才們所擁有的稀有的能力。在《現代漢語詞典》中，天賦被定義為天資，是指人天生的資質，反映個體的生理特徵（個體大腦生理結構的一些差異等），是後天智力發展的物質基礎。天賦是自然而然、反覆出現、可被高效利用的感受、思維模式、行為。在相同經驗的情況下，有天賦的人可以比其他人更快地成長，並且其成長具有獨自性和特殊性。天賦的同義詞有天分、天才和天資等。

天賦是生來就具備的、自然賦予的，不是透過經驗得到的，每個人都有自己的才能，但是每個人的才能都各有不同。因為每個人自身要素的不同和環境的千差萬別，所以天賦的起點是不同的，也可能會被很多意外的事情介入。美國著名思想家肯‧羅賓森在《發現天賦之旅》（*Finding Your Element*）一書中，給出了一些普遍的技術、原則、策略用來指導天賦探索之旅。

### 二、天才的兩個要素

天才，正如其名，是指擁有與生俱來的才能的人。有天賦的人不一定會成為天才，天才的形成有兩個要素。第一，先天要素。感覺敏銳、富有激情是成為天才的先天要素。第二，後天要素。天才善於自然成長，並以自己的方式獲取大量知識。世界上沒有天生的天才，但有些人天生就有能力在一個或多個方面比大多數人更好地學習、創新和發展。天才不僅要充分發揮才能，還要具有意志力和毅力等優勢，甚至擁有比普通人更有效的生理機制。

「三才」屬於姓名學之五格剖象法術語，指天格、人格、地格，分別對應天才、人才和地才，反映了人的內在綜合運勢。人才和天才的區別主要在於程度上的差別，人才是指有才識學問的人，而天才是指有天賦才能之人，現代心理學的解釋則是具有高度發展的才能的智力超常者。天才以人的基本天賦為基礎，透過教育和環境的影響以及自身的勤奮努力，在實踐中不斷吸取力量，最終在某一個領域做出突出貢獻。

天才有一定的天賦，智商是判斷天才的重要標準，但絕對不是唯一的標準。例如，阿爾伯特‧愛因斯坦（Albert Einstein）是理論物理學的天才，艾薩克‧牛頓（Isaac Newton）是經典物理學的天才。著名發明家湯瑪斯‧愛迪生（Thomas Edison）也有言：天才是1％的靈感，加上99％的汗水。人如果不花費大量的時間和精力來刻苦學習，就難以培養出傑出的能力。天賦只不過是刻苦努力有所成就後，對過去的勤奮經歷、環境影響、運氣等因素的一種簡單推斷。

## 三、什麼是正向優勢

美國正向心理學之父塞利格曼說，關注自身優勢的人更容易獲得成功和幸福。儘管優勢很重要，但人們似乎並不怎麼在意它，更別說發揮和利用了。孩子們從小時候就受到長輩們的教育，誇耀自身優點在別人看來會是一種炫耀和不謙虛的行為。有人小時候考試得了95分，開開心心回到家，結果父母劈頭蓋臉地就問：「那5分到哪裡去了？」我們在潛意識中也逐漸認同發現和改正缺點才是進步。

在一項全球性的員工調研中，僅有20％的員工認為他們每天都能發揮優勢。令人驚訝的是，員工在公司工作的時間越長，他們的地位越高，他們就越不可能認為自己充分利用了公司的優勢。當你做你不擅長的事情

時，會花費更多的時間和精力，最後未必能把事情做好。所以，找到自己的優勢並合理利用顯得尤為重要。

正向優勢是指學會發現優勢，注重個人力量和個人優勢的價值，用正能量與心理問題鬥爭，消除問題，建立抵禦挫折、心理創傷和心理障礙的防禦機制。正向心理學認為，每個人生來都有優點、天賦和缺陷，每個人都有人格上的優點，只是有強弱的差異。我們必須學會讚美自己，發現自己的優點和良好品格，如創造力、洞察力、領導力、想像力、正直、堅韌、善良、謹慎等。

正向的天賦需要教養者採用正向教養的方式培養兒童正向的心理與卓越的品格等優勢，從而讓兒童從小便擁有樂觀、開朗、向上的人格特點，具備同理心、創造力、審美能力與社會交往能力。天賦與優勢的關係是什麼？這裡給出一個公式：優勢＝天賦 × 投入。天賦是一種潛能，優勢是一種能力；天賦是冰山下隱藏的部分（潛能），優勢是冰山上顯露的部分（顯性的能力）。從潛能到能力表現，中間的差距就是投入，即在技能培養、實踐練習、擴充知識等方面所花費的精力和時間。

## 四、天賦對人的作用有多大

天賦對人的作用有多大呢？心理學家曾進行了一項為期三年的研究，比較有閱讀天賦和沒有閱讀天賦的個體的差異。第一次實驗的結果是，在沒有任何教學指導的情況下，普通閱讀者每分鐘閱讀90個單字，而有天賦的閱讀者每分鐘可以閱讀350個單字，兩者之間存在顯著差距。在第二次實驗中，實驗人員統一教授快速閱讀的技能，結果是，普通閱讀者的閱讀速度提高到每分鐘150個單字，而有天賦的閱讀者的速度提高到每分鐘2,900字，幾乎翻了10倍！

這個結果使研究人員大吃一驚，因為幾乎所有的人都認定，水準較差的閱讀者的進步會更大；而事實上，有天賦的閱讀者從強化訓練中受益最大，進步也最大。因此，恰恰是我們平時最習以為常、理所當然的優勢，是最需要精進和進一步發展的，因為在你的優勢領域投入時，投入回報率才最高。優勢領域才是我們最具成長空間的領域。

## 五、如何將天賦轉化為優勢

每個人都有一定的天賦，然而，大多數人無法找到自己的天賦。那麼如何發現天賦，並將天賦轉化成優勢呢？從天賦到優勢需要經歷四個步驟：發現，結合，覺察，強化。

第一步，發現。我們要能夠發現自己獨一無二的天賦，並且有效地管理它們。

第二步，結合。在發現了自己的天賦之後，我們要把特定領域的知識、技能與自身的天賦結合起來，才能建構我們的獨特優勢，進行正向的表現。只有選擇那些更有可能幫助我們發揮天賦的領域或者我們更有熱情的領域，才更有機會獲得成功。

第三步，覺察。運用天賦是一個持續的過程，在這個過程中，只有不斷地覺察，才能實現持續有效的投入。

第四步：強化。持續的外部回饋和內部自我反思，結合知識和技能，廣泛尋求支持，持續建構優勢，最終就會取得正向成果。

## 六、個人優勢是什麼

「現代管理學之父」彼得‧杜拉克 (Peter Drucker) 認為，專注於改善自己的弱點並提升自己的行為是沒有實際意義的。只有依靠自身存在的優勢，而

不是過分關注劣勢，努力在有天賦的領域發展，才能在該領域成為卓越的人才。弱點從來無法取得成就，從無能提高到平庸的困難程度遠遠超過從一流提高到卓越。那麼，何必在乎自己的缺點呢？不如在優勢上下功夫。

我們該如何把握和發揮自身優勢？

我們要善於發現自己的優勢，要不斷地對自己提問，一天結束後，要問問自己：「哪些事情讓我感到做起來得心應手，並且做得非常出色？」例如，感覺自己軀體更強健，心理更成熟，生活更富有樂趣，富有價值。

除了自己發現個人優勢外，還要在生活中善於培養個人優勢。我們要善於發現和找到個人興趣與喜好，只有在興趣與喜好中，才能發揮自己的優勢。我們還要不斷擴大自己的知識面，只有自己的見識足夠廣，才有可能發現更多的天賦。在發現和培養了自己的個人優勢之後，要學會利用個人優勢，把優勢轉化為結果，透過鞏固和強化，我們可以取得更大的成功，逐漸具有強大的個人競爭力。例如，利用個人優勢增進人際關係，利用自己的天賦積極調整學習方向、方法、工具，在工作中利用自己的天賦增強工作技能、職業規劃、職場關係。

教育的目標是什麼？教育不是為了發現「學生、兒童問題」，更不是發現「問題學生、兒童」，而是為了發掘兒童自身的優勢和潛力。教育者要挖掘兒童本身存在的正向力量，用欣賞的眼光看待每個孩子，關注每個孩子真正的心理需求，把孩子視為健康發展的個體。

教育者應該幫助學生發現自己的正向力量和潛力，並讓學生看到這些力量和潛力。只有這樣，才能真正幫助學生發掘自己的潛力，並運用正向的理論來提高自己。例如：透過對美德的挖掘和正向品格的培養使學生樹立人生目標，對自己的人生充滿希望，並幫助學生在實現目標的路上不斷得到成功和成長的幸福感；引導學生關愛、接納自己和他人，面對人生充

滿希望，在逆境中也能有強大的心理韌性，積極面對困難與坎坷；教育學生利他，心地善良，遵守社會規範，熱愛與關心集體，回饋社會，享受快樂與幸福。

## 第二節　如何教育某領域的天才兒童

### 一、灌輸努力教育

塔爾・班夏哈　(Tal Ben-Shahar)是一位受歡迎的哈佛導師，他在《更快樂：哈佛最受歡迎的一堂課》(*Happier: Learn the Secrets to Daily Joy and Lasting Fulfillment*)中提到了得到幸福所需要的五個要素：投入、正向情緒、人際關係、意義和目的、成就，並強調努力和投入尤為重要。即使一個人在某一方面有很高的天賦，但如果他後天不努力鑽研，仍然會平平無奇。因此，當孩子在某些領域有一定的天賦時，例如音樂、舞蹈、體育等，父母不應該阻撓孩子的發展，不僅要盡可能在這些優勢領域更好地培養孩子，更為重要的是要灌輸孩子努力的意義：業精於勤荒於嬉，行成於思毀於隨。

有的孩子有天賦，但不肯努力，那麼最後的結果注定是跟普通人一樣。南朝梁有一青年叫作江淹，從小他家境貧寒，但在文學方面有異於常人的天賦，在當時很有名氣。蕭道成立齊時，仰慕他的才華，邀請其做史官，專任編纂歷史。憑著文學天賦，他迅速進步。不久後，他就官職高升，當了大官，過起了養尊處優的生活。之後，他開始偷懶，再也不願意寫文章了。這樣一來，他漸漸感到才思枯竭，有時勉強寫的文章，別人看了之後也覺得無聊。於是，有了「江郎才盡」的成語。

## 二、實施鼓勵教育

天賦往往只是一粒種子，而鼓勵則是陽光，它為孩子們提供營養和成長的方向，給他們機會生根發芽，茁壯成長。《孩子的挑戰》（*Children: The Challenge?*）一書的作者魯道夫・德瑞克斯說：「兒童需要鼓勵，就像植物需要水一樣。沒有鼓勵，兒童的人格就無法健康發展，兒童也沒有歸屬感。」鼓勵可以激發孩子的勇氣，增強孩子內心的力量。父母也許懂得欣賞教育，通常對孩子說得最多的話就是「你很棒，你是一個聽話的孩子，你是一個聰明的孩子」，但這些語言是空洞的，如果我們必須對它們進行分類，它們更接近於讚美和標籤。讚美就像糖果，如果我們吃得太多，就會引發蛀牙，而貼標籤會給孩子帶來壓力。一開始，孩子會自滿，當父母說太多這些空洞的話的時候，孩子會感到不舒服和沮喪。而鼓勵就是關注孩子正向的一面，看到孩子的具體行為，關注孩子的努力過程而不是結果，並以尊重和欣賞的態度對待它。鼓勵的長期影響是讓孩子變得自信和學會依靠自己的力量，是一種內在的指引。

## 三、堅持陪伴教育

戰國時期著名的思想家孟子從小就對學習很感興趣，而且學得很快。然而，隨著時間的推移，他開始經常逃學，變得不再喜歡讀書，孟母得知孟子的變化後非常生氣。有一天，孟母在教育孟子的時候，拿起剪刀把面前織布機上的布剪斷了。孟子心疼地說：「母親，這塊布都快織好了，您這是何苦啊？」孟母語重心長地說：「不管你的學習天賦有多高，如果不勤奮努力，就會像這剪斷的布一樣，功虧一簣。」、「斷織喻學」在孟子的心裡留下了深刻的印象，之後，孟子刻苦學習，最終成為歷史上的儒學大師。

人如果不堅持，沒有毅力，一切天賦都會歸零。

## 第三節　優勢事件的四大象徵

### 一、什麼是優勢事件

　　管理學大師彼得‧杜拉克曾經說，優秀的管理者以優勢為基礎——不管是自身的優勢，還是上級、同事及下屬的優勢，同時還以環境的優勢為基礎。經調查研究，當一個人無法專注在自己的優勢領域工作時，全身心投入工作的可能性會降低50％，不僅工作會受影響，個人健康和人際關係也將會受到嚴重影響。實際上，優勢並沒有那麼難以獲得，每個人都有獨一無二的優勢。蓋洛普公司（Gallup）的優勢辨識器測試報告告訴我們：你不可能成為你想成為的其他任何人，但你可以成為獨一無二的自己。每個人的基因、成長環境不同，在資源、能力和才幹上也一定會有與眾不同之處，但關鍵在於我們是否有一雙善於發現優勢的眼睛。

　　尋找自己的優勢所在，就是從記錄生活中的優勢事件開始。

　　優勢理論的創始人馬克斯‧巴金漢（Marcus Buckingham）認為，優勢事件就是那些讓你感到自身很強大的事情，它不僅是你擅長的，還能帶給你動力。優勢事件的背後其實是我們在不斷地運用我們的核心才幹，再結合特定的知識和技能，最終建構出讓我們感覺自身很強大的優勢。因而發現我們最核心和最穩定的才幹是發現優勢的關鍵。

### 二、優勢訊號的 SIGN 模型

　　發現優勢的過程是雙向的：一方面需要向內挖掘自我，另一方面需要向外尋求回饋。馬克斯‧巴金漢提出優勢訊號的SIGN模型，分別是成功、事前渴望、過程投入與事後滿足。S代表Success（成功），I代表Instinct（渴望），G代表Grow（成長），N代表Needs（需求）。

第一，成功。你很擅長某件事，總是能獲得成功。每個人都有自己擅長的方面，能否在這些方面取得成功，是一種效能期待，這在心理學上叫作自我效能感，表現為對某些事總能輕易做得很好，取得好成績，擁有高聲望。在哪些事情上，你覺得自己不用努力就能比別人做得更快、更好，而且很容易從別人那裡得到正向的回饋？這些事情通常會帶來一種自我效能感，讓自身感到很強大。

第二，事前渴望。在做事之前，內心總是很渴望，表現為被某類活動自然而然地吸引，總是情不自禁地想要嘗試，寧願放棄休假時間，也要去做。一家全球知名連鎖飯店想要招募一位餐廳管理人員。一位年輕的求職者來到應徵地點，他的履歷看起來不錯，但不是面試者中最好的，應徵人員讓他回去等通知。就在他轉身離開酒店大廳時，他看到旁邊桌子上的花瓶位置擺放不太正確，所以他忍不住就把花瓶移到了正確的位置。這一舉動恰好引起了應徵人員的注意，最終，飯店把這個工作機會給了這位年輕人。很多時候，自身的優勢就藏在「忍不住」的時刻裡，所以我們要在生活中保持覺察，傾聽內心的聲音，並且開始投入，從而不斷地累積技能和資源。

第三，過程投入。在做這件事的過程中很投入，有心流經驗，總是非常專注，完全感受不到時間的流逝。有的時候你是否發現自己學習技能的速度比別人快？能夠更快地掌握要點？或者本能地知道該做什麼？如果是，那要恭喜你自己，你在這個領域有強大的天賦和優勢。第四，事後滿足。事情做完後，能夠帶給我們成就感和滿足感。

以SIGN模式中的四種條件為線索，記錄優勢覺察日記，我們可以由此發現和辨別自身的優勢事件，挖掘出背後的才幹。SIGN模式中符合的條件越多，越有機會發展成優勢。

## 三、優勢事件經驗

當經驗優勢事件的時候，有人說那就像呼吸一樣自然。歐普拉·溫芙蕾（Oprah Winfrey）最開始的職業是一名新聞播音員，但她並不擅長，因為她的人格一點也不穩重，並且過於情緒化。後來她又嘗試做訪談類的節目，雖然廣受歡迎，但她依然不喜歡。當她最終做了自己的脫口秀節目時，她的不穩重、情緒化反倒成為優勢，她說脫口秀對她而言就像呼吸一樣自然。

在日常生活中，你有沒有遇到一些讓自己覺得「像呼吸一樣自然」、「這件事情就是自己的回報」的事情？如果有，那麼恭喜你，這背後可能就是你的才能與優勢。如果你至今都還沒有遇到這樣的事情，原因可能有兩種。第一，是時機未到。就像77歲才開始畫畫的摩西奶奶（Grandma Moses）一樣，一次偶然的疾病讓她開始畫畫，從此一舉成名。也許你生命中的優勢事件還沒有來到，你需要靜靜等待或者積極探索。第二，可能是因為你「活得太安全」。活得太過安全的人很少嘗試，很少主動學習，也很少在過程中獲得過快樂，因為他們要看到結果才會去做事。

## 第四節　如何用優勢管理弱點

## 一、什麼是弱點

弱點就是阻礙你達成目標的因素，在職場，弱點就是阻礙你實現工作目標的因素。弱點既可以表現在知識技能的短缺上，也可以表現在才乾的短缺上。很多人容易陷入一個失誤，認為弱點就是那些我們不擅長的領域，其實不然，我們不擅長的領域太多了，但是大多數不需要我們擔心。

生活就像是一艘船，優勢就像是船上的帆，劣勢就像是船上的洞。沒有帆的船隻能隨波逐流，只有充分發揮優勢和優點，這艘船才能在海上起航和乘風破浪。缺點相當於船上的洞，但洞也可分為致命性的洞（底部和船身上的孔）和非致命性的洞（船舷上的孔）。那些致命性的洞需要修補，而非致命性的洞往往只需要忽略。

正向心理學關於弱點有兩個觀點。第一，弱點（注：本章所述的弱點排除違背道德、違反法律這類傷害性行為習慣）常常是優勢的另一種表達。在一種情境中作為優點出現的特質，很可能在另一種情境中成了弱點。第二，每個人身上都存在弱點，十全十美的人是不存在的。同時，人的時間、精力有限，因此，想改變所有的弱點也是不可能的。對於自己身上的一些弱點，教育者需要幫助學生接納自己：「我是個不完美的人，我有缺點，我會努力改正一些弱點，即使沒能全部改正，我依然是可愛的，我是值得獲得幸福的人。」

其實，優勢與劣勢在一定程度上是可以相互轉化的。應用正向心理學中心執行長表示：「只有在充分利用優勢的基礎上，我們才能克服劣勢，最終取得成功。」我們要培養孩子用優勢的視角面對弱點。

☺ 不和弱點硬碰硬，而是藉助優勢的力量；

☺ 不和自己硬碰硬，而是尋求外界的支持；

☺ 不是什麼都要，而是學會放手與聚焦。

想像一下，一位銷售專家從事財務工作，一位線上作家成為一名歌手，會是什麼樣的結果？做你不擅長和不喜歡的事是違反自然的，你會感到不舒服，而且會事倍功半。因此，每個人都有缺點，每個人也都有優勢，與其每日盯著缺點，倒不如盡情發揮自己的優勢。

## 二、學會用優勢來管理弱點

　　每個人都不可能沒有弱點，但可以用優勢來管理自己的弱點。有三種方法可以將我們的優勢應用到劣勢場景中。第一，優勢充電。利用我們的優勢為劣勢任務消耗的能量充電，例如，鍛鍊、聽音樂、學習、與朋友聊天、閱讀和寫作。用優勢把不喜歡做的事變成喜歡做的事。第二，找到合作夥伴。學會和他們合作，進行優勢對話。找到一個人，可以是身邊之人，對此人進行分析判斷，總結他的突出優勢與美德，也可以設計一個共同的專案，既能發揮自己的優勢，也能夠發揮別人的優勢。兩個人取長補短，共同進步。第三，學會放手，找到適合你的細分領域。

　　也許有人會問：「我現在的工作好像並沒有發揮出我的優勢，那我就不做這份工作了嗎？」不是這樣的，在現有的工作中，也可以積極探尋「甜蜜點」。探尋甜蜜點，需要經歷三個步驟。

　　第一步，充分發揮你的優勢。列出你所擅長的事，想想自己在做什麼事時一學就會，滿足感很強。

　　第二步，找到讓你有熱情的部分。列出什麼樣的人和事情是你所熱愛的。如果你不知道你所熱愛的領域，可以藉助一些測評工具（如霍蘭德職業傾向測試、DISC測驗、MBTI測驗）了解自己，也可以列出自己喜歡的、想做的30件事情。

　　第三步，積極主動地創造價值。試著解讀一下與你有關的時代趨勢，想想你能滿足哪種社會需求。

　　透過以上三個方面的逐條盤點，你會無限接近甜蜜點。這個甜蜜點可能是一項事業、一種職業、一類職位，也可能是一種狀態。一旦你找到甜蜜點，你就會很強烈地感受到自己的存在，因為你的甜蜜點裡藏著你所有的激情和正能量，讓你不僅在職場上勇往直前，也能面對複雜的生活。

總之，天賦不是天才的專屬，人人都有天賦。每個人都有獨特的才能，每個人最大的成長空間在於其最強的優勢領域，每個人的最大空間不是彌補短板，而是把天賦發揮到極致。

## 小結

每個人都有與生俱來的優勢與劣勢，揚長避短，肯定自己，發現優勢，實現蓬勃向上的人生。

## 自我分析

1. 想想你是否在學習、工作和喜好中發揮了個人優勢？
2. 你怎麼理解揚長避短是生活幸福和成功的重要因素？

## 推薦閱讀

《更快樂：哈佛最受歡迎的一堂課》(*Happier: Learn the Secrets to Daily Joy and Lasting Fulfillment*) 塔爾‧班夏哈 (Tal Ben-Sha-har)

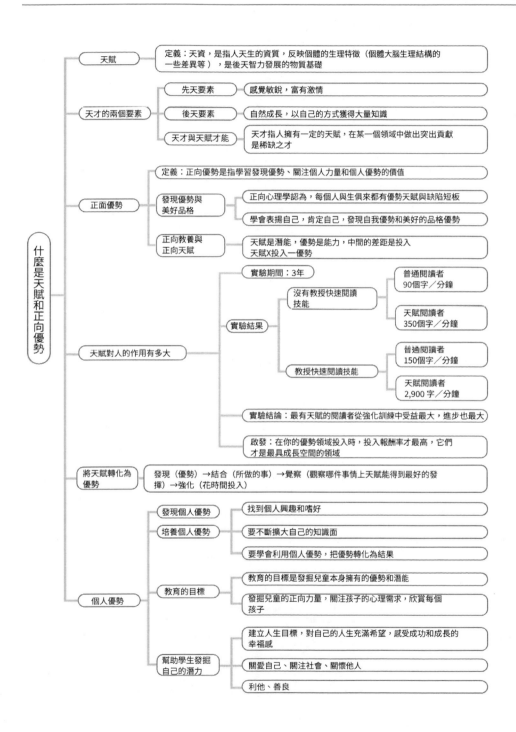

什麼是天賦和正向優勢

- 天賦
  - 定義：天資，是指人天生的資質，反映個體的生理特徵（個體大腦生理結構的一些差異等），是後天智力發展的物質基礎

- 天才的兩個要素
  - 先天要素 —— 感覺敏銳，富有激情
  - 後天要素 —— 自然成長，以自己的方式獲得大量知識
  - 天才與天賦才能 —— 天才指人擁有一定的天賦，在某一個領域中做出突出貢獻是稀缺之才

- 正面優勢
  - 定義：正向優勢是指學習發現優勢、關注個人力量和個人優勢的價值
  - 發現優勢與美好品格
    - 正向心理學認為，每個人與生俱來都有優勢天賦與缺陷短板
    - 學會表揚自己，肯定自己，發現自我優勢和美好的品格優勢
  - 正向教養與正向天賦 —— 天賦是潛能，優勢是能力，中間的差距是投入　天賦X投入一優勢

- 天賦對人的作用有多大
  - 實驗期間：3年
  - 實驗結果
    - 沒有教授快速閱讀技能
      - 普通閱讀者 90個字／分鐘
      - 天賦閱讀者 350個字／分鐘
    - 教授快速閱讀技能
      - 普通閱讀者 150個字／分鐘
      - 天賦閱讀者 2,900 字／分鐘
  - 實驗結論：最有天賦的閱讀者從強化訓練中受益最大，進步也最大
  - 啟發：在你的優勢領域投入時，投入報酬率才最高，它們才是最具成長空間的領域

- 將天賦轉為優勢
  - 發現（優勢）→結合（所做的事）→覺察（觀察哪件事情上天賦能得到最好的發揮）→強化（花時間投入）

- 個人優勢
  - 發現個人優勢 —— 找到個人興趣和嗜好
  - 培養個人優勢
    - 要不斷擴大自己的知識面
    - 要學會利用個人優勢，把優勢轉為結果
  - 教育的目標
    - 教育的目標是發掘兒童本身擁有的優勢和潛能
    - 發掘兒童的正向力量，關注孩子的心理需求，欣賞每個孩子
  - 幫助學生發掘自己的潛力
    - 建立人生目標，對自己的人生充滿希望，感受成功和成長的幸福感
    - 關愛自己、關注社會、關懷他人
    - 利他、善良

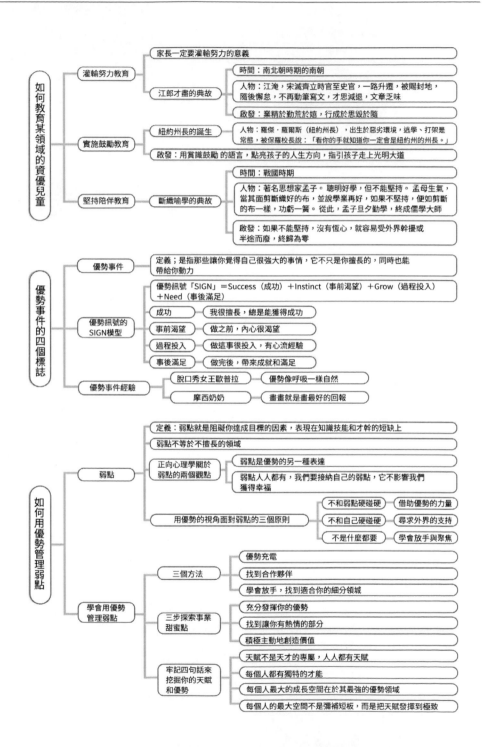

# 第十一章　正向自尊：修養

　　自尊的本質是相信自己，相信自己有能力、有權利過上幸福快樂的
生活。

## 第一節　自尊的意義與主要觀點

### 一、什麼是自尊

　　當我們堅持某個觀點或行為時，有時候會被人貼上「自尊心太強」的標籤。當我們看到一個非常謙虛、慷慨、善待他人的人時，我們會評價說這個人有著很高的自尊。對於自尊時而褒義時而貶義的運用，讓我們對「自尊」這個概念總有些矛盾的看法。英國心理學家Melanie Fennell在《*Overcoming Low Self-Esteem*》中定義了自尊：個人看待自己的方式、看法、價值。全世界自尊運動的先驅及哲學家納撒尼爾‧布蘭登（Nathniel Branden）定義自尊：自尊的本質是相信自己，相信自己有能力、有權利過上幸福快樂的生活。

　　自尊就是自我尊重，就是不向他人卑躬屈膝，同時，自尊也展現在不允許他人不尊重自己，即不允許他人歧視和侮辱自己。自尊與自信在一定程度上是相似的，自尊心在正常範圍內的高表達就表現出一個人的自信。自尊是一種健康良好的心理狀態，它是個體對社會角色進行自我評價的結果。自信是一個人對自己力量的信心，是相信自己能夠在某件事上取得成功，在追求目標的過程中保持信念。自信的人可以客觀地看待自己，總結出自己的優點和缺點。而自尊過高則成了自負，自尊過低則成了自卑。自負的人往往高估自己，認為自己比他人都要更優秀，看不起別人。自卑的人往往低估自己，認為自己比他人都要差勁，即使他們能做好某件事，也不敢輕易嘗試，沒有自信心。自卑和自負處於一種以自我為中心的狀態，這種狀態影響人際關係，最終都會讓人遠離成功。

　　研究顯示，自尊的程度對於我們生活的各個方面都有著深刻的影響。自卑的人通常有兩種形象：一種是自傷的行為或態度，表現出自棄、自

憐、自卑等，甚至可能放棄生命；另一種是自戀的行為或態度，表現出冷漠、敵對、攻擊、不負責任、報復社會等行為。

## 二、自尊的意義

自尊很重要，因為它展示了我們看待自己的方式和個人價值感。自尊有許多現實意義。

首先，自尊的人知道如何尊重他人，不尊重他人的人無法贏得他人的尊重。人本主義心理學家卡爾·羅傑斯（Carl Rogers）認為，許多人的問題根源在於他們鄙視自己，認為自己一文不值，無法被愛。這就是羅傑斯認為無條件接受來訪者很重要的原因。人本主義心理學將自尊作為每個人不可剝奪的權利：「僅憑事實，每個人都應無條件地尊重所有人。他應該得到自己的尊重和他人的尊重。」

其次，尊重他人有助於更好地了解自己。俗話說：「當局者迷，旁觀者清。」在認識自己的過程中，由於知識和經驗的限制，經常會出現盲點和誤解，而只有藉助他人的善意提醒或者直白的袒露才會讓我們認清自己，不斷增強自己的力量，成為一個有尊嚴、有價值的人。

再次，自尊能增強人們在面對生活逆境時的抗壓性，對身體健康有益。自尊也可以等同為一種自我肯定。有自尊的人即使面對逆境、困難，也不會過度否認自己，而是積極尋找自己的價值感。缺乏自尊會增加患憂鬱症的機率。一個有較強自尊心的人，在面對困難的時候會有「我一定能解決問題」的信心，同時，在任何情況下都會知道自己被周圍的人認可和接受。長期生活在低評價環境中的兒童，自我評價低，缺乏自尊。此外，如果成年人過於關注兒童行為的結果而忽視兒童努力的過程，也會對兒童自尊的獲得產生負面影響。

最後，自尊可以增強自己的力量，有利於建立豐富的人際關係並避免破壞性的人際關係，有利於提升幸福感，激發人們更好地發揮創造力。

## 三、自尊的三個主要觀點

### ■ 觀點一：自尊＝成功÷抱負

這個公式是由心理學先驅威廉・詹姆斯（William James）在《心理學原理》（*The principles of psychology*）一書中提出的。詹姆斯認為，自尊取決於成功和成功對個人的重要性（抱負）。增加成功的經驗或者減少對於成功的期待都可以獲得自尊。

### ■ 觀點二：自尊＝自我抱負×社會尊重

自尊包括兩方面的尊重，一是自我尊重，二是希望別人尊重自己。具體來說，自尊展現在兩個方面：一方面，自尊和自愛（自我抱負）；另一方面，期望他人、集體和社會給予相應的尊重。

### ■ 觀點三：自尊來自自尊需求

自尊來自自尊需求，包括兩個方面：一是對成就、優勢和自信的渴望，二是對聲譽、支配地位和欣賞的渴望。該觀點認為個體要有對自尊的需求，才會擁有自尊，而自尊的需求都與個體的外部環境有關，包括對自我歸屬感、安全感、成就感等的需求。

## 第二節　自尊的三個層次

從心理學的角度來說，自尊是對自我的評價性和情感性經驗。有學者提出，自尊心包括兩個基本維度，即個體在應對生活挑戰時的能力和價值

狀態。基於這兩個維度，自尊由低向高分為三種類別：依賴型自尊、獨立型自尊和無條件自尊。

## 一、依賴型自尊

　　從價值感的角度來說，所謂依賴型自尊，是指透過別人的肯定和表揚產生自尊，屬於一種低自尊的狀態。依賴型自尊的人渴望他人的讚揚。比如：演講的時候，觀眾的反應很強烈，演講者就會很高興；如果觀眾沒有反應，演講者就會覺得無聊，甚至難過。再如，一位家庭主婦做了一桌菜，如果大家都說好吃，她就很高興，大家都說不好吃，她就悲傷，這就屬於依賴型自尊。高自尊的人遇到負面評價時也會有悲傷和失望的感覺，但不會感到羞恥和恥辱，不會影響對自己的整體看法。正向心理學認為，高自尊的人在面對他人的評價的時候，並不會真正影響其自我價值。而依賴型自尊（低自尊）的人遇到負面評價時更多地感到悲傷、不悅，或者憤怒、沮喪，會十分羞恥，覺得自己沒用，不受人喜歡，行動上會退縮，自我價值感降低。

　　從能力感的角度來說，依賴型自尊的人的能力感是透過與他人比較獲得的。如果自己優於他人，則感覺良好，反之，則自我能力評價低。例如，若一個學校尤其注重分數排名，家長經常拿自己的孩子與他人比較，孩子長大後就可能發展成依賴型自尊人格，即有較低的自尊。

## 二、獨立型自尊

　　從價值感的角度來說，獨立型自尊的人的自我價值來源於其內心。他們在接納他人意見的同時，自己主導自己的人生。比如，一位家庭主婦做菜，她會與從前的自己比較，做的菜是不是比以前更好吃。如果是，她會

很開心；如果不是，她會很沮喪。獨立型自尊的人很少在意別人對自己的評價，他們根據自己的感受來決定自己的價值和能力。獨立型自尊的人的主要原動力是自己想追求的目標。

從能力感的角度來說，依賴型自尊的人容易受他人言行的影響，會想要透過機械性的工作得到他人的肯定和稱讚。獨立型自尊的人能夠判斷自我能力，其能力感來源於自己的進步和發展，他們喜歡跳出固定的模式、迂腐的老路，選擇走別人沒有走的路去創造。

## 三、無條件自尊

無條件自尊使個人處於安定的狀態，不依賴他人的看法，也不注重自己的評價。在能力感上，他們不與他人比較，也不與自己比較，而是處於某種狀態，與他人互相依賴，同時又各自獨立。比如，一位家庭主婦做菜，她既不重視他人評價，也不進行自我評價，僅僅就是想做菜，喜歡做菜，她能從中獲得樂趣與滿足。

無條件自尊型人格用古聖賢人的話來說就是「無我」或「無我執」，英文翻譯成「detachment」。這類人的獨立與依賴不相互衝突，而是自由轉換，怡然自得。當我們無條件接納自己時，我們的大腦會更清晰，我們更能從我們擁有的事物中感受到喜悅。我們能夠活在當下，欣賞事物原本的樣子。面對他人的評價時，不再敏感解讀，我們與他人的關係更加和諧。我們將變得更加關心他人，更加慈悲，對他人有更多的同理心。我們全然地與他人、周圍成為一體。

每個人的自尊發展都經歷了依賴型自尊、獨立型自尊、無條件自尊這三個階段，自尊的程度從低發展到高。自尊發展的第一階段是依賴型自尊，自尊依賴他人獲得；第二階段是獨立型自尊，這時候可以比較客觀地

發現、理解自己與周圍世界；第三階段是無條件自尊，這是一種接近「聖人」的狀態，也是自尊的最高境界。自尊的培養過程其實是自我成長、自我實現的過程。

剛出生的時候，我們沒有自尊心，過了幾年，我們就透過別人的看法開始了解自己。然後，我們開始有自己的意識，可以和以前的自己比較。最後，如果獨立型自尊很強，我們就會進入自然存在階段。很多人到了50歲後，才不會再追求別人的肯定，而是讓別人理解自己。著名心理學家馬斯洛說，45～50歲是實現自我的最佳階段。但是，這並不意味著要擺脫依賴型自尊，別人誇獎我們的時候我們高興，別人否定我們的時候我們傷心，這是人之常情，是人性中的一部分。

## 第三節　高自尊和低自尊

### 一、什麼是高自尊

自尊高的人，在行動與態度上更加主動，較其他人而言，更加樂觀，也更容易感受到快樂，幸福指數較高。高自尊者關注自己的優勢，尋找機會發揮優勢，最終提升自我；而低自尊者則傾向於找出自己的缺點並加以糾正，避免失敗。自尊心強的人有良好的自我認同感，有足夠的安心感，可以承認與發現自己的優點，也能接受自己的弱點，表現為高價值感、高能力。

除了高自尊與低自尊以外，還有防衛型自尊。這樣的人在很多情境下與高自尊者表現一樣，但在弱點受到挑戰時，就會出現與高自尊者不同的表現。其一，自尊與能力感低、價值感高有關，這類防衛型自尊者對批評

極其敏感，他們覺得自己沒有能力或者能力不足。為排除這個焦慮，他們就自我吹捧或者批評指責他人。其二，自尊與能力感高、價值感低有關。這類防衛型自尊者對質疑自己價值的批評極其敏感，因為他們在內心深處覺得自己沒有多大價值，他們會焦慮。為了排除這種焦慮，他們就會全身心地投入工作，去取得一系列傑出成就。當感覺自身價值受到威脅時，他們就會出現恃強凌弱或不當攻擊等行為。

高自尊者無論在心理上還是在社會適應方面都會更為健康。一方面，自尊心強的人，心理健康程度高，心理抵抗能力和應對困難的能力強。對於焦慮、憂鬱、不可避免的困境，他們可以更好地應對，從而改善人際關係。自尊心強的人可以很容易地消除衝突，迅速恢復心理平衡，保持心理協調和健康。另一方面，高自尊的人對自己很滿意，很自信，在生活和工作中都表現出了社會所期待的良好形象。高自尊還與利社會行為（旨在造福他人的行為，具有慷慨和移情等特質）、靈活性和正向的家庭關係有關。事實上，一項研究發現，自尊更高、與家人關係更親密的大學生在學校更成功，更能適應新環境。

## 二、什麼是低自尊

如果我們過去的經驗整體上都是負面的，那麼我們對自我的評價也可能是負面的，因此，自尊的高低與過去成功與否的經驗是密切相關的。低自尊者往往是過去失敗經驗過多，對自己的能力與價值有負面的信念，不相信自己的價值。低自尊者在思想上過度重視自己的弱點和缺陷，無視優越性。他們經常自我批評、自我譴責、自我懷疑，對人際關係、社會過分敏感。低自尊者在個人社會教育和職業方面適應不良，有心理健康問題，比如壓抑、焦慮、進食障礙，很難建立和維持穩定的情感。

低自尊者的負面自我信念展現在想法、動作、情緒、行為、身體狀態等多個方面。在行為上，低自尊者把「對不起」掛在嘴邊，無法表達自己的合理需求，總是避免挑戰和機會。在情緒情感上，低自尊者往往表現出悲傷、焦慮、罪惡感、憤怒、沮喪等負向情緒。在肢體動作上，低自尊者往往會低著頭、駝著背，避免與他人有過多的眼神接觸，說話極為小聲等。在身體狀態上，低自尊者會經常出現身體不適，包括疲勞、噁心、疼痛、緊張等。

## 三、如何提升低自尊

| 低自尊 | 高自尊 |
| --- | --- |
| 我想要被愛 | 我正被自己和他人所愛 |
| 應對姿態：不一致<br>我將做任何事情（討好）<br>我要讓你感到內疚（責備）<br>我要從現實中分離出來（超理智）<br>我要否定現實（打岔） | 應對姿態：一致<br>我會做最適合的事情<br>我尊重我們的差異性<br>你我都是整體當中的一部分<br>我接納所處的環境 |
| 僵化的<br>評價性的 | 的確的<br>掌權的<br>自信的 |
| 負向反應 | 正向回應 |
| 有家庭規則，被「應該」所驅使 | 能夠意識到多種選擇和責任 |
| 透過外部定義<br>防禦<br>壓抑感受<br>停留在熟悉的環境中 | 接納自我和他人<br>信任<br>誠實<br>接納我們的感受、完整性和人性願意<br>為不熟悉的事物冒險 |
| 關注過去，希望維持現狀 | 關注現在，願意改變 |

低自尊心的狀態是可以改變的，因為低自尊者的負面自我評價只不過是一些看法，而不是事實，這些看法可以改變。有一些方法可以消除負面的自我評價，從而樹立更正向的自我信念，擺脫低自尊狀態。

第一，打破焦慮預期。低自尊者常常會感到一種不自然的焦慮。比如，某人要參加一次演講，感到有些焦慮、擔心，這屬於正常焦慮，但如果因為這次演講而擔心得一週都無法入睡，則是不健康的。再如，半夜突然醒來，會感到莫名其妙的焦躁，無緣無故在日常生活中會感到焦慮和恐懼，這通常是自尊心低下的表現。低自尊者往往對一件事的發展持悲觀的態度，認為會有不好的事情發生，高估事情的嚴重性，低估自己的應對能力，因此，低自尊者要嘗試對焦慮的狀況提出疑問，不能將其作為事實接受，必須找到可以擺脫焦慮的替代想法。

第二，提高自我接納。低自尊者往往只看到自己曾經的失敗，認為自己一無是處，因此，低自尊者可以試著記錄自己的優點，不論大小，記錄的時候要在優點之後附上詳細的範例。例如，自己很勤奮，這個假期學習了很多新技能。每當感到挫敗、自責、愧疚、無助時，就拿出這個記事本，你將會發現自己能夠做到很多屬害的事情，自己是有能力的，從這些記錄中獲得支持和力量。

第三，建立自我價值。當我們察覺到自己偶爾會出現低自尊、不自信、沒有力量的狀態時，要記得以下兩點。

一是言出必行，言出必準。言出必行就是指生活中的每一件事情都要「說到做到」，如果做不到，就不要說出來；如果說出來，卻沒有做到，就要主動為此承擔責任。言出必準就是指沒有把握的事情就不要做出承諾，你所說的和你內心的認知感覺一致。

二是有所不為，有所必為。一件事情如果符合三贏標準：你好，我

好，世界好，就不妨做一做。反過來說，如果做一件事情，沒有明顯的好處，僅僅是因為好奇或者衝動，對自己或者他人有可能帶來傷害，就不要做。

提升自尊心需要時間來不斷練習與實踐。在漫長的過程中狀態會反覆起伏，這時不要失望、灰心，要給自己時間。如果覺得自己克服不了，也可以適當尋求專家、朋友、家人的幫助。相信最終我們都會走出低自尊的深淵，用積極、樂觀的態度擁抱生活。

## 第四節　自尊的發展及影響因素

### 一、影響自尊的因素

自尊是自我意識的重要組成部分，自尊心的影響因素主要有以下四點。

第一，家庭。自尊是個體社會化的一個重要方面，兒童接受社會化教育的起點就是家庭，比如習得道德規範、社會行為等。家庭中的幾個因素，如經濟收入、家庭結構和養育方式等，都將影響兒童自尊的發展和變化。

第二，行為回饋。對成功行為的回饋可以提高個人自尊，比如先把小事做成功，提高自尊心，接下來，逐步適當增加難度。

第三，發展優勢，避免劣勢。選擇適合你並能取得成功的活動有助於增強自尊。生活中，有些人常常能力不足，卻選擇去做超出自己能力範圍的事情，這樣很容易受挫，以至於鬱鬱不得志，打擊了自尊，也喪失了興趣。所以，平日不要好高騖遠，從一些力所能及的事情做起，再慢慢增加難度。

第四，進行正確的社會比較。在社會比較中，相似性比較是非常重要的原則。根據相似性原則，選擇與自己具有相似地位、經濟狀況的人進行比較，才能把自己放在正確的位置，並提高自尊。

## 二、自尊發展及影響因素

自尊是個體成長過程中的重要組成部分，家庭和早期經驗、學校和同伴關係、社會支持、身體意象及評價等因素都會對個體自尊的發展產生重要影響。

第一，家庭和早期經驗。父母的一些行為有助於培養孩子的自尊。例如：對孩子友善，對孩子的活動表現出興趣，接受和參與孩子的活動等；父母對孩子的要求是一致的；尊重孩子，給予自由；用道理和事實勸說孩子，而不是用暴力體罰等。

第二，學校和同伴關係。兒童進入學齡階段後，學校對兒童的自尊有著越來越顯著的影響，兒童的自尊與老師、同伴緊密地連繫在一起。教師的關心、鼓勵、表揚和嚴格要求將促進兒童自尊的發展。同時，教師不當的教育態度也會嚴重傷害兒童的自尊。此外，兒童在與同伴的交往中若受到同伴的歡迎，形成肯定自我的評價，其自尊水準也相對較高。

第三，社會支持。自尊是在特定的社會環境中產生的，社會性因素是自尊形成與發展不可避免的因素。社會支持是指個體生活中的來自外部（包括家人、朋友、社會）的支持，包括經濟與情感支持。研究顯示，社會支持高的個體會表現出高自尊，有更多的資源來應對困難。

第四，身體意象及評價。美麗的容貌和苗條的身材確實會在一定程度上提高自尊水準。身體意象及評價是自我認識的重要組成部分，青少年的自我評價首先與是否滿足於自己的外表相關。

## 三、影響兒童自尊的因素

自尊高低與人的心理健康水準直接相關，同時，自尊也是兒童發展健康人格的必要因素之一，對兒童的認知、感情、情緒、動機與社會行為有著重要影響。對孩子來說，影響自尊心發展的因素主要有以下幾點。

## 1. 父母的教養方式

父母的教養方式是家庭因素中最能影響兒童自尊發展的因素，它不僅影響自尊的整體水準，也影響自尊各方面的發展。高自尊兒童的父母的教養方式有四個特點：第一，以溫暖、愛、正向的態度接受孩子的特點和需求，積極、熱心地參加孩子的活動，例如遊戲；第二，嚴格要求孩子，但不採取強制的方法；第三，給予孩子自由表達觀點的權利，讓孩子意識到自己也是家庭的一員，耐心聽取，適當接受孩了的意見；第四，以身作則，為孩子的成長、成才樹立榜樣。

## 2. 同伴關係

同伴關係包括友情、集體關係等。建立朋友間的友情關係，被集體接受、尊重是自尊心的兩大因素。與朋友、集體之間建立的親密感有利於幫助孩子建立健康的依戀關係，增加社會支持，舒緩壓力，減少負向情緒。

## 3. 年齡特點

根據研究，自尊心在幼兒期萌芽，在學齡初期穩定，到了青春期明顯下降，又在成人期逐步上升，而到了成人後期會下降。自尊的穩定性與年齡的發展之間的關係呈倒U形：兒童階段自尊的穩定性最低，青年和成人階段自尊穩定性呈現不斷增加的趨勢，中年階段自尊穩定性達到最高峰，老年階段呈現逐漸下降的態勢。

　　鑒於青少年時期自尊水準明顯下降及其不穩定性，有一些策略可以提高青少年的自尊。從家庭與社會系統來看，第一，重視個人追求自尊心的過程中情緒性和動機性的結果；第二，透過行為介入與訓練來增強應對威脅自尊的處境的能力；第三，重視親密關係與社會支持的作用；第四，自尊要與現狀保持動態平衡，正向客觀地進行自我評價。從青少年自身來看，第一，知榮辱，不損害自己的人格；第二，摒棄虛榮心，正確對待自己的缺點；第三，虛心接受他人的批評，不斷進步；第四，關心他人，維護集體，尊重他人。

## 小結

　　一個人應該有自尊，應該用心保護自尊。自尊對一個人的心理生存至關重要。

## 自我分析

　　1. 你覺得自己屬於哪一種自尊類別？
　　2. 你善於肯定自己或他人嗎？

## 推薦閱讀

　　《輕鬆駕馭意志力》（*The Willpower Instinct*）凱莉・麥高尼格（Kelly McGonigal）

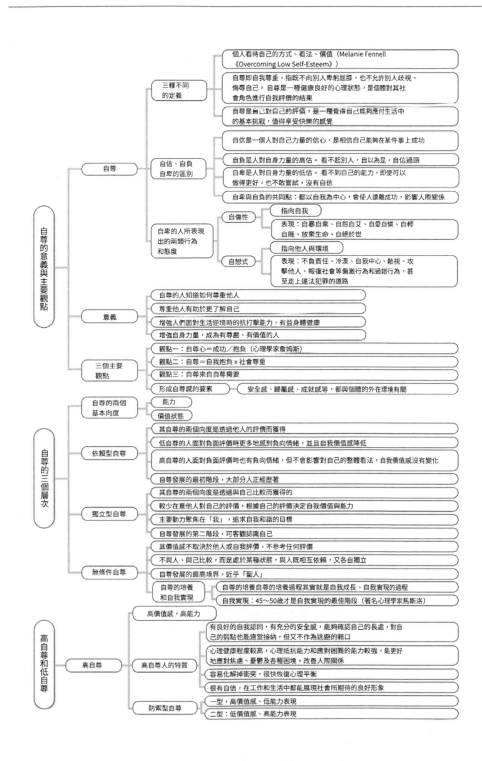

自尊的意義與主要觀點
├─ 自尊
│   ├─ 三種不同的定義
│   │   ├─ 個人看待自己的方式、看法、價值（Melanie Fennell《Overcoming Low Self-Esteem》）
│   │   ├─ 自尊即自我尊重，指既不向別人卑躬屈膝，也不允許別人歧視、侮辱自己。自尊是一種健康良好的心理狀態，是個體對其社會角色進行自我評價的結果
│   │   └─ 自尊是自己對自己的評價，是一種覺得自己能夠應付生活中的基本挑戰，值得享受快樂的感覺
│   ├─ 自信、自負自卑的區別
│   │   ├─ 自信是一個人對自己力量的信心，是相信自己能夠在某件事上成功
│   │   ├─ 自負是人對自身力量的高估。看不起別人，自以為是，自信過頭
│   │   ├─ 自卑是人對自身力量的低估。看不到自己的能力，即使可以做得更好，也不敢嘗試，沒有自信
│   │   └─ 自卑與自負的共同點：都以自我為中心，會使人遠離成功，影響人際關係
│   └─ 自卑的人所表現出的兩類行為和態度
│       ├─ 自傷性
│       │   ├─ 指向自我
│       │   └─ 表現：自暴自棄、自怨自艾、自愛自憐、自輕自賤、放棄生命、自絕於世
│       └─ 自戀式
│           ├─ 指向他人與環境
│           └─ 表現：不負責任、冷漠、自我中心、敵視、攻擊他人、報復社會等偏激行為和過錯行為，甚至走上違法犯罪的道路
├─ 意義
│   ├─ 自尊的人知道如何尊重他人
│   ├─ 尊重他人有助於更了解自己
│   ├─ 增強人們面對生活逆境時的抗打擊能力，有益身體健康
│   └─ 增強自身力量，成為有尊嚴、有價值的人
└─ 三個主要觀點
    ├─ 觀點一：自尊心＝成功/抱負（心理學家詹姆斯）
    ├─ 觀點二：自尊＝自我抱負 x 社會尊重
    ├─ 觀點三：自尊來自自尊需要
    └─ 形成自尊感的要素　安全感、歸屬感、成就感等，都與個體的外在環境有關

自尊的三個層次
├─ 自尊的兩個基本向度
│   ├─ 能力
│   └─ 價值狀態
├─ 依賴型自尊
│   ├─ 其自尊的兩個向度是透過他人的評價而獲得
│   ├─ 低自尊的人面對負面評價時更多地感到負向情緒，並且自我價值感降低
│   ├─ 高自尊的人面對負面評價時也有負向情緒，但不會影響對自己的整體看法，自我價值感沒有變化
│   └─ 自尊發展的最初階段，大部分人正經歷著
├─ 獨立型自尊
│   ├─ 其自尊的兩個向度是透過與自己比較而獲得的
│   ├─ 較少在意他人對自己的評價，根據自己的評價決定自我價值與能力
│   ├─ 主要動力聚焦在「我」，追求自我和諧的目標
│   └─ 自尊發展的第二階段，可客觀認識自己
└─ 無條件自尊
    ├─ 其價值感不取決於他人或自我評價，不參考任何評價
    ├─ 不與人、與己比較，而是處於某種狀態，與人既相互依賴，又各自獨立
    ├─ 自尊發展的最高境界，近乎「聖人」
    └─ 自尊的培養和自我實現
        ├─ 自尊的培養自尊的培養過程其實就是自我成長、自我實現的過程
        └─ 自我實現：45～50歲才是自我實現的最佳階段（著名心理學家馬斯洛）

高自尊和低自尊
└─ 高自尊
    ├─ 高價值感，高能力
    ├─ 高自尊人的特質
    │   ├─ 有良好的自我認同，有充分的安全感，能夠確認自己的長處，對自己的弱點也能適當接納，但又不作為逃避的藉口
    │   ├─ 心理健康程度較高，心理抵抗能力和應對困難的能力較強，能更好地應對焦慮、憂鬱及各種困境，改善人際關係
    │   ├─ 容易化解掉衝突，很快恢復心理平衡
    │   └─ 很有自信，在工作和生活中都能展現社會所期待的良好形象
    └─ 防禦型自尊
        ├─ 一型：高價值感、低能力表現
        └─ 二型：低價值感、高能力表現

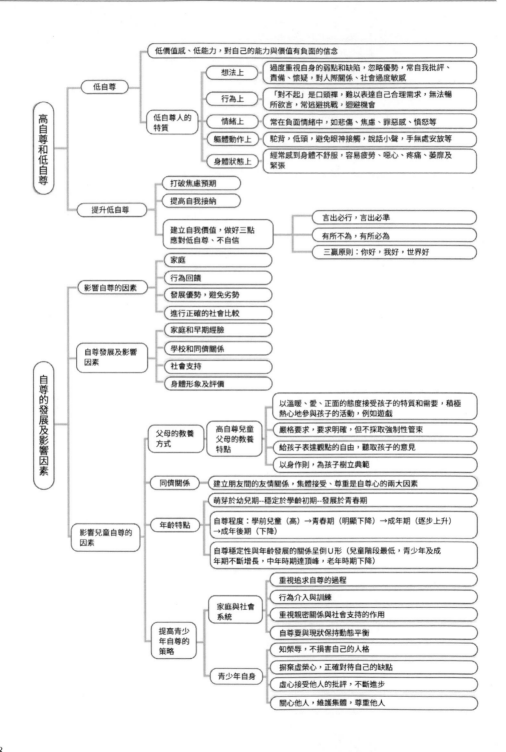

低自尊──低價值感、低能力，對自己的能力與價值有負面的信念

低自尊人的特質
- 想法上──過度重視自身的弱點和缺陷，忽略優勢，常自我批評、責備、懷疑，對人際關係、社會過度敏感
- 行為上──「對不起」是口頭禪，難以表達自己合理需求，無法暢所欲言，常逃避挑戰，迴避機會
- 情緒上──常在負面情緒中，如悲傷、焦慮、罪惡感、憤怒等
- 軀體動作上──駝背，低頭，避免眼神接觸，說話小聲，手無處安放等
- 身體狀態上──經常感到身體不舒服，容易疲勞、噁心、疼痛、萎靡及緊張

提升低自尊
- 打破焦慮預期
- 提高自我接納
- 建立自我價值，做好三點應對低自尊、不自信
  - 言出必行，言出必準
  - 有所不為，有所必為
  - 三贏原則：你好，我好，世界好

影響自尊的因素
- 家庭
- 行為回饋
- 發展優勢，避免劣勢
- 進行正確的社會比較

自尊發展及影響因素
- 家庭和早期經驗
- 學校和同儕關係
- 社會支持
- 身體形象及評價

影響兒童自尊的因素

父母的教養方式
- 高自尊兒童父母的教養特點
  - 以溫暖、愛、正面的態度接受孩子的特質和需要，積極熱心地參與孩子的活動，例如遊戲
  - 嚴格要求，要求明確，但不採取強制性管束
  - 給孩子表達觀點的自由，聽取孩子的意見
  - 以身作則，為孩子樹立典範

同儕關係──建立朋友間的友情關係，集體接受、尊重是自尊心的兩大因素

年齡特點
- 萌芽於幼兒期──穩定於學齡初期──發展於青春期
- 自尊程度：學前兒童（高）→青春期（明顯下降）→成年期（逐步上升）→成年後期（下降）
- 自尊穩定性與年齡發展的關係呈倒U形（兒童階段最低，青少年及成年期不斷增長，中年時期達頂峰，老年時期下降）

提高青少年自尊的策略

家庭與社會系統
- 重視追求自尊的過程
- 行為介入與訓練
- 重視親密關係與社會支持的作用
- 自尊要與現狀保持動態平衡

青少年自身
- 知榮辱，不損害自己的人格
- 摒棄虛榮心，正確對待自己的缺點
- 虛心接受他人的批評，不斷進步
- 關心他人，維護集體，尊重他人

高自尊和低自尊

自尊的發展及影響因素

# 第十二章　正向關係：愛商

良好的、親切的、互惠的、平等的和長久的人際關係是一個人幸福的
最好的預言師。

# 第一節　人際關係與幸福

## 一、我與人際關係

美國著名人際關係學者卡內基曾說，一個人的事業成功，只有11%是因為他的專業，80%都依賴於人際關係和處世方法。這充分說明了人際關係的重要性。人際關係是一種社會與心理關係，是指人與人之間的心理距離。在社會生活中，每個人的人際關係狀況都會對其產生重要的影響。

各種人際關係的健康發展都可以為個體帶來重大益處。首先，與愛人的關係帶來了親密感與自我認同。在與愛人的親密互動中，對方給自己的正向回饋讓自我認同感不斷提高，同時，我們可以不斷觀察自己的行為，透過對方看到自己身上的問題。其次，與親人的關係帶給我們親密的社會支持。社會支持通常是指社會各個方面向個人提供精神或物質幫助和支持的系統，包括父母和親屬。社會支持可以緩解個體的心理壓力，促進個體心理健康，減少焦慮、痛苦、憂鬱等負向情緒。再次，與朋友的關係帶來了信任和歸屬感。高品質的友誼總是能夠讓彼此互相欣賞和尊重，讓自己變得更有價值。最後，合作者帶來了雙贏與互惠。「獨木易折，三木成森」這句話告訴我們合作的真諦：無論一個人多麼優秀，他都會有一個短板，很容易被打破。個體只有與他人合作，才能最大限度地發揮自己的競爭力，實現雙贏。良好的、親切的、互惠的、平等的和長久的人際關係是一個人幸福的最好的預言師。

## 二、人際關係與幸福

人際關係對個人幸福、健康都有重要影響。將已婚人士與單身人士進行比較的研究發現，已婚人士活得更久，中風和心臟病發作的機率更小，

憂鬱的可能性更低，確診晚期癌症的可能性較小，在更長的時間記憶體活下來的可能性較高。研究人員發現，終生單身的人比已婚者在以後的生活中患老年痴呆症的可能性要高42％。

　　來自家庭的社會支持與一個人的幸福感、身體健康狀況、生活品質之間存在顯著的正相關關係。有關人際支持與健康的關係的研究較少，大部分研究者贊同兩者的關係可以用緩衝假說（buffering hypothesis）解釋：社會支持在壓力與健康之間造成了調節作用。人際支持緩衝了生活中的壓力、負面事件對個人健康的負向影響，間接改善了個體健康狀況。

　　友誼能夠發揮重要作用的前提不在於朋友的數量，而在於朋友的品質。友情是我們獲得快樂和支持的不可或缺的泉源，根據對年輕人的研究，36％的人認為友情是現在最親密的關係。如果朋友和愛人都在身邊是最美滿的狀況，但如果兩者只能選擇一個，朋友往往比配偶能夠帶來更多的快樂。

　　此外，研究顯示，真正有用的關係並不是人們想像中的經常見面、相互了解的強關係，而是平時連繫很少的弱關係。

## 三、人際關係之友情

　　友情是個體與個體之間的雙向（或交互作用）關係，是雙方共同促進的感情。友情的定義包含以下三點：友情是相對持久、穩定的關係；友情是個體與個體之間交互作用的關係；友情的基礎是信賴，特徵是親密性。兩個人能否成為好朋友不是因為對方的地位、金錢、身體狀況、成就等客觀條件，而是取決於朋友是否可靠、誠信、忠誠、樂觀、幽默、風趣。

　　友情對我們的健康和幸福都至關重要，促進友情有六個方法。

☺　加強交流，共同參與活動。好朋友之間不要因時間的流逝而失去連絡，除了交談之外還應時常一起參與活動，增進感情。

☺ 關心他人，相互幫助。每個人都會遭遇苦難，這時就更需要來自朋友的關心與幫助。能夠為你雪中送炭的人，一定是自己應該珍惜的真正的朋友。

☺ 學會讚美別人。友情需要讚美來維持，讚美是友情的膠水，讚美不僅能使老朋友更加緊密地團結起來，還能把彼此不認識的人連繫起來。

☺ 提升同理水準。理解朋友的情緒、想法，站在對方的角度思考問題，理解朋友的難處，這樣彼此才能真正成為推心置腹的好朋友。

☺ 包容與接納朋友的缺點。人與人在頻繁的接觸中難免會出現衝突，在這種情況下，大度與寬容可以為我們贏得良好的人際關係。

☺ 以正向態度和良好的應對策略來面對衝突。衝突是人際關係中不可避免的，不能讓朋友之間的小問題發展成大矛盾。要給予對方足夠的信賴，即使意見不統一，也要精心呵護友情。

## 第二節 和諧關係：愛與被愛的能力

### 一、親密關係

哈佛大學進行了一項追蹤研究，旨在探明人的一生中是什麼讓我們能夠保持健康和幸福的生活。75年間，哈佛大學心理學家追蹤了共計724位男性，得出的第一個結論是：決定人一生的健康與幸福的不是有沒有豪車、豪宅，不是銀行帳戶裡有多少存款，不是功成名就，不是取得了多大的權力與名望，不是天賦、智商有多高，而是是否有良好的人際關係，這才是讓一個人保持健康、快樂與幸福的關鍵所在。

這項研究的第二個重要結論是：在良好的人際關係中，造成決定性作

用的不是擁有的朋友的數量，而是親密關係的品質（這裡的親密關係泛指親情、友情和愛情）。而婚姻裡的親密關係又是最重要的核心關係，正向心理學之父塞利格曼對不同國家、不同階層的民眾展開了調查，即什麼因素能夠預測個人是否幸福。結果表明，比起工作、金錢、社會環境、地位、權利，婚姻是否令人滿意對一個人的幸福有著更大的影響。在塞利格曼的幸福理論裡，有五大支柱支撐著幸福，其中一大支柱就是關係。而良好的人際關係，尤其是高品質的親密關係，是其中最重要的支柱。

人類有一些基本需求，人本主義心理學家馬斯洛對人類的需求進行了歸類，提出了需求層次理論。最下層是生理需求，如水、空氣、睡眠等。第二層是安全需求，是人身安全與健康的保障。而第三層則是愛與歸屬的需求，人類有歸屬於一個集體的需求，這樣才更有利於生存和繁衍。歸屬感一定要有情感的連線，在工作中通常是以解決問題、達成目標為主要形式的合作，而能給人歸屬感的關係大多是與親密伴侶的關係，這是一種深入彼此內心的親密關係，包括接受、分享、依賴、信任、支持、承諾、愛和關懷。擁有一位真正值得愛、與你深深相愛的伴侶，將會使你更成功、更健康、更長壽、更幸福。

心理學家羅伯特·史坦伯格在1986年提出了愛情的三元論，認為愛情有三個核心要素：親密、激情、承諾。親密包括熱情、理解、交流、支持、共享等內容，激情主要是指對對方的性欲望，承諾意味著要積極地維持感情。真正的愛情，即完美式愛情，它組合了三個元素，代表著人們所嚮往的理想的愛情狀態。擁有完美式愛情的雙方能長期保持著良好、和諧的關係。他們一起解決了一系列的困難，享受了在一起的幸福時光。真正的完美式愛情是很少的，大多數存在於人們的想像之中。若激情隨時間流逝，感情將會變成伴侶式愛情。所以史坦伯格強調了將愛的元素轉化為實際行動的重要性。判斷一對夫妻的感情如何，一是看親密程度，二是看默

契程度，三是看彼此間的關愛程度。真正的親密是指兩個人之間有呼應，情感能量可以流動的狀態。而維繫親密關係的重要因素就包括積極分享、承諾、分擔、樂於付出、隨和、寬容等。

## ■ 二、親子關係

要建高樓，首先要打好牢固的地基。同樣，想要有效地教育孩子，首先必須構築和孩子建立親密關係的堅固基礎。在和孩子建立親密關係之前就想教育孩子的話，就像沒有打好地基的大樓，是極其危險的。親子關係有四個特徵：親子關係是最長、最普遍、最穩定的關係；親子之間在生活上有十分直接、密切的連繫與交互作用；親子關系是由血緣決定的，不能隨便選擇和改變；親子關係是否良好，是影響孩子人格形成與發展的要素。

幸福心理學建議建構父母共同培育孩子的正向模型，避開負向模型。

首先，夫妻關係應該親密無間，家庭氛圍和諧、樂觀。父母關係和諧，會讓孩子感受到更多的愛，孩子在探索自己和家人的關係時，會意識到父母之間才是最親近的，自己不是家庭的中心。孩子長大後，才有追求自己喜歡的人，建立自己的家庭的動機。

其次，父母教育理念和諧、一致。如果父母的家庭教育觀念不同，那麼，孩子再次遇到同樣的問題與情況的時候，就不知道自己該如何處理。因此，家庭教育的重要前提是教育觀點、方法等方面的一致性。

再次，父母雙方要以身作則，不斷成長，完善自己。父母是陪伴孩子一生的老師，家庭教育應排在首位，父母能以身作則，樹立榜樣尤為重要。良好的家庭氛圍對孩子的成長是一種正向力量。 最後，積極而有利的教養方式。例如，父母應該平等地和孩子交流，父母雙方要營造傾聽的

氛圍，及時關注孩子的精神世界，及時指導。此外，父母應該提高同理能力，多換位思考，從孩子的立場觀察、考慮問題。這樣的話，就可以真正走進孩子的內心，建立親密的親子關係。

親子關係是人一生中的第一個人際關係，這種關係模式會深深地烙印在孩子的心裡，成為其人生中一切人際關係的原型，尤其是較為親密的人際關係，如夫妻之間、戀人之間、朋友之間的相處模式都一直在重複親子關係模式。正向的親子關係對孩子的發展十分重要，利於培養孩子正向的人格與人格，如感恩、樂觀、友好、合作、創造、堅持、公正、寬容、幽默。正向親子關係追求親子間的雙向互動，並且把孩子放在主要位置。兒童發展心理學家尚・皮亞傑（Jean Piaget）認為，孩子的心理發展過程是孩子自我選擇、調節的過程，父母應發揮孩子的主導性，為孩子提供和諧、溫暖、豐富、有愛的環境，以幫助孩子成長。

## 第三節　愛情及正向關係

### 一、什麼是愛情和愛商

什麼是愛情？這是一個古老的話題。關於愛情，很多心理學家、哲學家給出了不同的定義。約翰・華生（John Watson）定義愛情是由於性刺激而產生的自然感情；埃里希・佛洛姆（Erich Fromm）主張愛情是克服孤獨感的持續感情；魯賓（Zick Rubin）── 愛情量化研究的先驅者，首次將態度引入愛情，愛情包括認知、感情、行為等因素。關於愛情的定義還沒有統一的說法，但愛情所包含的情感連結是每個人都無法否認的。愛情裡的美好情感連結帶給雙方力量，是每個人都嚮往的。

那麼，什麼是愛商呢？愛商首先是由美國心理學家提出的，是指愛的商數、智慧。最初，這個詞主要是指對戀愛關係和愛情的態度；到後來，愛商演變為個體處理夫妻關係、朋友關係、家人關係中的能力，具體包括個人理解愛、接受愛、表達愛的能力。愛商作為情商、智商的補充，是現代社會個體在追求幸福過程中不可缺少的重要能力。愛商就是要懂得關愛、理解、呵護別人，讓你的愛得到別人的認可，時間久了，別人就會願意和你交往。愛商也是社交的一門學問，提升愛商，才會創造屬於自己的真正幸福。

想要發展人際關係，人際吸引是其根本。只有在相互吸引的前提下，彼此的關係才有可能從普通關係發展為親密關係。親密關係包括朋友、戀人、夫婦、家人等，是每個人的生活中不可缺少的因素。人與人之間關係的發展需要經歷四個階段：第一，零接觸，雙方沒有任何關係，都不知道對方的存在；第二，知曉，雙方都知道彼此是誰，但是沒有直接接觸；第三，表面接觸，兩人開始交往，但這樣的交往是浮於表面的，沒有過多的感情介入；第四，共同關係，兩個人形成了親密關係，雙方開始互相依賴。

## 二、為什麼會愛上一個人

加拿大有一處風景名勝地 —— 卡布蘭諾大峽谷，1889年，峽谷上建了一座吊橋。橋寬5英呎，跨度450英呎，距地面230英呎。山風在峽谷之間呼嘯，吊橋飄搖，橋上的人腿腳發軟，覺得隨時都有可能掉進山谷裡。過了幾年，峽谷上游建了一座十分堅固的石橋，在這座木橋上，人們可以放鬆快樂地走完全程。1974年，英國哥倫比亞大學的心理學家唐納德·達頓（Donald Dutton）利用這兩座不同的橋進行了著名的心理實驗。他安排女助理在兩個橋頭等待過橋的男性，她要努力接近剛過橋的男性，讓

他們填寫一份簡單的調查表，留下自己的名字和電話。

　　後續，研究者給每一位男性打了電話，調查他們對於見到女助理的感覺。從回饋來看，走危險吊橋的男性相比於走堅固石橋的男性，普遍對女助手有更多的好感。達頓教授解釋實驗結果：我們的感情由兩種因素左右，一是生理反應，二是我們對自己生理反應的認知。顫抖著穿過危險的吊橋，男性感覺到呼吸急促，心跳加速，激素大量分泌，而這時一位優雅的女士出現在他面前，微笑著把手機號碼留給他時，他們會對這一瞬間心動不已，相信這一定是一見鍾情！由此可見，人類的愛既有高級的認知水準，也有本能的生理水準。

## 三、正向愛情與婚姻關係

　　史坦伯格認為，愛情有喜歡式、迷戀式、空洞式、浪漫式、伴侶式、愚蠢式與完美愛情，共七種類別。

- ☺ 喜歡式愛情。只有親密，沒有承諾和激情。雙方在一起時心情會很好，但是激情不夠，不一定想一輩子在一起。

- ☺ 迷戀式愛情。這種愛情裡沒有親密和承諾，只有激情。雙方都認為對方有很強的吸引力，但並不了解對方的靈魂與心理，也不會考慮未來。

- ☺ 空洞式愛情。雙方之間缺乏親密和激情，只有彼此的承諾，純粹為了結婚而結婚，類似於古代的指腹為婚。

- ☺ 浪漫式愛情。雙方之間有親密感和激情，沒有承諾。這種愛情倡導過程，並不在乎結果。

- ☺ 伴侶式愛情。雙方之間有親密和承諾，但缺乏激情，類似於空洞的愛。

☺ 愚蠢式愛情。雙方之間只有激情和承諾，沒有親密。沒有親密的激情只是一時的生理衝動，激情過了就只剩脆弱的承諾，就像一張空頭支票。

☺ 完美愛情。同時具備三個要素，即激情、承諾和親密。

史坦伯格認為，前六種都只是類愛情或非愛情，只有第七種才是真正意義上的愛情。激情、承諾和親密共築了愛情，其中任何一個要素缺失，都不能稱為愛情。史坦伯格把具備這三種要素的愛稱為完美愛情，為了構築安定的、持續的愛，戀愛雙方需要竭盡全力培養、保護愛情。但是，具備這三個要素並不意味著愛情就會變成現實，愛情需要更多的努力來調節這三個要素的關係。

## 第四節　影響正向關係的重要品格

正向關係（包括與配偶、子女、朋友的關係）是一種良好的人與人之間的狀態，是一種讓自己和他人都舒服和自如的關係。在正向關係中，彼此之間能相互理解、尊重、接納和包容，並透過交流來積極面對不和諧的因素，以此獲得改進和提高的契機。

### 一、利他與同理

生活中會有這樣的夫妻：丈夫喜歡看武打片，但妻子覺得武打片太無聊，不值得看；妻子喜歡吃海鮮，但丈夫無法忍受海鮮的腥味。然而，他們生活在一起時卻是非常和睦、幸福的。我們會感到不可思議，差異這麼巨大的雙方，是怎麼收穫幸福婚姻的？他們幸福的祕訣就是同理。它與同情不同，同情意味著憐憫；同理則意味著換位思考，站在別人的位置上考

慮事情。同情是一個人對他人的遭遇感到抱歉,同理是一個人能感受到對方的痛苦。

同理是一種情感能力,指能夠辨識、理解、感受他人的情緒、情感狀態、思想、意圖,對此做出適當反應,並感同身受的能力。比如當人們感覺到他人的情緒,會引發情緒共鳴,從而明確他人的處境和心緒,促使他人消除困擾。

心理學家認為,同理能力不僅是心理師要具備的必要特質,也是每一個人都需要具備的能力。擁有了良好的同理能力,個人就能夠更加遊刃有餘地處理家庭、朋友、同伴、親子的關係。另外,同理能力的發展對於兒童也非常關鍵,它能幫助兒童更好地與人溝通,有效地調節自己和他人的情緒。

## 二、信任與背叛

「信任」這個詞在 14 世紀首次出現,意味著「本質上的確定,以及根深蒂固的希望」。只有在我們需要他人的時候,當對方有可能違揹我們意願的時候,當風險和壞的可能存在的時候,對方仍然做出了維護我們的舉動,此時信任才會產生。雙方互相信任,能感受到陪伴感和安心感。信任可能存在於家庭、親密的關係中,也可能存在於深厚的友情中。而背叛一般發生在重要的親密關係中,是一種辜負對方信任的行為。

一段良好的親密關係應該是雙方相互信賴,沒有背叛行為,雙方都感到幸福。研究發現,信任感高的人主觀幸福感強,更值得交往(不論是友情,還是愛情)。同樣,背叛感低的人有很強的自制力、主觀幸福感、責任感、大度等正向特質。

## 三、寬容與贖罪

寬容是一種胸懷、一種睿智，是一種樂觀面對生活的勇氣。《大英百科全書》（*Encyclopædia Britannica*）將寬容定義為允許他人自由地做出任何行動，允許他人有任何想法，並且能不帶偏見地接納不一致的觀點。《現代漢語詞典》對寬容的解釋是：寬大有氣量，不計較或追究。人們的價值觀是不同的，由此產生的幸福價值評估標準也不同。寬容是一種無形的幸福，面對生活中別人的一些對與錯，我們應該學會寬容。

寬容的人有獨特的人格特徵，例如，隨和、情緒穩定、虔誠、高自尊但不自戀、沒有特權感。寬容的人身心更健康，婚姻滿意度更高，犯罪行為機率更低，並且在面對生活中的負性事件（如喪親、喪偶）時適應能力更強。

## 四、感恩

個體透過感恩來回應他人的善良，並獲得正向的結果。生活中有許多值得感恩的事，我們經常在心裡感激父母和家人，經常為生命中所擁有的而感到幸運。當我們感受到自己是他人利社會行為的受益者，並且承認這種恩惠的時候，我們就會心存感激，即感恩。

感恩有許多益處。首先，懂得感恩的人本身就會具有許多正向特質，包括樂觀、愉快、情緒穩定、高自尊、不自戀。其次，在身體健康方面，感恩的人有更高的健康水準。在心理健康方面，感恩有助於我們建立正向的人際關係，擁有更高的主觀幸福感。懂得對父母、配偶、孩子、朋友、自然、社會甚至陌生人感恩，都能極大地促進我們身心健康，尤其是減少憂鬱症狀。感恩、滿足、快樂和其他由感恩產生的正向情緒可以促進大腦加速釋放讓人感到快樂的激素與神經傳導物質，包括多巴胺、血清素、催

產素。就催產素來說，催產素是一種典型的「利社會」激素，催產素的分泌可以緩解緊張、焦慮、憂鬱等負向情緒。感恩的人會大量分泌催產素，進一步促進自己長期保持正向、平穩的情緒以及提高人體免疫功能。

## 第五節　白頭到老的黃金比例

### 一、白頭到老 5：1 黃金比例

什麼樣的夫妻能夠白頭到老？西雅圖大學著名情感專家、教授約翰·高曼（John Gottman）觀察並研究了700對夫妻在10年間每天15分鐘的隨機對話內容。然後，他的研究團隊評估了這些夫婦之間的情感互動，並根據正向和負向情緒的5：1比例預測了哪些夫婦會離婚，哪些夫婦不會。10年後，結果表明，預測準確度高達94％！高曼教授的分析如下：如果在婚姻或愛情關係中，正向的情感互動和負向的情感互動之間的比例是5：1，夫妻倆就能白頭到老；如果低於這個比例，或者如果正向和負向的情感互動比例接近1：1，他們很可能會離婚。

當你在生活中與愛人溝通、交談時，是有更多正向和讚美的語言，還是有更多負向和質疑的語言？5：1的比例是男女之間交往的黃金比例。憤怒是負向情緒的代表，憤怒不僅會傷害身體，影響和諧、穩定的人際關係，在婚姻中，還會破壞夫妻感情。正向的話語使婚姻充滿溫暖的氣氛，促進情感；而負向的話語讓夫妻關係冷漠，甚至互相為敵。因此，夫妻之間應該積極地進行語言溝通。

## 二、破壞婚姻的三個矛盾

第一，情緒矛盾。我們在與愛人的相處過程中，可能會因為一些小事而憤怒、傷心、難過、情緒失控，若負向情緒不斷累積，將會導致矛盾不斷更新。在生活中，我們經常因為負向情緒而傷害他人，或者出口傷人。《*Here on Earth*》裡說：「柔軟的舌頭也會挑斷筋骨，有時語言比身體暴力更讓人痛苦。」當我們處於負向情緒中時，我們彼此之間的交流往往是無效的。所謂無效溝通，是指不表達或隱藏核心意思，只發洩自己的情緒。當我們忽略了他人的情緒，只發洩自己的情緒，我們表達的內容就是責備和抱怨。此時，兩個人之間的交流不再是關於某件事，而是變成了一場情感鬥爭。

第二，溝通矛盾。「我不知道該怎麼說。」、「當我生氣時，我無法控制我的情緒。」、「他不知道我在想什麼，他不夠在乎我。」有的人喜歡「被動」，讓另一半去猜測自己的想法，總是壓抑自己的情緒與感受，受了委屈也不表達，逐漸被對方忽略。因此，建立一個健康的溝通模式很重要。在婚姻中，夫妻雙方不可避免地會發生爭吵，但爭吵絕不是沒有底線的傷害。想要幸福的婚姻，那麼夫妻兩個人就都要好好說話，而不要當糟糕的批評者。錯誤的溝通實際上會消耗兩個人之間的感情。請記住，永遠不要把傷害留給你最愛的人。

第三，需求矛盾。當我們指責對方不夠好時，實際上是因為婚姻中自己的需求沒有得到滿足，想法沒有被理解，想讓對方更懂自己，自己卻從未試著先懂對方。如果自身有需求，就要說出來，但有些時候人們對需求的表達是無效的，例如，「我需要你做……」是一種要求或命令，而真正有效的是表達自己的需求，例如，「我需要……」。

情侶們爭論什麼？ 2009年，心理學家找到了100對夫婦，實驗人員要

求這些夫婦記錄未來15天內的每一次爭吵。根據記錄本上的內容，研究人員細化了爭議的數量和主題。結果發現，除了肢體衝突外，這些夫婦在15天裡一共進行了748次激烈的言語爭吵，排名前七位的爭吵理由分別是孩子、家務、交流、休閒、工作、錢、喜好。國內的研究也發現，夫妻發生衝突排名前四位的理由是習慣、家務、溝通、孩子。金錢也是發生衝突的理由，但排名相對靠後。親密關係越深，人們就越容易爭論，因為隨著親密關係的發展，人們逐漸進入更多容易引發矛盾的領域。有研究發現，大部分夫妻在成為父母之後，滿意度都會有所下降；也有研究發現，在孩子讀大學離開家以後，夫妻滿意度又會回升。即便如此，是不是就意味著要為了避免壓力、爭吵，就疏遠彼此，抹殺需求呢？當然不是。儘管戀人之間的衝突、爭吵短期內會影響關係的滿意度，但只要處理得當，衝突反而可以成為平衡彼此需求的調和劑。

## 三、親密關係的三個特點

真正的親密關係建立在雙方相互影響、相互依賴的基礎上，研究者在此基礎上提出了相互依賴模型，認為親密關係具有三個特點。第一，兩個人之間有長時間的頻繁互動；第二，共同參與感興趣的活動；第三，雙方相互的影響力很大，一方的意見被另一方採納，包括提出建議、給予幫助、合作協同。

婚姻是一種長期的夥伴關係。要管理好婚姻，不僅需要愛情作為基礎，還需要共同的目標、願望及雙贏的合作精神。那麼，維持良好的婚姻關係就需要雙方鞏固婚姻基礎，打造和諧的夫妻生活，互相扶持事業，共同分擔家務，彼此保持忠誠和信任等。世界著名的演說家和作家利奧·巴士卡力（Leo Buscaglia）在他的著作《愛·生活與學習》（*Living, Loving & Learning*）中寫道：「完美的愛情確實少之又少，要想成為一個優秀的愛

人，需要有智者的敏銳、兒童的靈活、學者的寬容、篤定者的剛毅、聖人的寬容、藝術家的感性和哲學家的思考。」唯有愛，能慰藉成長的傷痛與艱辛；唯有生活，能磨礪心智的清明與練達；唯有學習，能讓我們的愛與生活圓融和睦，度過美滿的一生。愛情需要呵護，婚姻需要經營。無論男女都要對愛有充分、深刻的理解，才能更好地經營自己的婚姻。

## 小結

親密的關係就像銀行的帳戶，必須持續存款。如果不持續存款的話，總有一天會被透支。

## 自我分析

1. 你對於婚姻和配偶的想法是什麼？
2. 你希望婚姻中擁有哪些親密溝通？
3. 你無法忍受哪些事情？
4. 你願意做出妥協的部分是什麼？
5. 你的哪些願望是難以實現的？

## 推薦閱讀

《*A Primer in Positive Psychology*》克里斯・彼得森（Christopher Peterson）

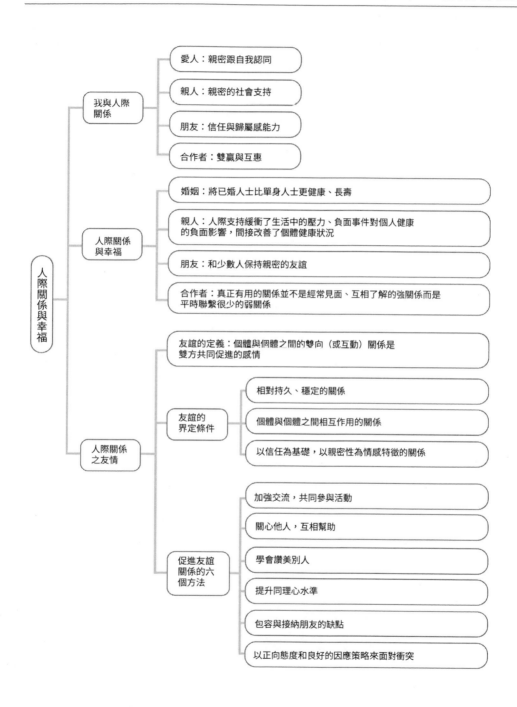

人際關係與幸福

- 我與人際關係
  - 愛人：親密跟自我認同
  - 親人：親密的社會支持
  - 朋友：信任與歸屬感能力
  - 合作者：雙贏與互惠

- 人際關係與幸福
  - 婚姻：將已婚人士比單身人士更健康、長壽
  - 親人：人際支持緩衝了生活中的壓力、負面事件對個人健康的負面影響，間接改善了個體健康狀況
  - 朋友：和少數人保持親密的友誼
  - 合作者：真正有用的關係並不是經常見面、互相了解的強關係而是平時聯繫很少的弱關係

- 人際關係之友情
  - 友誼的定義：個體與個體之間的雙向（或互動）關係是雙方共同促進的感情
  - 友誼的界定條件
    - 相對持久、穩定的關係
    - 個體與個體之間相互作用的關係
    - 以信任為基礎，以親密性為情感特徵的關係
  - 促進友誼關係的六個方法
    - 加強交流，共同參與活動
    - 關心他人，互相幫助
    - 學會讚美別人
    - 提升同理心水準
    - 包容與接納朋友的缺點
    - 以正向態度和良好的因應策略來面對衝突

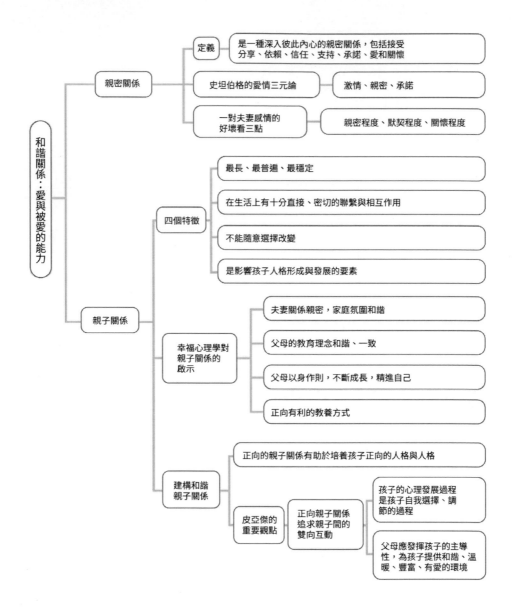

和諧關係：愛與被愛的能力

- 親密關係
  - 定義 ── 是一種深入彼此內心的親密關係，包括接受、分享、依賴、信任、支持、承諾、愛和關懷
  - 史坦伯格的愛情三元論 ── 激情、親密、承諾
  - 一對夫妻感情的好壞看三點 ── 親密程度、默契程度、關懷程度
- 親子關係
  - 四個特徵
    - 最長、最普遍、最穩定
    - 在生活上有十分直接、密切的聯繫與相互作用
    - 不能隨意選擇改變
    - 是影響孩子人格形成與發展的要素
  - 幸福心理學對親子關係的啟示
    - 夫妻關係親密，家庭氛圍和諧
    - 父母的教育理念和諧、一致
    - 父母以身作則，不斷成長，精進自己
    - 正向有利的教養方式
  - 建構和諧親子關係
    - 正向的親子關係有助於培養孩子正向的人格與人格
    - 皮亞傑的重要觀點 ── 正向親子關係追求親子間的雙向互動
      - 孩子的心理發展過程是孩子自我選擇、調節的過程
      - 父母應發揮孩子的主導性，為孩子提供和諧、溫暖、豐富、有愛的環境

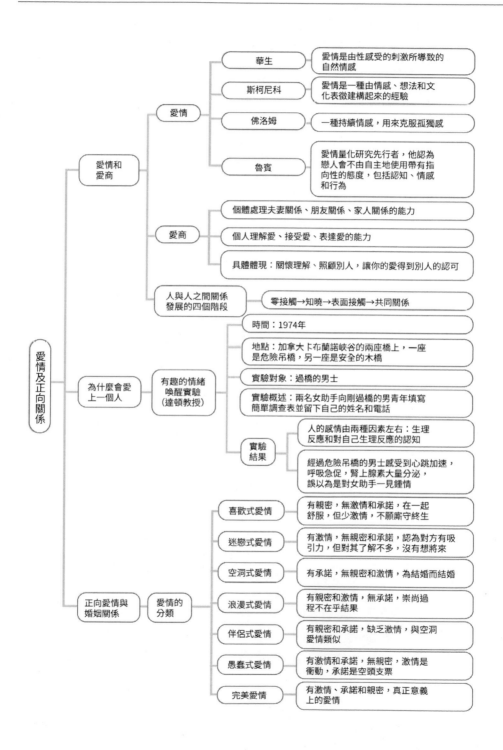

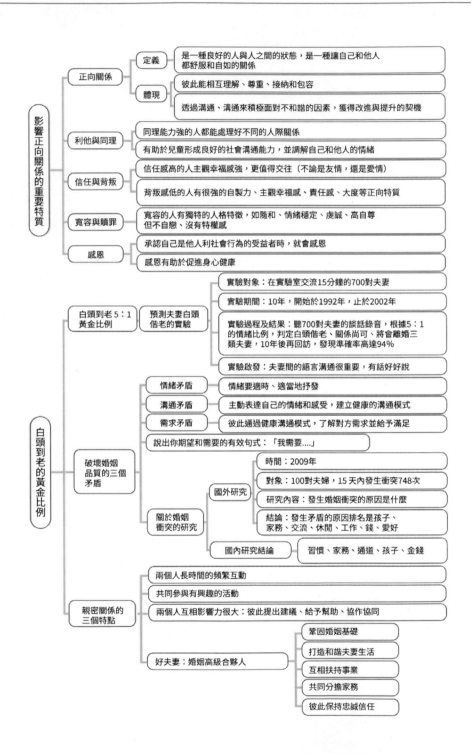

# 第十三章　正向改變：勇氣

人只要想，就能做成任何他想完成的事情。

## 第一節　改變與神經可塑性

### 一、改變與神經可塑性

　　1970年，有科學家進行視覺神經機制的實驗。他們把一隻小貓的一隻眼睛縫合起來，讓這隻小貓只能用另一隻眼睛看世界。等這隻貓長大後，他們檢查貓腦的視覺處理區域是否發生了變化。結果，那隻被縫合的眼睛對應的腦內視覺區域幾乎消失了，並被分配給最初沒有縫合的眼睛。這項研究無懈可擊地證實了神經系統或者說大腦的確可以在發育過程中發生改變。在這項實驗之後，科學家又做了許多實驗，創造出了「神經可塑性（neuroplasticity）」一詞，以表示神經元在人一生發展的過程中都有變化的潛力。神經可塑性是指我們的大腦實際上會改變和轉變，在我們的一生中其形態都在改變。

　　你是否經常覺得自己容易產生很多負面的想法，容易悲觀失望，感覺你的人生毫無希望？很多時候你的思想決定了你的人生，如果你有「它們永遠不會改變」的想法，就會扼殺許多可能性。隨著神經科學的發展，科學家普遍認同情緒、情感、思維、意識等心理活動只不過是大腦中的神經元、神經、神經傳導物質、激素等的交互作用，或者是神經系統之間的相互協調，或者是大腦皮層區域之間的連繫等複雜的大腦活動。神經可塑性的發現證明了我們的大腦可以改變，我們的思想與行為也是可以改變的。如果你討厭自己的生活或思考方式，你完全可以改變這一切。

　　因此，不管有多難，我們的意識、人格、思維、感情，以及對行為、運動的控制能力都可以透過我們的自主行為和意識來改變，反過來它們也會對我們的大腦構造帶來一定的影響。但是改變是極其困難的，「冰凍三尺，非一日之寒」，這個過程是持久的。改變認知是不夠的，還必須有行為，行為的改變需要強大的勇氣。

## 二、如何介入 40%的後天因素

研究發現，就快樂這一特質而言，50%是天生的（快樂體質）；外部環境占10%，比如收入、天氣；40%是由意向活動和後天的努力所決定的，是我們自己可控的。例如，對於成功的運動員，肌肉中有多少肌肉纖維，協調性怎樣，彈跳力如何，身高多少等基因因素占50%。然而，即使他們有最好的遺傳基因，如果不努力訓練，也比不上那些雖然基因不夠好但努力向上的人。因此，後天的努力很重要。意向活動，即我們朝著目標的所作、所為、所想，是產生有意義的變化的根源。

人類學家瑪格麗特‧米德（Margaret Mead）說：「永遠不要懷疑一小群堅定的人能改變世界。」拉爾夫‧愛默生（Ralph Emerson）曾經說過：「人類歷史是少數派和一個人的少數派的權力記錄。」實際上，正是這些群體改變了世界。我們需要去改變，我們的願望有多強烈，我們改變的決心有多堅定，相當程度上決定了我們能不能真正改變。比如，我們是因為想吃蘋果才去尋找蘋果，但不想吃蘋果的時候，即使蘋果就在我們身邊，對我們來說也是沒有任何吸引力的。每一個人一生最大的機遇一定是遇見更好的自己，我們強烈想要改變的願望會幫助我們去尋找路徑和方法。

## 三、改變的兩種回饋假說

改變有兩種回饋假說，即臉部回饋假說與身體回饋假說。

很多時候，我們即使是裝作很開心，情緒也會有所變化。在臉部回饋假說的實驗中，參與者共60名學生，他們對愉快、痛苦、驚奇、討厭、生氣、憤怒六種情緒的微表情作出了反應，研究的目的是分析增強與控制面部回饋對微表情的影響。結果發現，皺眉或輕輕微笑兩種動作會引發體內分泌不同的化學物質，反映出面部表情的變化。「有時快樂是微笑的原

因，有時微笑也可以是快樂的原因。」事實上，不僅是情緒影響了面部表情，很多時候我們的面部表情的變化也會影響我們的身體和情緒的變化。

身體回饋假說的發現者威廉‧詹姆斯曾說：「吹口哨壯膽絕對是有科學依據的，就像閒坐一天，嘆息和憂鬱的語氣會加劇憂鬱的情緒。請伸展你的眉毛，明亮你的眼睛，大聲地、和善地讚美別人。」威廉‧詹姆斯所說的不僅是臉部回饋假說，而且是身體回饋假說。當一個人走在路上的時候，總是挺直腰板，抬頭挺胸，這不僅向路人傳達這個人堅定、樂觀的人格，也傳達這個人堅定有力的態度。當有人和你握手時，你的手是軟綿綿的還是堅硬有力的，向外界傳達的訊息也不一樣，這種訊息最終會回饋到自身，並產生自我回饋。這就是簡單地改變表情、身體的影響力，從自身情緒到自我認知，再到他人對自己的態度與感受，都有著改變的力量。

## 第二節　兩種類別的改變

有兩種不同的改變方式，即漸進式改變與突發式改變。漸進式改變像是水滴石穿，是最常見的、健康的改變。突發式改變就像用大錘鑿石，挖出一條路和一條隧道。無論是什麼樣的變化，都需要時間，即使是突發式改變也必須培養劈開山的力量。成功的改變是沒有捷徑可以走的。

## 一、漸進式改變

改變能發生，貴在堅持，例如，讀了一本書或聽了一個故事之後，自身感到非常感動，但大多數人不會立刻採取行動，而是選擇等待一段時間。然而，也有人會立即做出行動，達成改變。行為影響態度，態度反過來也會影響行為，二者相輔相成。行為是我們的外在世界，態度是我們的

內在世界。大腦不喜歡內心和外在的不一致，因為行為更強大，當行為和態度不一致時，態度會改變，爭取與行為達成一致。

漸進式改變是一個長週期的改變方式，比如專注冥想可以帶來安寧、沉靜。專注於呼吸和身體的某個部分，能改變我們的思考方式和此時此刻全神貫注的能力。改變的過程和結果一樣讓人享受，會在大腦裡創造新的神經通道。例如，許多科學家在專注力領域做了很多重要實驗，他們發現，透過長期專注的冥想，我們可以引導自己進入身心放鬆、自我休息和洞察的最深境界，而通往這一最深境界的道路在於我們自己：身體、大腦、呼吸。研究也發現，我們只需要8周的冥想，大腦就將改變，免疫系統也將得到加強。

## 二、突發式改變

大錘鑿石是一種典型的突發式改變，雖然改變在一瞬間，但它不是一步奏效，需要精力，也需要時間。改變不是憑空產生的，而是經過長時間的磨練和準備後產生的。大多數人在大部分時間都蜷縮在舒適區，舒適區非常舒適，但就像凍結的水那樣，毫無變化。變化實際上發生在伸展區，也被稱為最佳不適區。過度不適就進入了恐慌區，讓人躁動不安。以運動為例，一個人每天坐在辦公室，這是這個人的舒適區。某天他一下子跑了20公里，則就進入了恐慌區。適度的不適感是伸展區的特徵，例如，最開始只跑1,000公尺，下次跑2,000公尺，每次都只有輕微的不適。突發式改變的重點是要將變化保持下去，而不是突變之後又恢復原狀。

突發式變化通常伴隨著創傷，例如，創傷後壓力症候群是一種負向的突發式變化。80%的海灣戰爭士兵都患有創傷後壓力症候群。「911」恐怖襲擊事件發生後，紐約110街以南，患有創傷後壓力症候群的人由2萬人

增加到6萬人。巨大創傷或戰爭恐怖的影響往往是終生的。那麼，有沒有辦法產生正向的突發變化呢？

馬斯洛的高峰經驗理論是一種正向的突發變化。高峰經驗是人生中最美好、最幸福的時刻之一，這種經驗通常來自深刻的審美、創造性的快樂或愛、完美的性經驗或生活經驗。每個人都有不同的高峰經驗，墜入愛河、閱讀、聽音樂、感受天人合一、禪修等。這種高峰經驗不會持續很長時間，只能存在片刻。有些女性在生孩子時，會經歷高峰經驗，這對於她們來說意義非凡，改變了她們的人生，她們會在此後變得更自信、更寬容、更堅強、更友善、更快樂。

## 三、相信改變的可能

正向心理學之父塞利格曼指出，正向心理學的目標是改變以往心理學界只關注人們的負向特質，例如憂鬱、焦慮等，將心理學的視角從改變生活中最糟糕的事情轉變為幫助人們提高生活品質。科學發現人類的神經具有可塑性，並且終生都有。改變是好的，然而改變也經常會失敗，行動與理論更好地結合，才能做出成功的改變。改變需要勇氣，改變意味著走出舒適區，這會讓你感到不適，但慢慢地你會喜歡上這種感覺。

## 第三節　改變的健康方式

## 一、SWOT 分析：在逆境中找轉機

遇到難題時，當下不一定可以立刻解決，但是一定要有一個清晰的解決問題的思路。SWOT分析法可以幫你在找不到思路的時候分析問題。

SWOT分析，即強弱危機分析，是指透過調查總結出與研究對象密切相關的主要內部劣勢與優勢、外部機會與威脅，然後運用系統分析的思想，將各種因素綜合分析，得出結論。

SWOT分析法通常用於企業，也可以用於自我分析。首先，辨識個人優勢。例如，問問自己有什麼天賦，過去哪些特質或者技能讓自己取得了成功，別人認為我有哪些優勢，我有哪些專業技能等。其次，分析個人弱點。問問自己哪些方面需要改進，自己在該領域遇到的困難有什麼，成功的障礙是什麼等。再次，發現機會。這個行業做得怎麼樣？它是在成長和擴大，還是在急遽下降？對於你夢想的工作來說，就業市場是什麼樣的？最後，辨識威脅。哪些障礙阻礙了你實現目標？你能確定對自己成功的最大威脅嗎？

當完成自我分析之後，就需要分析結果。有兩種方法來分析結果：匹配和轉換。匹配是將你的優勢與機會進行比較，在優勢和機會重疊的地方採取積極的行動。將弱點與威脅相匹配會告訴你要最小化或完全避免哪些區域。轉化是指將弱點轉化為優勢，將威脅轉化為機遇的過程。使用轉換方法的缺點是需要花費很多時間和很大精力。

## 二、我想要怎樣的生活

無知的人不是沒有學問的人，而是不了解自己的人。了解源於自我認識，自我認識是一個人理解自己的整個心理過程。首先你要在心裡明確一件事：尋找答案是一個需要不斷重新整理認知、推倒重來的過程。在這個過程中，你要不停地質問自己，根據你的閱讀、思考、經歷、體會、自我觀察等去修改自己最初那個可能並不成熟的想法，在這個修改的過程中，你才可以明確自己想要的東西。這個感覺就像拆開一團亂七八糟的毛線球

一樣，你要一點點地去找它的源頭。這個過程需要時間，更需要實踐和大量的反思及自我觀察。

　　英國西敏寺地下室的一塊墓碑上寫著：「當我年輕時，我的想像力是無限的，我的夢想就是改變世界。當我逐漸成熟後，我發現我無法改變世界，決定改變國家。當我年事已高時，我發現我無法改變我的國家，我的願望變成了改變我的家庭，然而，我發現這也是不可能的。當我躺在床上奄奄一息時，我突然意識到，如果在一開始先從改變自己開始，我就可以改變我的家庭，伴隨著家人的幫助和鼓勵，說不定可以為我的國家做點貢獻。我甚至可能改變這個世界！從現在開始改變自己吧！」時常問問自己：「現在的生活是我想要的嗎？」、「我對於未來有什麼打算？」、「未來十年我要成為怎樣的人？」時刻想著十年後的自己，你會朝著自己的夢想越走越近。

## 第四節　正向改變與勇氣

### 一、什麼是勇氣

　　勇氣（也被稱為勇敢或英勇）是指主體在面對苦惱、痛苦、危險、不確定性或威脅時依然可以意識到內在的力量，保持自信，泰然處之。正向心理學的二十四個優秀品格中的「勇氣」是指不怕危險和困難，果斷向前。勇氣並非沒有恐懼，感受恐懼並趨利避害是人的原始本能之一。勇氣的反面不是恐懼，而是逃避。勇氣就是在面對恐懼的時候做出比退縮與偏安一隅更能夠使自己長久幸福的選擇，在當下的時刻寧願去面對和承受恐懼，承擔未知的風險。勇氣既可能是天生的，也可能是後天鍛鍊出來的。

　　勇氣分為兩種：莽勇和真正的勇氣。蘇軾曾說：「古之所謂豪傑之士者，必有過人之節。人情有所不能忍者，匹夫見辱，拔劍而起，挺身而鬥，此不足為勇也。天下有大勇者，卒然臨之而不驚，無故加之而不怒。此其所挾持者甚大，而其志甚遠也。」邱吉爾說過：「成功並不是終點，失敗並不是終結，只有勇氣才是永恆。」伯納・韋伯（Bernard Waber）在他的繪本《勇氣》（*Courage*）中細心留意生活中的小片段，用生動的畫面和優美的語言告訴人們，用勇氣去面對未來。勇氣是騎腳踏車的時候卸下輔助輪子，是晚上由你負責檢視房間的動靜，是搬到新地方之後能大膽與人打招呼，是勇嘗不喜歡的蔬菜……繪本上列舉的勇氣有的令人肅然起敬，有的平平常常，卻包含深刻的道理。一個個的小故事告訴我們學會抑制自己的欲望，承認錯誤，克服惰性，正視缺點，這些才是生活中真正的勇氣。

## 二、為什麼有的人可以成功

　　心理學家從1940年代末開始研究社會高危人群，包括青少年犯罪、輟學等情況，為其所在地區投入大量資金。然而兒童輟學、青少年犯罪、少女懷孕等事件並未減少，研究所帶來的變化簡直微乎其微。心理學家們很困惑：「我們已經帶去了資金和幫扶，為什麼還是失敗了？」直到1980年代，學者們改變了研究正規化，他們提出了不同的問題：同處逆境，為什麼有的人卻可以成功？他們隨後進行深入分析，終於找到那個成功的要素——適應力或彈性（resilience），它類似於勇氣，是面對重大逆境或風險而能正向適應的能力，它具體包含樂觀主義、信仰或意義感、利社會行為（願意助人）、關注優勢、設定目標（未來導向）等。

　　《被討厭的勇氣》裡提出了一種觀點，叫作「目的論」：你並不是因為經歷了過去某件事情才成為現在的樣子，而是你先有了要成為某個樣子的目的，然後再從過往經歷中找符合當前生活目的的證據。你要搞清楚，你

維持現狀，不改變，對你來說究竟有什麼好處？所以，時常問問自己「我對現在滿意嗎？」、「我真的想改變嗎？」、「我能改變的是什麼，不能改變的又是什麼？」。

## 三、終身學習和成長

我們應該相信，如果足夠努力，沒有什麼事情是兩年內不能改變與實現的。要勇於開始做你一直想做的事。不要讓你的過去決定你是誰，你也不必一直和以前一樣。我們所有人都應賦予自己獨特性，並與自己的局限做鬥爭。每天去做你喜歡做的事情，哪怕只有幾分鐘，你也會享受這個過程。每天會變得更有意義，不會虛度光陰，你也會看到自己的進步。

## 第五節　正向改變的力量

無論是好的情緒還是壞的情緒，都是人性的一部分。我們應該同時開啟正向與負向通路，接受它們的存在。當我們允許自己感受痛苦的情緒，就會更容易感受到正向的情緒。另外，關注當下，找到有意義的目標並為之努力。改變最重要的是付諸行動，積極地去感受，相信改變的可能。

## 一、准許自己為人

快樂的人和不快樂的人之間最大的不同不是是否會經歷悲傷的事情，而是他們從痛苦中恢復的速度有多快。通常我們都認為，負向情緒是消極的，應該避免的，我們壓制了「為人」的自然現象，不允許自己自由感受痛苦的情緒。然而，當我們試圖壓制一種自然現象時，結果只會適得其反。痛苦情緒是人類共有的一種自然情緒，你越是試圖抑制它，它累積得越

多，並且會越加劇烈，甚至會在某個時間點集中爆發，造成嚴重的後果。

　　如果我們不能接受痛苦的情緒，就會阻塞情緒的流動路徑，但是所有快樂和痛苦的情緒都會流入同一條情緒路徑。因此，我們要敞開情緒的大門，允許自己哭泣，允許自己有負向情緒，這樣才能使我們更容易感受到正向情緒，但是不要讓自己在負向情緒中逗留太久。

## 二、專注於當下

　　為什麼我們總是覺得不夠快樂，煩惱的事情那麼多？其實這可能是因為我們沒有專注於當下的事情，而牽掛太多未來的事情。在身心靈領域裡，有「活在當下」這一句至理名言。人生的問題，其實並不怕多，怕的是混亂，如果把有限的精力分配到太多的事情上，我們就會疲於奔命，效率低下，徒增無窮煩惱。

　　一次只做一件事，是成功人士的一貫做法，我們要將有限的精力投入到最重要的事情上，並一絲不苟、全心全意地做好。人生要做的事情有很多，但我們需要一件件地做。每做完一件事情，我們就會感到快樂，然後繼續做好另外一件事情。然而，在實際的生活中，我們常被一些意想不到的事情所困擾，各式各樣的不重要的訊息會進入我們的視線和耳朵。我們可以試著培養一些工作興趣，快樂地工作，就會避免一切浪費精力的因素。做好今天該做的事情，不急於求成，要踏踏實實，把腳下的每一步走好，這樣才能走得更遠。

## 三、培養幸福力

　　著名心理學家、哲學家威廉‧詹姆斯曾說過幸福是人生最重要的事情之一。幸福感與幸福力不同，幸福感是以物質財富為基礎，對生活滿意度

的一種心理感受；而幸福力是個體獲得幸福的能力和內在抗壓性，是一種軟實力。幸福感是一種短暫的情緒感受，而具有幸福力的人才能擁有長久和持續的幸福。一個有幸福力的人具有七種能力：微笑力、情感力、健康力、認知力、抗壓力、意志力、德行力。這說明越努力就會越幸運，越幸福就會越成功。讓幸福成為一種能力，知道自己需要什麼，知道自己要做什麼，同時，愛自己，對自己負責，讓自己快樂起來。

## 小結

　　幸福心理學研究中的兩個重要理念：一是研究可行的事，人是可以改變的；二是研究優秀個體，從他人的優點中獲益、學習。

## 自我分析

　　1. 你想成為怎樣的人？
　　2. 你的夢想是什麼？
　　3. 你的現狀是怎樣的？與夢想之間還有哪些差距？
　　4. 目前你的困惑是什麼？

## 推薦閱讀

　　《勇氣》（*Courage*）伯納・韋伯（Bernard Waber）

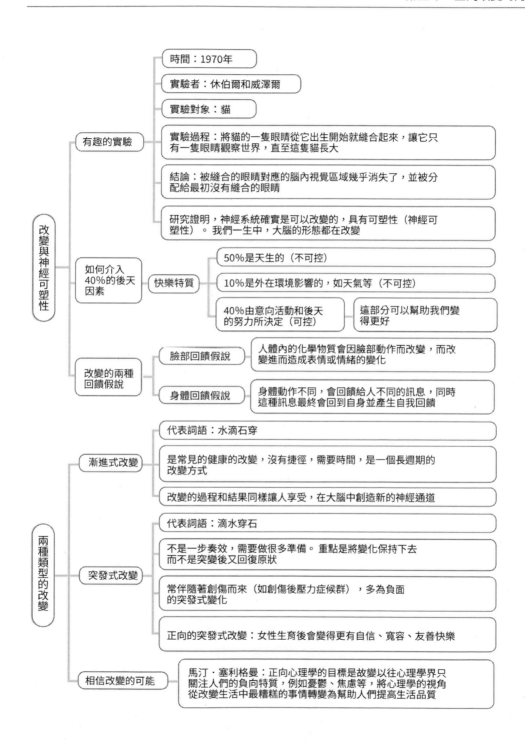

改變與神經可塑性

有趣的實驗

時間：1970年

實驗者：休伯爾和威澤爾

實驗對象：貓

實驗過程：將貓的一隻眼睛從它出生開始就縫合起來，讓它只有一隻眼睛觀察世界，直至這隻貓長大

結論：被縫合的眼睛對應的腦內視覺區域幾乎消失了，並被分配給最初沒有縫合的眼睛

研究證明，神經系統確實是可以改變的，具有可塑性（神經可塑性）。我們一生中，大腦的形態都在改變

如何介入40%的後天因素

快樂特質

50%是天生的（不可控）

10%是外在環境影響的，如天氣等（不可控）

40%由意向活動和後天的努力所決定（可控）

這部分可以幫助我們變得更好

改變的兩種回饋假說

臉部回饋假說

人體內的化學物質會因臉部動作而改變，而改變進而造成表情或情緒的變化

身體回饋假說

身體動作不同，會回饋給人不同的訊息，同時這種訊息最終會回到自身並產生自我回饋

兩種類型的改變

漸進式改變

代表詞語：水滴石穿

是常見的健康的改變，沒有捷徑，需要時間，是一個長週期的改變方式

改變的過程和結果同樣讓人享受，在大腦中創造新的神經通道

突發式改變

代表詞語：滴水穿石

不是一步奏效，需要做很多準備。重點是將變化保持下去而不是突變後又回復原狀

常伴隨著創傷而來（如創傷後壓力症候群），多為負面的突發式變化

正向的突發式改變：女性生育後會變得更有自信、寬容、友善快樂

相信改變的可能

馬汀・塞利格曼：正向心理學的目標是故變以往心理學界只關注人們的負向特質，例如憂鬱、焦慮等，將心理學的視角從改變生活中最糟糕的事情轉變為幫助人們提高生活品質

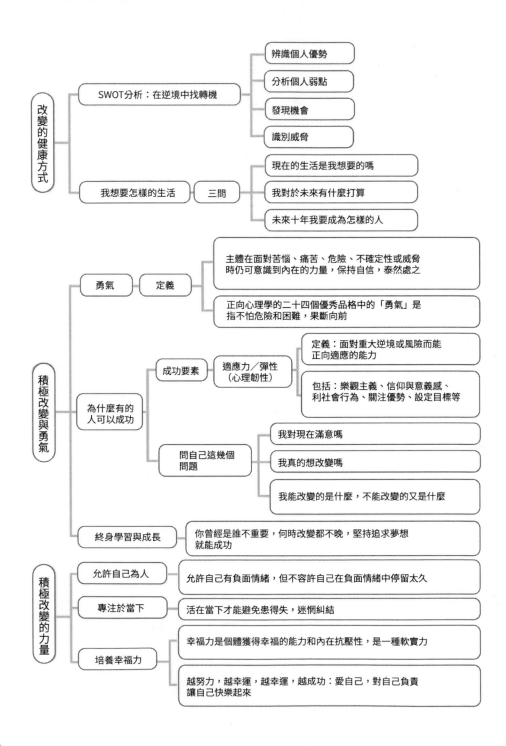

# 第十四章　正向信念：希望

如果你想飛，你就要相信自己能飛。

# 第一節　什麼是希望

## 一、概述

關於什麼是希望，希望到底有什麼用處，心理學家曾經拿小白鼠做過一個實驗。首先，設定了一組對照小白鼠，將兩隻小白鼠放進裝滿水的容器中，小白鼠們拚命掙扎著，想要逃出容器，它們掙扎了8分鐘，之後便放棄了。然後，實驗者又把另外兩隻小白鼠放在另一個同樣裝滿水的容器中，當它們掙扎了5分鐘之後，實驗者在水中放了一塊跳板，將它們從水中救了出來，這兩隻小白鼠活了下來。幾天後，這兩隻倖存的小白鼠再一次被放在同一個盛滿水的容器中，實驗結果令所有人驚訝。與對照組小白鼠僅僅能堅持8分鐘相比，這兩隻曾經「死裡逃生」的小白鼠竟然能堅持24分鐘，整整增加了2倍的時間！

心理學家認為發生這種變化是因為一種強大的精神力量：希望的力量。對照組的兩隻小白鼠因為沒有逃跑的經驗，它們只能用自身僅有的體力來掙扎；而曾經「死裡逃生」過的小白鼠則有一種強大的精神力量，即希望，它們在瀕死的境界會始終相信在某個時候跳板會拯救它們。心理學家解釋：這種精神力量使得它們能夠堅持更長時間，這種精神力量就是正向的心態，即內心對正向結果充滿希望。希望指的是尋求相應的方式以實現預期目標和消除障礙的能力及相應的動機。希望是一種力量，希望的力量甚至比知識的力量更強大，因為只有在有希望的前提下，才能更好地利用知識。即使一個人一無所有，只要他有希望，他就能擁有一切；如果一個人擁有一切，卻沒有希望，他可能會失去他所擁有的一切。

## 二、希望、夢想、願望

　　希望與夢想、願望都不同。夢想是對未來的一種期望，是指在現在想未來的事或必須透過努力才可以達到的情況，例如，小明從小的夢想就是做一名教師。願望是指對特定對象或情感的欲望、渴望或強烈傾向，例如，小明的生日願望是擁有一輛玩具汽車。希望是指願望或理想所寄託的對象，例如，青少年是初升的太陽，是國家和社會未來的希望。當我們面對的生活或環境壓力很大，以至於威脅到我們的正常生活時，我們本能地想要逃離，找到一個相對安全舒適的地方，而心中的希望能讓我們在艱苦的處境中表現出難以置信的耐力和毅力。

　　希望是一種巨大的力量，可以在身體和精神上發揮作用。它似乎能立即給焦慮不安的人帶來安慰，這也是治療心理問題的好方法。在歐‧亨利（O. Henry）的小說《最後一片葉子》（The Last Leaf）中，在深秋，有一位病情嚴重的男人看著窗外的一棵大樹，樹葉在一片一片地落下。「當所有的葉子都掉下來的時候，我會死的。」他說。當一位老畫家聽說這件事時，他為了讓病人擁有希望，在紙上畫了一片綠葉，把「綠葉」掛在那棵樹的樹枝上。病人一天天看著這最後一片一直未落下的綠葉，竟然奇蹟般地活了下來。是最後的那片樹葉讓病人活下來的嗎？不是的，是他自己，是他看到樹葉，有了活下去的希望，並最終戰勝了病痛。

## 三、希望的研究和發展

　　希望是一個多麼美麗而生動的詞。存在主義哲學家尚-保羅‧沙特（Jean-Paul Sartre）曾經說：「希望是人的一部分。」一方面，人的行為總是處在當下，從當下走向未來的目標，並試圖在當下實現它。另一方面，人們總有希望在未來實現它。詩人但丁‧阿利吉耶里（Dante Alighieri）說：

「生活在無望的欲望中是人生最大的痛苦。」希望有很多同義詞，比如期望、夢想、理想、轉機、突破和美好等。希望在心理學中被視為一種精神力量，心理學家也對希望進行了科學探索。尤其是在正向心理學興起後，希望心理學的研究越來越受到心理學家的重視。

自20世紀末至今，在社會科學領域已經有20餘種關於希望的觀點與理論。這些關於希望的觀點與理論大致可以分為希望的情感和認知觀點。有的研究者認為，對希望的正向預期直接指向目標的實現，而樂觀的正向預期更多的是對正向事件的整體預期。希望和樂觀都會影響人們的目標導向行為、目標實現、身心適應、主觀幸福感等。一些學者還認為，希望是對未來的一種良好期待，是一種能力。也就是說，希望是一種能夠擺脫困難的能力感、一種精神和心理上的滿足感、一種對人生目標的經驗感。希望是一種多方面的、正向的生活力量，希望是隨著時間的改變能不斷變化的、眾多複雜的思想、感覺和行為。

## 第二節　希望的理論模型

### 一、斯奈德對希望的定義

查爾斯・斯奈德（Charles Snyder）教授是研究希望的專家，他認為希望是人類普遍的心理現象，希望可以解釋和預測人類許多複雜的行為。斯奈德教授認為前人對於希望的研究只關注希望的目標的客觀取向性和適應性，並沒有解釋有希望的人是如何實現目標的。因此，斯奈德教授指出希望不是天生的，而是透過後天學習培養的一種思維和行為傾向，同時，希望不僅具有認知特徵，也具有持續的動機狀態。

## 二、希望的結構

　　一個真正珍貴的希望應該包含三個組成部分：目標、路徑思維和動力思維。斯奈德總結出，希望具有目標導向的思維特徵與行為狀態，這包括個體有能力尋找目標、對實現目標過程中的有效途徑的認知和信念（路徑思維），以及個體對能夠朝著既定目標前進的動機的認知和信念（動力思維）。目標是我們想要實現的事情，為我們指明方向；路徑思維則幫助我們思考如何才能達到目標，以及當計畫失敗時積極尋找替代方法；而動力思維是我們追求目標的勇氣和在困境中堅持的力量。包含目標、路徑和動力的希望，是能夠把意願和行動相連繫、把現在和未來相連繫、把期待和現實相連繫的希望。

　　目標是希望理論的核心概念。斯奈德認為人類日常生活中的許多活動具有一定的目標指向，目標是人們精神活動的支點。目標可以分為時間目標、具體目標和抽象目標。人們對於目標的態度可以分為積極地「接近」目標和消極地「避免」目標。他還強調，實現目標的可能性與希望的程度沒有多大關係。事實上，即使實現目標的機率很低，也可能有希望，也需要有希望。

　　目標將促進行為的生成，其是否能實現在於路徑思維和動力思維。路徑思維是實現目標的具體方法和計畫，是希望的認知組成部分。整體而言，希望感高的人探尋的道路比希望感低的人更具體、更可行，他們也擅長找到替代道路。動力思維是指實現目標的動力，屬於希望的激勵成分，即個體有根據現有路徑實現預期目標的動力。當人們遇到困難時，希望感高的人普遍會有足夠的毅力與韌性來克服困難，並將困難與挫折視為成長的機會，而希望感低的人面對困難則會屈於困難，被困難打敗。

## 三、希望理論的模型

1991年，斯奈德和他的同事提出了希望理論模型，即以達成目標為焦點的認知動力理論模型。希望理論模型認為希望具有很明顯的認知特徵，以目標為核心，同時伴隨著實現目標所需要的路徑思維與動力思維。希望是目標、路徑思維和動力思維的有機融合，路徑思維讓個體有能力尋找實現目標的適當方法，動力思維為個體帶來目標達成所需的心理、精神和力量。想要獲得希望，三者都是不可缺少的。三者在追求目標的過程中緊密結合，相互合作，並且路徑思維與動力思維「不僅反覆出現，而且相互補充」。

另外，斯奈德認為希望也有一定的情緒成分，但並沒有被視為希望的必要成分之一。在斯奈德看來，情緒是個體在行為過程中的目標認知過程的附屬存在，在行為過程中，情緒造成的是回饋和調節作用。

## 第三節　怎麼提高希望

## 一、希望療法的介入方法

隨著正向心理學研究的興起，人們日益開始在改善心理健康方面個體精神的力量和潛力的潛在巨大作用。斯奈德及其同事對希望感這一正向心理進行了一系列研究，結果發現希望感與人們的心理健康密切相關。希望感高的人，其生活滿意度、主觀幸福感、應對能力和正向情緒經驗都普遍較高。原因可能在於，希望可以調節和緩衝生活中的負面事件對心理健康產生的負向影響。希望感高的人即使面對生活中的困難，也會較少感受到憂鬱和焦慮，並且他們有能力採取更積極的應對方式來擺脫困難與逆境。希望療法是在上述研究基礎上發展起來的，能有效改善心理健康狀態，尤

其是針對學生群體的治療。希望療法首先引導對象設定適當的目標，指導其尋找更加豐富的、實現目標的方法與途徑，提高其實現目標的內在動機，最終致力於提高對象的希望感。希望療法可以應用於個人或團體。

第一，關於目標的選擇與制定有四項要求。首先，選擇與自己相關的、有意義的目標，只有當這個目標真正符合目標設定者的價值觀、興趣時，才能激發其實現目標的內在動機。其次，選擇主動接近目標，而不是被動地迴避目標，這樣更容易成功地實現目標。再次，選擇明確的目標。明確的目標具有清晰的實現路徑，可以激發個體的內在力量，提高路徑思維能力。最後，選擇有足夠難度的目標，中等難度的任務最能激發內在動機。

第二，豐富路徑思維。首先，應該嘗試將時間跨度大的目標分解成一個個小目標，這些小目標之間要有相關。當一個小目標實現時，應該獎勵與稱讚自己，體會成功帶來的自我效能感。小目標帶來的快樂和力量能夠逐漸增強自信和動力，進而一步步地實現大目標。其次，尋找實現目標的替代方法。在實現目標的過程中遇到問題時，要積極地從多角度思考解決問題的方法，積極、靈活地尋求其他解決方法。如果目標不夠恰當，必要時還要調整目標。再次，預演目標實現過程。在展開具體行動之前，不妨在腦海中想像一遍實現目標的過程，盡可能具體地想像在這一過程中可能遭遇的困難，並提前找到克服困難的方法。最後，在想像的過程中，體會到成功的快樂，以提前為自己儲蓄正能量與信念。

第三，正向行動。實踐與行動才是檢驗方法是否有效的途徑。行動可以分為參照他人以及參照個體經驗兩種。一方面，和你的朋友談論目標，或者透過書籍、電影等了解其他人是如何成功的；另一方面，回顧自己過去的成功經驗。希望感與過去經驗相關，過去的成功經驗少，自我效能感就低，希望感也會低；成功經驗多，自我效能感也相應會高。將注意力轉向正向方面，從成功經驗中看到自己的能量，從而強化實現目標的動力思維。

## 二、希望的發展

希望是人類適應、應對環境的一種重要能力，希望在孩子成長過程中不斷發展。

0～12個月：孩子的主客體思維萌芽，因果關係的邏輯初步形成，孩子由此產生了探究如何實現目標的想法。

1～2歲：學會制定目標，並探索具體能夠實現目標的行動。孩子這時開始學會用自己的努力行動去達成目標，在實現目標的過程中遇到障礙時，能找到克服困難的路徑和方法，並積極採取措施。當然，這個過程中不能缺少大人的幫助，孩子克服困難的能力是有限的，大人需要幫助孩子找到克服困難的方法。久而久之，孩子就會在這一階段形成堅韌不拔、充滿希望的優秀特質。

3～6歲：孩子的身心發展影響其是否有能力自己找到解決問題的途徑和方法的能力。同時，孩子的他人意識也會增強，開始考慮別人的願望和想法，因為他們逐漸意識到自己的目標有時會幫助或阻礙別人的目標。因此，他們會將這一因素考慮在實現目標的計畫中。

到了國中階段和青年初期，孩子的身心進一步發展，他們的計畫具有一定的複雜性與社會性。孩子自我意識、自尊的發展增強了其沿著目標路徑前進的能力，有助於實現目標。到了青春期，孩子的抽象思維能力不斷發展，幫助孩子順利解決複雜問題。孩子在此期間自主性、親密關係、職業規劃等方面的發展與形成也為克服困難、實施計畫提供了機遇與前提條件。此外，父母的修養和家庭環境對於兒童發展希望特質的每一階段都具有重要作用。

## 三、人生的黃金法則

心智是拉開人與人之間距離的關鍵因素，心智的發展與人的心理成長是基本同步的，分為六個階段。古人云：「二十弱冠，三十而立，四十不惑，五十知天命，六十花甲，七十古稀……」

二十弱冠，這時候心智還未成熟，凡事以「小我」欲望為中心，對自己的本能反應和行為毫無察覺，完全是靠本能行事。「大我」未被發掘（或者是已被壓制下去），處於一種完全沒有覺察力的狀態。三十而立，開始意識到自己的不足，有時會思考，有時不會，對於自己給別人帶來的傷害有感覺，但自認為找不到解決的方案，自己和身邊人的關係也苦不堪言。四十不惑，這是一個分水嶺，逐漸接納自己，對情緒有覺知能力，能控制自己，懂得換位思考，不再過分自我消耗，減少了對別人的傷害。五十知天命，長期覺察生活與自身，已經悟出了一些生活的真諦，行為與認知慢慢趨於知行合一。六十花甲，生活與自我已經進入穩定的狀態，外界任何的紛亂很難再干擾自己。七十古稀，創造力、生命力不斷增強，內心開始湧出悲天憫人的感情。隨著幸福感和創造力的不斷提升，能掌控的東西也越來越多，展現「大我」情懷，很有生命力和慈愛之心，主動給予，有了利他精神。這時是真正的開悟階段，找到了自己的終極使命和人生目標。

## 第四節　正向信念的作用

## 一、希望：追尋生命的意義

1905 年，維克多·弗蘭克（Viktor Frankl）出生於一個猶太家庭。他在 25 歲時取得了維也納大學的醫學博士學位。1938 年，德國納粹占領了他的

國家奧地利，弗蘭克被拘捕了，關押弗蘭克的地方正是奧斯威辛集中營。在奧斯威辛集中營裡，弗蘭克被百般折磨，但是他始終沒有放棄「生」的信念。1945年，蘇聯紅軍衝進集中營，德國納粹戰敗，弗蘭克終於被釋放。

出獄後，弗蘭克發現他的父母、兄弟、妻子都被納粹送到了祕密毒氣室。聽到這個消息後，弗蘭克幾乎崩潰，但是，殘酷的命運並沒有打敗堅韌的弗蘭克。他忍受著痛苦，寫了一本書，講述了他在集中營裡短短九天的經歷，開創了意義療法（Logotherapy）。弗蘭克相信集中營裡的囚犯會經歷三個心理階段：第一階段是恐慌，第二階段是麻木，第三階段是堅持。而絕大多數人，很難在第三階段之後生存下來。同樣是被關在集中營，弗蘭克卻和他們有所不同。弗蘭克每天都只有一個想法：活下去！好好活下去！無論面對什麼境遇，他都不曾放棄這一信念。他憑藉這一信念挺過一關又一關。有時，弗蘭克還會主動講笑話給獄友們，逗大家開心，苦中作樂，消解內心的痛苦。

弗蘭克說：「在任何環境中，人們都有最後一個自由 —— 選擇自己的態度的自由。」、「活著就是痛苦。活著，我們必須從痛苦中找到意義。知道為什麼活著的人幾乎可以忍受任何痛苦。」人生在世，總會身處迷茫，經歷坎坷，遭遇挫折，承受打擊，但無論生活多麼痛苦，我們都需要挺直腰桿，向著遠處的光亮奮勇前行。物隨心轉，境由心造，煩惱皆由心生。只要有明確的目標，努力提升自己，積極解決問題，那麼在道路盡頭等著我們的，一定不會是壞的結果。

## 二、正向信念的作用

希望水準影響個體的生活意義感。希望水準與個體的生活滿意度密切相關，心存希望的人會更容易找到生活的意義與價值，就像弗蘭克在納粹

集中營時的生活一樣，只有心存希望的人，才能在惡劣的環境中始終堅持活下去，找到生活的意義。壓力心理學家凱莉‧麥高尼格發現，壓力對人有一定的損害，但這種損害主要在那些以負向心態面對壓力的人中存在（表現為易患身心疾病），與普通人群相比，那些以正向心態看待壓力的人，壓力並未給他們帶來明顯的損害。相反，這些人在應對壓力的過程中，提升了能力，拓展了人際關係，增加了幸福感。希望理論創始人斯奈德研究發現，希望是心理治療專案中的變化因素。有一項治療計畫針對146名被診斷為創傷後壓力症候群的退伍軍人，並持續了6周。在這個治療計畫中，希望不是目標因素，但在治療開始、中期和結束時也對希望進行了測量。結果表明，雖然從治療一半到治療結束，希望本身並沒有改變，但它與創傷後壓力症候群和憂鬱症狀的減輕有關。

充滿信念與希望的人生是不會被擊垮的。力克‧胡哲（Nick Vujicic）於1982年出生於墨爾本，他從出生就沒有手腳。力克在上學期間飽受同學們的嘲笑與侮辱，在他10歲時曾想把自己淹死在水底。力克的父母卻不放棄對兒子的培養，希望兒子能像普通人一樣生活、學習。力克最終取得了金融理財和房地產的雙學士學位，還能夠打高爾夫、游泳、射擊。由於力克的勇氣與堅持，他被授予「澳洲年度青年」稱號。力克的故事充分說明了生活就算對我們不公，我們也要永不放棄。只要不放棄，生活就還有希望。我們每個人都應該在自己心靈的旅程中做一個強者。

## 三、培養孩子充滿希望

充滿希望是每個人幸福生活的動力，可以調動人所有的精力，實現成功的人生。希望的能力從很小的時候就可以發展起來。父母如何培養孩子成為一個有希望的人？

第一，父母本身應該充滿希望。父母的正向態度對孩子有重要影響。父母是樂觀正向的，會給孩子很大的幫助，讓孩子感受生活的美好。相反，如果父母皺眉、嘆息、抱怨社會不公，孩子就無法保持樂觀。

第二，為孩子營造充滿希望的環境。要經常鼓勵孩子，鼓勵是希望的泉源。恰當的鼓勵能給孩子不斷的動力，使孩子能夠感受到自身的能量。鼓勵能給孩子帶來良好的自我感覺，如果孩子發現自己的每一點努力都能得到家長的關注和肯定，那麼他的正向心態就能不斷增強。

第三，培養正向的思維，選擇有足夠困難的小目標。父母應該讓孩子明白每個人都有理想和目標，例如，成為科學家、太空人、教師和警察。為了實現理想，可以讓孩子把它分解成不同階段的小目標。目標不應定得太高，否則就無法實現。

## 第五節　怎樣讓內心充滿希望

### 一、讓自己形成優秀特徵

電影《刺激 1995》(*The Shawshank Redemption*) 改編自史蒂芬·金 (Stephen King) 的一部小說，故事發生在 1930 年代，以第三視角講述了一個有權有勢的美國銀行家安迪因被誣陷殺害妻子及其情夫而被判入獄以及入獄後的故事。

故事的男主角開始是一位成功的社會人士，有著自己的事業和社會地位。因為一件刑事案件被送入肖申克監獄，開啟了他的另一段人生。這段人生和他之前的生活完全不同，他面對的是逃不出去的鐵籠和犯人。在這個殘酷的環境中他一點一點地活出另外的人生，實現自己的另一種價值。

安迪在獄中做得最偉大的事就是20年如一日地挖隧道，以備自己逃跑用。影片有個細節，安迪把每次挖出來的沙子放在自己的衣服裡，衣服裡面藏滿沙子，他每走一步，沙子就會流下來，細細的沙子不斷地流，就像安迪日復一日的堅持。能夠從監獄裡逃出去不僅需要耐心，更重要的是，安迪懷抱希望，他認為世界上最美的東西就是希望，他不願意在監獄裡面苟延殘喘，願意為了自由而放棄自己的生命。

我們在生活中也一樣，要讓自己時刻充滿希望。第一，要樹立信念。「如果你想飛，你就要相信自己能飛。」時刻保持著面對不幸、困難、挑戰的信念。第二，關注成功。積極回憶過去成功的經驗，提升自己的自信。第三，大事化小。將複雜的問題分解為一個個小而簡單的問題。

## 二、讓滿心希望成為習慣

養成一些好的技巧，讓滿心希望成為生活習慣。

其一，設立合適的目標。第一，選擇一個與你自己相關的有意義的目標，這個目標難度適中。第二，主動接近目標，而不是被動地迴避目標。主動接近目標是指主動嘗試做某件事，迴避目標指的是故意逃避做某件事。事實說明，有接近性目標的人更容易成功做成一件事。第三，選擇具體明確的目標，目標實現路徑越具體，希望感越強。第四，對於個人來說，中等難度的任務最能激發興趣和動機。

其二，詳細規劃方法和途徑（路徑思維）。一方面，我們應該把一個長期的大目標分解成邏輯上相互關聯的小目標；另一方面，尋找實現目標的替代方法。遇到問題時，要積極地從多角度思考解決問題的方法，積極且靈活地尋求其他解決方法。如果目標不夠恰當，還要調整目標。

其三，保持追求成功的期望與動力（動力思維）。希望感與過去的經

驗相關，過去成功的經驗少，自我效能感就低，希望感也會低；成功經驗多，自我效能感也相應會高。回顧過去成功的經驗，讓滿心希望成為習慣。

## 小結

有希望，內心才會無比堅強，才會無所畏懼。無論面對怎樣的艱難困苦，只要心存希望，並一直努力，好運就會眷顧你。

## 自我分析

1. 請回憶你經歷過的、印象最深的挫折事件，當時發生了什麼事情？

2. 你是如何面對和處理這次挫折事件的？

## 推薦閱讀

《幸運的配方》（*The Luck Factor: Changing Your Luck, Changing Your Life, the Four Essential Principles*）李察・韋斯曼（Richard Wiseman）

《活出意義來》（*Man's Search for Meaning*）維克多・弗蘭克（Viktor Frankl）

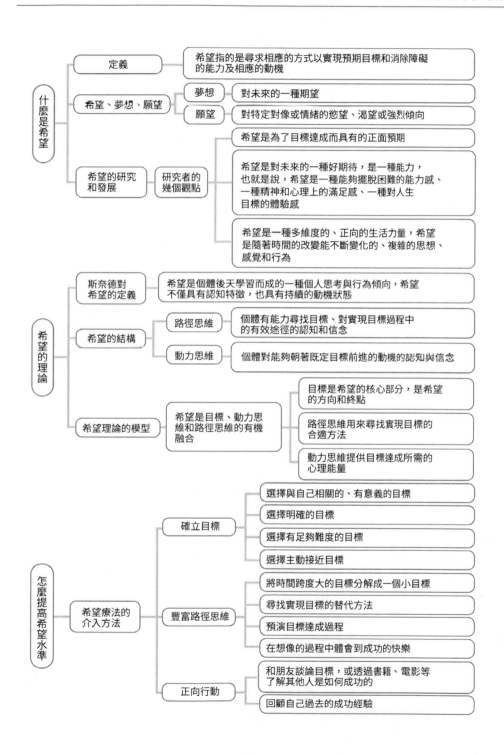

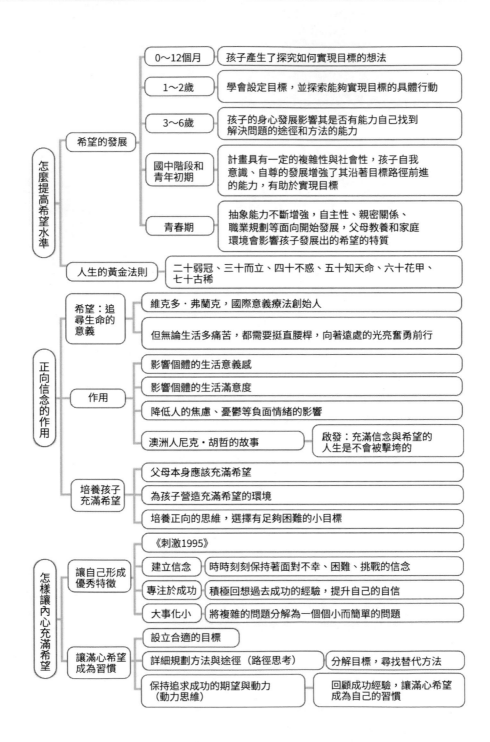

怎麼提高希望水準
├ 希望的發展
│　├ 0～12個月　孩子產生了探究如何實現目標的想法
│　├ 1～2歲　學會設定目標，並探索能夠實現目標的具體行動
│　├ 3～6歲　孩子的身心發展影響其是否有能力自己找到解決問題的途徑和方法的能力
│　├ 國中階段和青年初期　計畫具有一定的複雜性與社會性，孩子自我意識、自尊的發展增強了其沿著目標路徑前進的能力，有助於實現目標
│　└ 青春期　抽象能力不斷增強，自主性、親密關係、職業規劃等面向開始發展，父母教養和家庭環境會影響孩子發展出的希望的特質
└ 人生的黃金法則　二十弱冠、三十而立、四十不惑、五十知天命、六十花甲、七十古稀

正向信念的作用
├ 希望：追尋生命的意義
│　├ 維克多・弗蘭克，國際意義療法創始人
│　└ 但無論生活多痛苦，都需要挺直腰桿，向著遠處的光亮奮勇前行
├ 作用
│　├ 影響個體的生活意義感
│　├ 影響個體的生活滿意度
│　├ 降低人的焦慮、憂鬱等負面情緒的影響
│　└ 澳洲人尼克・胡哲的故事　啟發：充滿信念與希望的人生是不會被擊垮的
└ 培養孩子充滿希望
　　├ 父母本身應該充滿希望
　　├ 為孩子營造充滿希望的環境
　　└ 培養正向的思維，選擇有足夠困難的小目標

怎樣讓內心充滿希望
├ 讓自己形成優秀特徵
│　├《刺激1995》
│　├ 建立信念　時時刻刻保持著面對不幸、困難、挑戰的信念
│　├ 專注於成功　積極回想過去成功的經驗，提升自己的自信
│　└ 大事化小　將複雜的問題分解為一個個小而簡單的問題
└ 讓滿心希望成為習慣
　　├ 設立合適的目標
　　├ 詳細規劃方法與途徑（路徑思考）　分解目標，尋找替代方法
　　└ 保持追求成功的期望與動力（動力思維）　回顧成功經驗，讓滿心希望成為自己的習慣

# 第十五章　正向經驗：福流

能夠沉浸在心流經驗中，能夠「活在當下」的人最容易感到愉快與滿足，煩惱也少。

## 第一節　正向情緒的心流經驗

### 一、什麼是心流經驗

心流（flow）是當個人對某類活動和事物具有強烈的興趣，能夠在從這件事情的時候完全投入，發揮自己的優勢，完全沉浸的一種感覺、狀態和經驗。心流包含著快樂、喜愛、沉浸、忘我、興奮、充實的情緒經驗，比性、美食等更能讓人沉醉。在這種狀態下，人完全沒有意識到時間的流逝和周圍環境的變化。

當人們感受到心流經驗的時候，往往是生命最幸福、最精彩、最令人嚮往、最愉悅、最刺激的時刻。比如，專心烹飪、與朋友說話、玩遊戲、在公園打球、與愛人在一起、看一本好書、聽最愛的音樂。總之，心流經驗是一種集大成的經驗，會讓人感覺如此完滿，擁有了一切。

### 二、幸福的心流經驗

大家普遍認為工作是枯燥、辛苦、痛苦的，但有些人卻可以在工作中獲得快樂。那麼，什麼樣的人在工作中最幸福？心理學家米哈里・契克森米哈伊（Mihaly Csikszentmihalyi）對心流進行了一系列的研究，他的研究發現經常有心流經驗的人在工作中很容易感到幸福、快樂。契克森米哈伊觀察了作曲家、藝術家、騎手、運動員等，結果發現他們在竭盡全力地工作的時候，有時會失去對時間和周圍環境的感知。他們參加活動的目的來自內在的動機，而不是外在動機，即酬賞、金錢等。契克森米哈伊認為這種集中注意力、全神貫注的心流是一種最幸福、快樂的經驗，當個體投入全部注意力以實現其目標時，會進入特殊的忘我狀態。

一些藝術家在從事藝術創作的時候，可以廢寢忘食，不辭辛苦，始終

一心一意，表現出超強的熱愛與堅持。是什麼激勵著藝術家們如此執著地工作？契克森米哈伊對這個問題進行了研究，認為導致上述情況的原因是藝術家從事的工作，即藝術創作本身就能夠帶給人正向情緒，例如幸福、快樂等，他把這種情緒經驗稱為心流。心流經驗是推動人類發展進步的原動力，在我們做某些事情並體驗到心流的時候，會被激發出喜好與興趣，完全專注於現在所做的事情，忘記那些不幸福的事情與情緒。

　　人們通常會在自己感興趣的領域體驗到心流，當然，人們也可以透過後天的學習來改善自己的某些品質，使自己的注意力得到提高，從而使自己容易獲得沉浸的經驗，如透過冥想、瑜伽、氣功和太極拳等活動，尤其是在冥想和瑜伽的訓練中，心理的投入要遠遠重要於身體的投入。現在一些西方學者甚至鼓勵人們用冥想和瑜伽的方式對待自己日常單調的工作，認為冥想和瑜伽可以幫助人們從單調或不愉快的工作和生活中獲得好心情和快樂。

## 三、心流概念的其他表述

　　心流是指個人在做自己所熱愛的或感興趣的事情的時候所感受到的一種狀態和經驗。心流對我們有重要的意義，表現為做事的時候會全身心投入，忘了時間，忘了周遭的事物。有心流經驗的人可以從心底感到喜悅、滿足、超然，這是人類生命中最美好、最幸福的時刻。研究顯示，這種狀態和經驗最容易出現在那些成功和幸福的人身上。

　　很多優秀的心理學家解釋了經歷過心靈的流動越多的人越能感到幸福的原因。過去、未來、自我意識等往往會破壞我們對生活的滿足感，而那些有更多心流經驗的人往往更加關注現在，他們沉浸當下，全情投入某一項活動，從而忘記那些會破壞幸福感的事物。當人們把注意力集中在當前正在做的事情的時候，便不能將注意力集中於過去和未來，甚至不能感受到自己的存在。

## 第二節　沉浸經驗

### 一、什麼是沉浸經驗

沉浸是個體在內在動機驅使下從事具有挑戰性、可控性、需要大量技能的活動時，體驗到的一種主觀狀態與感受，這些活動需要由內在動機驅動。沉浸是一種正向的情緒經驗，能夠讓人沉迷其中，激發濃厚興趣。沉浸是一種包含快樂、興趣等多種情緒的綜合體，在沉浸狀態下，人們的感受和經歷是一體的。當人們獲得沉浸經驗時，他們會感到充實、興奮和快樂。

心理學家認為，真正的幸福意味著生活在一種「沉浸」的狀態中，即完全沉迷於一種活動，無論是工作還是娛樂。我們都有過沉迷於閱讀或創作的經歷，有時連別人叫我們都聽不見。在沉浸狀態中，人們能享受到巔峰經驗，會感受到快樂，展現出最好的狀態。在最好的狀態下，人們將會更有效地去學習、成長、進步以及向未來的目標邁進。契克森米哈伊認為當任務的挑戰性和個人技能都達到最高值時，此時的沉浸經驗是最佳經驗，具有最豐富的心靈能量。比如，喜歡乒乓球的人，總是在尋找打乒乓球的機會，會持續產生沉浸經驗。但是，經過一段時間後，他的球技會不斷提升，這時他和原來水準的對手打球，就沒有了沉浸經驗。這時，他就需要重新尋找與他現在的水準相當的新對手，才會重新產生沉浸經驗。

### 二、獲得沉浸經驗的方法

獲得沉浸經驗有三種方法。

第一，挖掘天賦。在某些領域，有人天生就具備超強的能力和執念，在具有相同經驗的情況下，有天賦的人可以比其他人更快地成長，並且其

成長具有獨自性和特殊性。例如，有些人天生對音樂和舞蹈有獨特的喜好。每個人都有一定的天賦，只是有的人終其一生也沒有發現自己的天賦。

第二，設定明確的目標。當我們做自己感興趣的事情時，我們更容易獲得沉浸經驗。設定明確的目標是沉浸經驗的前提。在確定目標和方向後開始行進，遙遠的目標是我們前進的動力，幫助我們去感受正在經歷的這個體驗過程。許多時候，沉浸經驗所帶來的更高層次的幸福感就在於它能把「無痛無獲」變成「現在的快樂即未來的成果」。

第三，關注當下。有的人處於當下，卻總是心煩意亂，心不在焉，不停地想著明天才會快樂、明年才會更好，當他們勞碌一生，真正停下腳步想要好好喘口氣的時候，才發現自己的生命已經進入暮年。這些以未來為重心的人們無法欣賞到實現目標前的風景，也無法享受到目標達成後的那種幸福感。當我們匆忙度日，背負壓力，充滿焦慮的時候，我們很難獲得沉浸經驗。一個真正生活在當下的人會讓現在過得充實和盡興，會全身心地參與現在的事情，不會過多地去想未來與過去，只會盡心盡力地去體會當下的時刻。

## 第三節　心流的特徵和條件

### 一、心流的四個特徵

心流有四個基本特徵。

首先，心流會出現在具有挑戰性且需要技能的活動中。能帶來心流的活動一般不會太單調或令人沮喪。如果任務困難，技能不足，人們會感到焦慮；相反，如果自身技能高，任務簡單，人們會感到無聊。高挑戰有時會帶來一定的痛苦，只有在一個難易適度的範圍內，人們才能在發揮自己

的潛力的同時，享受活動帶來的愉悅與興奮。

其次，明確的目標與及時的回饋。能夠產生沉浸式經驗的事情一定要有明確的目標，並且可以在朝著目標前進的每一步及時得到回饋。另外，我們所做的一切都為我們提供了準確、有意義和愉快的回饋，這激發我們繼續參與這一行動的強烈動機。

再次，忘我。當一項活動具有足夠的挑戰性時，你就會集中注意力，忘記自我。當我們全力投入正在做的事情時，我們不能再將意識集中於過去和未來，也不再感覺到自己的存在。心流經驗能夠引起人們的喜好與興趣，使人們全情投入，從而忘記那些會破壞人們幸福感、滿足感的東西。

最後，時間的轉換。當我們做重複性活動時，會感覺到時間過得很慢；而當我們沉浸在需要迅速運用複雜技能的活動時，尤其是當我們回過神來的時候，時間扭曲感會異常強烈，恍如一瞬間，比如，專心做飯、和朋友聊天、打球。

## 二、心流經驗的產生條件

心流經驗的產生有三個先決條件。

第一，挑戰與才能相互平衡。比如，成人在參加兒童遊戲活動時大多會感到厭倦，提不起興致，兒童卻常常能樂此不疲。因為兒童遊戲對於成人來說缺乏挑戰性或挑戰度不高，而對於兒童來說卻具有較高的挑戰性。又如，學騎腳踏車只能給人們較短暫的沉浸經驗，因為挑戰度較小，但是下棋的挑戰度就大很多了，它能為人們帶來較長時間的沉浸經驗。

第二，開展的活動具有一定的結構特徵。例如，體育和競賽具有結構性特徵，人們在進行比賽的時候會有明確的目標，並且會有判斷表現是否優秀的評價體系與規則，能使個人在進行活動時得到明確、及時的回饋。

一項活動應具有明確的目標、規則、評估標準，即該活動具有可操作性和可評估性。

第三，主體自身的特點。研究者認為，容易進入心流狀態的人具有強烈的目的性。普通人眼中的困難是他們自我提高的機會，他們喜歡迎接挑戰，勇於接受人們的批評與建議，往往頑強、自尊。另外，研究者也發現，注意力更集中的人往往也更容易進入心流狀態。心流本來就是指能夠快速進入狀態並集中精力的能力，注意力集中的人在做任何事情的時候都會比他人更沉浸在這件事情之中。

因此，我們可以從三個方面創造更多的經驗。

第一，走出舒適的環境，接觸新事物，勇於面對挑戰。透過練習和尋求建議來提高你的技能。將大目標轉化為小目標，及時跟進，得到回饋。利用心流法則，把沒有動力的無聊狀態轉化成一種幸福的體驗。第二，看看你的生活。在很多情況下，你可以在生活中找到幸福的經歷，複製這些活動，重新規劃生活。第三，激發內部動機。發展你的興趣，充分發揮你的優勢，做你擅長的事情。

## 三、心流經驗的五個階段

心流經驗有五個階段。

第一，聚精會神。注意力高的人更容易獲得心流經驗。生活中應該刻意訓練自己的注意力，如進行冥想、瑜伽、氣功和太極拳等活動。

第二，物我兩忘。在這個階段，人們可以在活動中體驗到自我意識和時間意識的暫時消失。

第三，駕輕就熟。在這個階段中，我們已經完全控制了這些活動，能夠駕輕就熟地實現目標。

第四，體會過程。我們開始不關注是否能夠達成目標，而是關注感受活動的精確回饋。準確、有意義和愉快的回饋會激發我們參與這一行動的強烈動機。

第五，主動積極。當我們主動激發內部動機，而不是僅依賴外在動機（金錢、物質等）時，就達到了能夠產生心流等最高階段。在這個階段，我們發自內心地參與活動，全身心地沉浸其中。

根據研究，藝術、體育競技和文化活動很容易產生深層次的幸福感，但幸福感通常存在於任何活動中，無論是個人活動、團體活動、體育活動、心理活動、義務活動或自願參與活動，都可能會產生心流經驗。擁有高度自主權和快樂傾向的人會更頻繁地體驗幸福的流動。整體而言，透過改善活動和環境，可以創造自己的心流，提高自己的生活品質。

## 第四節　東方文化中的心流經驗

### 一、孔子的樂在其中

契克森米哈伊不是第一個發現心流的人，在漫長歷史中，許多思想家、哲學家和宗教人士及道教和佛教等東方傳統文化經常提到這種由心理活動產生的極度愉悅的經驗，而禪宗則經常談論這種專注的狀態。從古至今，感受到心流經驗的人物中，最著名的還是著名儒學大師孔子。《論語·述而》中有記述孔子生活狀態的一段文字：「飯疏食，飲水，曲肱而枕之，樂亦在其中矣。不義而富且貴，於我如浮雲。」意思是，我雖然吃的食物很清淡、粗糙，喝的水就是普通的清水，睡覺的時候不用枕頭，而是枕在彎曲的手臂上，但許多的快樂就隱藏在簡單、平凡的生活中。至於那種違背道義而取得的金錢、財富、權力、地位，對於我來說就像浮雲。

春秋戰國時期男性的平均預期壽命只有31歲，孔子卻活到了73歲，這在當時是一個相當長的壽命。孔子壽命長的原因離不開他樂觀的心態與對於傳經授道的熱愛。孔子一生中最大的喜好與興趣就在於不斷學習、不斷提升自我修養。孔子能夠埋頭於自己喜歡的事情，內心是非常充實與滿足的，所以即使生活條件不那麼富足，也會感到快樂。

一個人進入忘我狀態時，就不再有時間、精力去為未來焦慮，為過去煩心，這些讓人煩惱、焦慮、痛苦的事會被忘記，也沒有時間思考。能夠沉浸在心流經驗中，能夠「活在當下」的人最容易感到愉快與滿足，煩惱也少。

## 二、莊子的庖丁解牛

《莊子》的第一篇〈逍遙遊〉就表達了一種自娛自樂、自由自在、豁達愉悅的感覺。這是一次真正美妙的經歷，忘記了自我，享受著周遭的一切。工作中的心流狀態也不鮮見，「庖丁解牛」的故事便是如此。在一場聚會上，有一個姓丁的廚師在梁惠王面前殺牛，庖丁殺牛異常熟練，刀子在牛的骨頭縫裡操作自如，得心應手，連牛的骨頭都碰不到，猶如行雲流水，還很有韻律。梁惠王在一旁呆若木雞，忍不住誇讚庖丁宰牛的技術之高，並詢問他技藝高超的原因，庖丁說：「長時間都在宰牛，牛的結構自然清晰在胸，殺牛時不必用眼睛看，只用心靈之神了解，沿著牛的身體構造用刀，牛的身體受刀解，牛肉從骨頭上滑落到地面。」

「庖丁解牛」描述了一個普通人的心流，庖丁僅僅是表演了一場沾滿鮮血的屠宰過程嗎？這一過程就像是一場庖丁的個人演奏會。庖丁眼裡的這頭牛不是牛，而是他最熱愛的事物，一旦開始這項活動，他就會專注於此。這讓庖丁在工作中感到非常快樂和幸福，達到了一種物我兩忘、幸福酣暢的狀態。有人時常抱怨工作讓其感到痛苦，而庖丁這種忘我工作的狀

態啟示著我們，如果我們都能全身心投入工作，工作也能讓我們產生心流，收穫幸福的感覺。

## 三、可帶來沉浸經驗的活動

　　生活中到底哪些活動會更容易給普通人帶來心流呢？心理學家對1,000多個家庭的女性進行了統計調查，發現看電影、做運動等自己有興趣的事情最容易讓人產生幸福的感覺，其次是學習、社交、性生活等。有一些活動是總能讓我們進入心流狀態的：做自己愛做的事情，包括運動、讀書、聽歌等。還有一類活動也經常讓我們進入心流狀態：與自己喜歡的人在一起。當我們關注周圍的家人和朋友時，就會容易體驗到心流的狀態。例如，幸福的夫妻生活，和朋友聊天、見面、聚會，撫養孩子，看著他們一天天成長等，也是產生心流經驗的重要活動。可以看出，正向的事情往往會為我們帶來心流經驗，當我們關注這些事情本身時，就可以完全投入，發揮自己的優勢，完全進入沉浸的狀態。心流經驗給人們帶來喜悅、快樂、興奮等感情，並伴隨著極度的興奮感和充實感。

　　同時，心理學家的調查結果顯示，坐著一直看電視、做家務這類活動很少會產生心流，並且，非常輕鬆的休閒活動幾乎不產生心流。這就說明產生心流的事件不能太單調沉悶，如果個人技能高，但處理的任務太簡單，人就會感覺無聊。契克森米哈伊認為只有在一個難易適度的範圍內，人們才可以享受活動過程中產生的快樂。因此，過飽食終日、無所事事的日子，是無法體驗心流的，這樣的生活未必有那麼幸福。

## 第五節　幸福U形曲線

　　2008年，幸福U形曲線的概念問世。在這項跨國數據調查中，所有國

家的中年人幸福感最低。隨著年齡的成長，一個人生活中幸福感的變化呈 U 形曲線。幸福感在青少年時代很強，大學時開始下降，中年時降至最低，老年時逐漸恢復。U 形谷底出現在 44 歲，中年時期幸福感的谷底與俗稱的「中年危機」意義類似。作家約翰‧歌德（Johann Goethe）曾說：「當一個人試圖在中年實現他年輕時的希望和抱負時，他就必然在欺騙自己。」中年是人生中的一個轉捩點，中年會面臨著許多問題：事業、健康、家庭婚姻等。

　　進入中年並不意味著發展停滯、創新困難或生活重複。我們可以給生活一個新的起點，關鍵在於如何應對中年危機，怎樣走出危機，開創新的生機。人是否能夠保持年輕的狀態，是否成為積極向上的人，與自己的人際關係圈和周圍的人際接觸環境有重要的關係。因此，中年以後，我們應多與人交往，建立良好的人際關係。

## 小結

　　心流經驗的關鍵在於有明確的挑戰，這項活動能夠吸引你的注意力，並且你有接受這種挑戰的能力，每一步都伴隨著及時的回饋。

## 自我分析

1. 列出你真心喜歡且能給你帶來心流經驗的活動。
2. 回憶生活中讓你感動的一個人和事。

## 推薦閱讀

　　《心流》（*Flow: The Psychology of Optimal Experience*）米哈里‧契克森米哈伊（Mihaly Csikszentmihalyi）

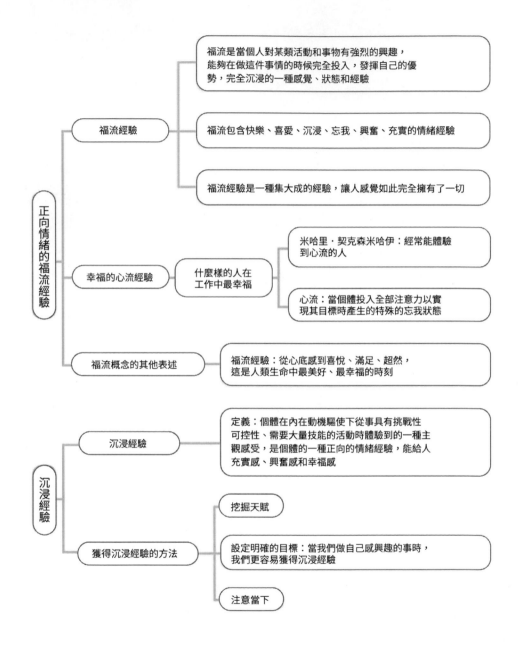

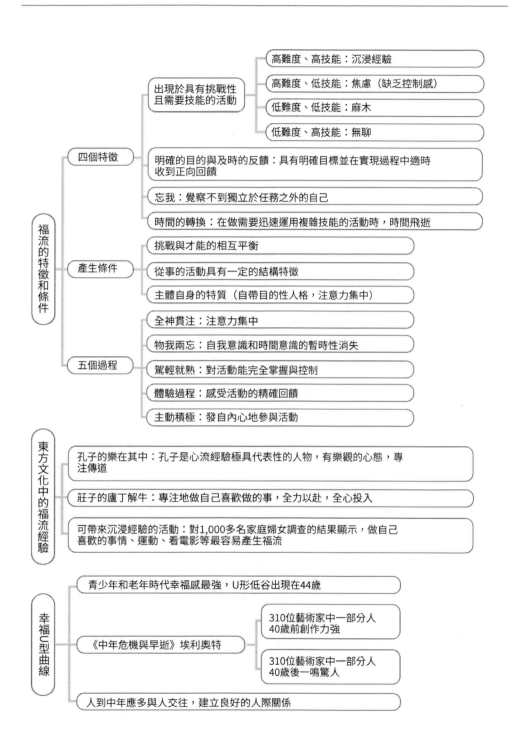

福流的特徵和條件

四個特徵

出現於具有挑戰性且需要技能的活動
- 高難度、高技能：沉浸經驗
- 高難度、低技能：焦慮（缺乏控制感）
- 低難度、低技能：麻木
- 低難度、高技能：無聊

明確的目的與及時的反饋：具有明確目標並在實現過程中適時收到正向回饋

忘我：覺察不到獨立於任務之外的自己

時間的轉換：在做需要迅速運用複雜技能的活動時，時間飛逝

產生條件
- 挑戰與才能的相互平衡
- 從事的活動具有一定的結構特徵
- 主體自身的特質（自帶目的性人格，注意力集中）

五個過程
- 全神貫注：注意力集中
- 物我兩忘：自我意識和時間意識的暫時性消失
- 駕輕就熟：對活動能完全掌握與控制
- 體驗過程：感受活動的精確回饋
- 主動積極：發自內心地參與活動

東方文化中的福流經驗
- 孔子的樂在其中：孔子是心流經驗極具代表性的人物，有樂觀的心態，專注傳道
- 莊子的庖丁解牛：專注地做自己喜歡做的事，全力以赴，全心投入
- 可帶來沉浸經驗的活動：對1,000多名家庭婦女調查的結果顯示，做自己喜歡的事情、運動、看電影等最容易產生福流

幸福C型曲線
- 青少年和老年時代幸福感最強，U形低谷出現在44歲
- 《中年危機與早逝》埃利奧特
  - 310位藝術家中一部分人40歲前創作力強
  - 310位藝術家中一部分人40歲後一鳴驚人
- 人到中年應多與人交往，建立良好的人際關係

# 第十六章　正向品格：福商

幸福不僅是感覺，幸福更是一種可以學習的能力。

## 第一節　美德與力量的正向品格

### 一、六大美德、二十四項優秀品格

正向心理學家塞利格曼認為人們具有一些普適性的品格和美德，能夠幫助人們適應各式各樣的環境，並提升幸福感。於是塞利格曼教授與另一位正向心理學的創始人克里斯托弗・彼得森（Christopher Peterson）教授合作，透過分析大量的文獻和數據，得到了包含二十四項優秀品格的六大美德。

### 1.智慧與知識

(1)好奇心：主動追隨、探索、關注新事物。

(2)喜好學習：享受學習的過程，主動獲取知識和技能。

(3)創造力：能夠用新穎、獨特、實用的方法解決問題。

(4)開放的思想：遇到問題的時候能夠分析對自己有利的資訊，也能夠接納對自己不利的資訊，綜合分析，不妄下結論。

(5)社會智慧：適應各種社會情境，辨識自己與他人的交往動機、感受。

(6)獨特視角：當線索紛繁複雜的時候也能夠看清事情的本質。

### 2.勇氣

(1)勇敢：不畏權威，不懼反對意見，堅持真理和自己的信念。

(2)堅持不懈：做事有始有終，即使面對不喜歡的事情也會承擔責任。

## 3. 仁慈與愛

(1)真實性：不偽裝，接納自我，言行和內在的價值觀一致。

(2)仁慈、善良、慷慨：不論對方的地位和財富，不論是否與自己有利益關係，都願意心懷善意，施以援手。

(3)愛與被愛的能力：正視各種人際關係中的愛，也能夠回應愛。

## 4. 正義

(1)團隊精神：積極融入自己所在的團隊，履行自己的職責，樂於合作和分擔。

(2)公平：對所有人態度一致，機會相同，不因為個人的感受和利益錯判他人。

(3)領導能力：帶領團隊完成共同目標，增強團隊成員之間的凝聚力。

(4)自我控制：能控制欲望、情緒和衝動，並有自己的調節方法。

## 5. 修養與節制

(1)謹慎小心：合理平衡眼前的誘惑和長遠的利益之間的衝突。

(2)適度和謙虛：同時接納自己和他人的成就。

## 6. 心靈的超越

(1)欣賞美和享受美：能夠在生活中發現和欣賞各種美，享受美的樂趣。

(2)感激、感恩：秉持對世界和所有人的欣賞和尊重。

(3)希望、樂觀：對未來充滿希望，相信目標會實現。

(4)有目標和信仰：人生充滿意義感。

(5)寬恕、憐憫：能夠放下指向自己的傷害，願意饒恕他人，救贖自己。

(6)風趣、幽默：能夠帶給自己和他人快樂，遇事能夠看到正向的一面。

(7)熱情：充滿活力，每天都期待新一天的到來。

## 二、心理能量：向上生命力

隨著物質生活的富足，人們越來越關注內心的感受，越來越理解心理健康所帶來的正向力量。所謂心理健康，是指精神活動正常、抗壓性好，具體包括在社交、生產、生活中善待自己，善待他人，適應環境，情緒正常，人格和諧，知足常樂。

近年來的社會事件中，心理學專業的力量不斷突顯，尤其在2019年新冠肺炎疫情暴發的初期，人們依靠心理調適知識隨時調節情緒和自我狀態，處理自己的壓力反應。維護心理健康是與保持身體健康同樣重要的大事。

## 三、抗壓性：活得更好的能力

心理學將一個人的心理狀態劃分為心理正常和心理異常，而心理正常的人群中又存在心理健康和心理不健康兩類群體，例如我們在因為新冠肺炎防疫要求而被隔離期間，出現焦慮、煩躁、恐懼等情緒，無法專心工作和學習，睡眠和飲食都受到影響等，這些都是正常的心理反應，需要調整的是不健康的狀態。心理學研究者認為，一個人的心理健康與抗壓性水準有關。抗壓性高，則心理健康狀況良好，做出適應性的行為，否則會陷入不良經驗和做出不適應的行為。

抗壓性包括心理潛能、心理能量、心理特點與心理行為等，是一種綜

合性的能力，主要表現在我們的情緒、情感狀態、自信心、意志力和韌性幾個方面，可以說，抗壓性就是讓我們活得更好的能力。正向的心理有利於提升我們的抗壓性，進而促進心理健康。

心理學研究曾經致力於療癒心理問題，結果發現心理問題的治癒並不能保證患者獲得正向經驗。此外，大部分人並沒有心理問題，卻也沒有正向的心理經驗，這是因為忽視了原本的優勢品格，忽視了提升自己的抗壓性。專業科學知識的學習及道德情懷的陶冶可以促進心理建設，同時能夠使我們具有自信、心態平和、信念堅定、充滿使命感的心性。

## 第二節　提高幸福感的方法

多年來，人們追求財富、名利、地位，認為擁有的財富越多越幸福，但是事實並非如此。美國著名的調研公司蓋洛普在2005年進行了一項調研，以全球130萬人為樣本，數據顯示收入與滿足感成正比，但是與幸福感之間相關性很小。也就是說，收入更高的人會感到更強烈的人生滿足感，但是並不一定會感到幸福快樂。影響幸福感的因素有很多，另一項調查顯示90％的幸福感來自我們的內部（如有朋友、獨立、受到尊重等），只有10％來自外部事物（如夫妻關係、金錢和職業）。所以積極地規劃和組織自己的生活，專注於健康和美好的事物，才能找到讓自己感到快樂的方法，提高獲得幸福的能力。這裡主要介紹提高幸福感的六個方法。

## 一、積極主動的人的生活滿意度能提高 15％

與被動的人相比，積極主動的人對自己的生活滿意度會提高15％，因為他們有正向的目標，更願意參與正向的任務。目標要指向未來，或需要

長時間的努力和等待，或需要暫時的忍耐和付出。能夠設定目標的人堅信付出會得到回報，這是對自己的信任。這種信任源自對環境的安全感和對自己能力與價值的認同。那些感到幸福的人會經常設定自己的前進目標。

## 二、每天散步、鍛鍊可將幸福感提高 12%

定期進行體育鍛鍊可以保持身體健康，讓人精神愉快，尤其是每天散步可將幸福感提高12％。運動是最直接有效的調節生理變化的方法，也是調節情緒的有效方法之一。在陽光下散步對舒緩心境、提升正向的心理經驗有很大的益處。

## 三、做好事的人的快樂情緒增加 24%

為他人做好事的人比只為自己生活的人的快樂經驗多24％。給予他人的同時，自己得到的快樂會比所給予的人更多。人們常說「贈人玫瑰，手留餘香」，為他人提供幫助，收穫的是對自己能力的認可。而這種被認可、被尊重的內在感受與幸福感有很大的相關性。

## 四、為小幸福、小進步鼓掌和高興

生活是由各種瑣碎和平淡的小事組成的，因為某件事情而感到開心、驚喜的程度與我們對事情的評價有關，與事情的大小無關。我們拿到人生第一份薪資的時候，都十分興奮，第一份薪資1,000元的人和第一份薪資5,000元的人，他們的開心程度並沒有差別，原因都是第一次透過自己勞動獲得報酬的滿足感。不要執著於生活中的重大事件，每一次小小的成長和進步都是難得的。正向心理學建議我們常常進行一個練習：回憶今天三件讓你高興的事情。早上起來被暖暖的太陽晒著值得高興；走下床感受到

自己健康的身體值得高興；看到家人的笑容值得高興。觀察生活的細節、善於正向思考的人更有可能幸福。

## 五、幽默的人的快樂情緒會增加 33%

幽默感不僅能夠讓自己和他人開心，也是最吸引人的特質，人們更喜歡和令自己開心的人相處。當然，幽默與強顏歡笑不同，幽默是發自內心地認為自己是開心的，也願意讓他人開心。幽默的人思維敏捷，隨時能夠發現每件事情有意思的地方，隨時能夠轉換為樂觀思維，獲得愉快的情緒經驗。

## 六、愛自己、相信自己的人幸福感更高

你覺得現在的自己幸福嗎？

你覺得自己會獲得幸福嗎？

如果兩個問題的答案是「否＋否」，那麼你似乎對自己有一些誤解，需要和睿智的朋友或心理師聊一聊；如果你的答案是「否＋是」，那麼恭喜你，你很快就可以獲得幸福。我們是自己心理狀態的第一責任人，快樂的人相信自己，相信自己的目標，相信自己的智慧和力量，認為自己是贏家，相信堅持和努力一定會讓自己心想事成。你有多熱愛，就有多努力！

## 第三節　好人會有好報嗎

美國生命倫理學教授史蒂芬‧波斯特（Stephen Post）致力於研究助人行為，在他的暢銷書《好人肯定有好報》（*Why Good Things Happen to Good People*）中分享了一個關於助人的研究。

加州大學柏克萊分校在1930～1990年追蹤了200人的生活，並與他們進行了有關助人傾向的訪談，結果發現在讀高中時就比較樂於助人的青少年，長大後更容易獲得成功，賺到更多的錢，社會地位也更高，生活習慣更好，吸菸酗酒的行為較少，而健身鍛鍊行為較多，有更高的社會競爭力。

另一項對2,025位老人在5年的時間裡的追蹤調研發現，經常做志願服務的老人，死亡率比其他人低44％；做兩項以上志願服務的老人，死亡率比其他人低63％。

2010年，美國的一家保險公司與一所非營利機構共同調研了4,500多名18歲以上的美國人，發現68％的志工認為志願工作讓他更健康，志工普遍比非志工對自己的健康狀況更滿意，志工的體重控制也較非志工更好。

可見，幫助別人不但在主觀經驗上會幸福，還會在無形中收穫更多、更長遠的益處。因此在教養兒童的過程中，父母要培養孩子的利他行為。一切快樂都是從利他行為中產生的，一切痛苦都是由只為自己而引起的。人若能明白這一點，並試著去慢慢改變，得到的幸福更多，並且更長久。

有一個教授和一個學生在田間小道上散步，突然看到地上有雙鞋，猜想是附近一個農夫的。學生對教授說：「我們把鞋藏起來，躲到樹叢後面，看看他找不到鞋子的感受怎麼樣。」教授搖搖頭：「我們不能把自己的快樂建立在別人的痛苦之上，你可以透過幫助他給自己帶來更多快樂。你在每隻鞋裡放上一枚硬幣，然後躲起來觀察他的反應。」學生雖然猶豫，還是照做了，隨後他們躲進了旁邊的樹叢。沒多久，一個農夫來到這裡，把鞋往腳上套。突然，他脫下鞋，彎下腰，從裡面摸出了一枚硬幣，臉上一下子充滿了驚訝和欣喜。他又繼續去摸另一隻鞋，又發現了一枚硬幣。這時，教授和學生看見這個農夫激動地仰望著藍天，大聲地表達著自己的感

激之情，話語中談到了生病無助的妻子、沒有東西吃的孩子……學生被這個場景深深地觸動了，他的眼中不知不覺充滿了淚花。這時教授問：「你是不是覺得這比惡作劇更有趣呢？」學生說：「我懂得了過去從未曾懂得的一句話，給予比接受更快樂！」

所謂好人，即盡職盡責的人。好子女，盡到對父母的孝道責任；好父母，盡到對子女的撫教責任；好公民，盡到對國家的服務責任；好領導，盡到對下屬的引領責任；好員工，盡到對企業的敬業責任；好教師，盡到對學生的教育責任。每個人只有承擔自己的責任，盡職盡責，社會才能和諧運轉，持續發展。

心理健康領域倡導負責任光榮，不負責任可恥，從大的方面來講，負責任幫助我們樹立正確的世界觀、人生觀和價值觀；從小的方面來說，負責任對內幫助我們經營好家庭，盡職盡責，對外幫助我們做好本職工作，愛崗敬業。

## 第四節　幸運兒與倒楣鬼

好運源於一個人內心的厚度。越努力的人越幸運，越幸運的人越幸福。

19世紀末，義大利著名經濟學家帕雷托（Vilfredo Pareto）在經濟研究中發現，在任何特定的群體中，重要的因素通常只占少數，約20％，不重要的因素占多數，約80％，只要根據這個規律掌控關鍵性的少數因素，就能夠掌控全域性，獲得成功。這個規律也被稱為二八原理，例如80％的銷售額源自20％的顧客；80％的菜是重複20％的菜色；80％的垃圾來自20％的地方。幸福經驗亦是如此，做到重要的少數 —— 行善、行孝，就可以事半功倍。

英國心理學家李察・韋斯曼在《幸運的配方》(*The Luck Factor, Changing Your Luck, Changing Your Life*)一書中描寫了幸運的人與眾不同的「社交磁鐵」，他們的微笑是不幸運的人兩倍，他們在人際交往中的目光接觸要比不幸運的人更多，在肢體語言方面，幸運的人更願意使用開放式的肢體動作，而不幸運的人常使用封閉式的動作。因此，幸運其實也可以透過人際交往中的行為方式練習。

讓人舒服是頂級的人格魅力，做個有趣的人，你將會更加幸運，更接近成功。

## 第五節　感恩心：善的教育

### 一、感恩心是智慧與大愛

2010年，美國最大的財經報紙《華爾街日報》(*The Wall Street Journal*)發表了一篇關於研究感恩的文章，科學家們發現，感恩的人擁有很多優秀行為和更好的身心經驗。例如：感恩的人身體更健康；主觀感受更幸福；個性特質更樂觀；生活中的朋友更多；不容易產生憂鬱、嫉妒、貪婪等負向情緒，也不容易發生酗酒的行為；身體上也較少感到頭痛、胃痛。

感恩有利於體會生活中的美好經歷，有助於提升自我價值、提高自尊，有助於應對壓力和傷痛，有助於培養仁德的品行，有助於加強人與人之間的感情和建立新關係。

感恩的人更願意幫助別人。有一項研究發現：在餐廳的帳單上對顧客寫下「謝謝」的服務生將會比其他服務生多收到11%的小費；月底的時候送上一封「感謝信」給公司的員工，生產力可以從23% 提高到43%；在志

工完成一項服務後，為志工送上感謝回饋，80%的志工會繼續參加下一次的服務，如果沒有感謝回執，只有43%的志工會繼續下一次的服務。

## 二、助人者是人類的快樂使者

研究證明，進行助人行為能夠促使大腦分泌多巴胺，這是一種能夠帶來開心和興奮的神經傳導物質。多巴胺越多，人越快樂。其實人們做好事時產生「感覺良好」的經驗，就是因為多巴胺的分泌增多，導致大腦裡分泌多巴胺的酬賞中心腹側紋狀體的血液流量增加。助人是一份幸福，行善是一份感恩。

善良具有一些幸福優勢，幫助別人比被別人幫助更幸福，幫助他人會使我們的生活滿意度提高7倍！善言、善行是最容易的事情，因為做好事不需要特定的才華和多少時間、金錢，只要你願意即可。善舉從來不是負擔，也不能是負擔，強迫之下或者別無選擇而不得不為之的「善舉」並不是助人。每一個讓我們體驗到幸福的助人行為必須是自發自願的。

## 三、孝順：百善孝為先

孝順的道理很簡單，老年人的今天是中年人的明天，也是青少年的後天。孝親敬長一直都是中華民族的優良傳統。孝是一種品德。所謂小孝，是指孝敬自己的父母。所謂大孝，是指孝敬天下的父母，全心全意為人民服務，如孟子所言：「老吾老，以及人之老，幼吾幼，以及人之幼。」所謂至孝，是指成就聖賢、普利眾生，使千秋萬代的人獲益無窮。

## 小結

行善和感恩是人的正向品格，有六種方法可以提高幸福感。

願你能幫助他人，懷有愛心、善心。

## 自我分析

在你愛的人中，誰最重要？怎麼排序？

自己、配偶

子女、朋友

夫妻雙方父母

兄弟姐妹

## 推薦閱讀

《哈佛最受歡迎的幸福練習課》（*Stumbling on Happiness*）丹尼爾‧吉爾伯特（Daniel Gilbert）

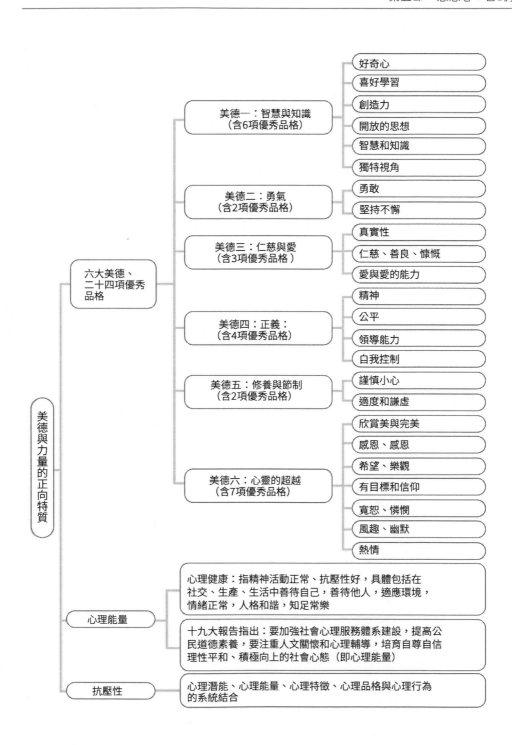

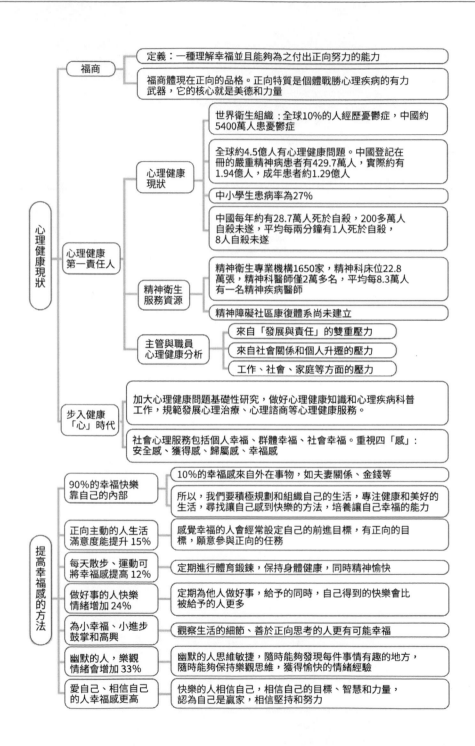

福商
定義：一種理解幸福並且能夠為之付出正向努力的能力

福商體現在正向的品格。正向特質是個體戰勝心理疾病的有力武器，它的核心就是美德和力量

心理健康現狀

心理健康第一責任人

心理健康現狀
世界衛生組織：全球10%的人經歷憂鬱症，中國約5400萬人患憂鬱症

全球約4.5億人有心理健康問題。中國登記在冊的嚴重精神病患者有429.7萬人，實際約有1.94億人，成年患者約1.29億人

中小學生患病率為27%

中國每年約有28.7萬人死於自殺，200多萬人自殺未遂，平均每兩分鐘有1人死於自殺，8人自殺未遂

精神衛生服務資源
精神衛生專業機構1650家，精神科床位22.8萬張，精神科醫師僅2萬多名，平均每8.3萬人有一名精神疾病醫師

精神障礙社區康復體系尚未建立

主管與職員心理健康分析
來自「發展與責任」的雙重壓力

來自社會關係和個人升遷的壓力

工作、社會、家庭等方面的壓力

步入健康「心」時代
加大心理健康問題基礎性研究，做好心理健康知識和心理疾病科普工作，規範發展心理治療、心理諮商等心理健康服務。

社會心理服務包括個人幸福、群體幸福、社會幸福。重視四「感」：安全感、獲得感、歸屬感、幸福感

提高幸福感的方法

90%的幸福快樂靠自己的內部
10%的幸福感來自外在事物，如夫妻關係、金錢等

所以，我們要積極規劃和組織自己的生活，專注健康和美好的生活，尋找讓自己感到快樂的方法，培養讓自己幸福的能力

正向主動的人生活滿意度能提升15%
感覺幸福的人會經常設定自己的前進目標，有正向的目標，願意參與正向的任務

每天散步、運動可將幸福感提高12%
定期進行體育鍛鍊，保持身體健康，同時精神愉快

做好事的人快樂情緒增加24%
定期為他人做好事，給予的同時，自己得到的快樂會比被給予的人更多

為小幸福、小進步鼓掌和高興
觀察生活的細節、善於正向思考的人更有可能幸福

幽默的人，樂觀情緒會增加33%
幽默的人思維敏捷，隨時能夠發現每件事情有趣的地方，隨時能夠保持樂觀思維，獲得愉快的情緒經驗

愛自己、相信自己的人幸福感更高
快樂的人相信自己，相信自己的目標、智慧和力量，認為自己是贏家，相信堅持和努力

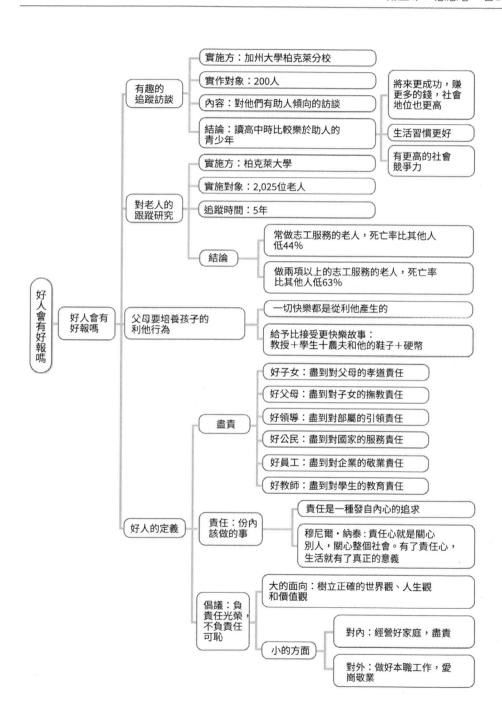

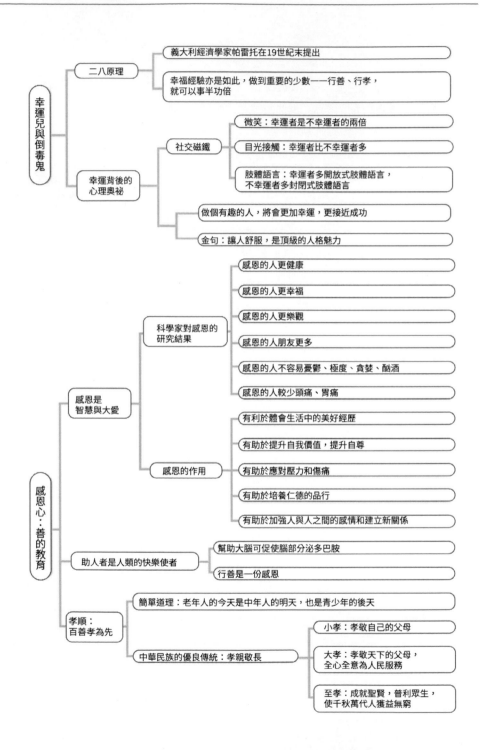

幸運兒與倒毒鬼
- 二八原理
  - 義大利經濟學家帕雷托在19世紀末提出
  - 幸福經驗亦是如此，做到重要的少數——行善、行孝，就可以事半功倍
- 幸運背後的心理奧祕
  - 社交磁鐵
    - 微笑：幸運者是不幸運者的兩倍
    - 目光接觸：幸運者比不幸運者多
    - 肢體語言：幸運者多開放式肢體語言，不幸運者多封閉式肢體語言
  - 做個有趣的人，將會更加幸運，更接近成功
  - 金句：讓人舒服，是頂級的人格魅力

感恩心：善的教育
- 感恩是智慧與大愛
  - 科學家對感恩的研究結果
    - 感恩的人更健康
    - 感恩的人更幸福
    - 感恩的人更樂觀
    - 感恩的人朋友更多
    - 感恩的人不容易憂鬱、極度、貪婪、酗酒
    - 感恩的人較少頭痛、胃痛
  - 感恩的作用
    - 有利於體會生活中的美好經歷
    - 有助於提升自我價值，提升自尊
    - 有助於應對壓力和傷痛
    - 有助於培養仁德的品行
    - 有助於加強人與人之間的感情和建立新關係
- 助人者是人類的快樂使者
  - 幫助大腦可促使腦部泌多巴胺
  - 行善是一份感恩
- 孝順：百善孝為先
  - 簡單道理：老年人的今天是中年人的明天，也是青少年的後天
  - 中華民族的優良傳統：孝親敬長
    - 小孝：孝敬自己的父母
    - 大孝：孝敬天下的父母，全心全意為人民服務
    - 至孝：成就聖賢，普利眾生，使千秋萬代人獲益無窮

# 第十七章　正向投入：志商

天才是百分之一的靈感，百分之九十九的汗水。

## 第一節　什麼是志商及智商

### 一、什麼是志商

志商即意志智商，它指一個人的意志品格的水準，包括堅韌性、目的性、果斷性、自制力等方面。志商是衡量一個人意志堅強還是脆弱的象徵。志商雖然不能決定一個人聰明與否，卻在一定程度上決定著一個人做事的成敗。

具有不怕苦和累的頑強打拚精神就是高志商的一種表現。此外，志商有四個特徵：一是果斷性，為了達成目標，面對危險依舊沉著鎮定，能明辨利弊，必要的時候能夠迅速而堅決地做出決定並立即行動，非必要的時候也能夠全面深刻地思考，堅信自己；二是堅韌性，對目標堅持到底；三是自制性，能夠控制自己的情緒和行為；四是自覺性，自覺自願地追求目標，受到達成目標的社會意義和動機合理性的影響。

### 二、什麼是智商

智力的高低通常用智力商數來表示，簡稱為智商，能夠表示一個人的智力發展水準。智商反映了人的認知能力、思維能力、語言能力、觀察能力、計算能力、律動的能力等。

法國實驗心理學家阿爾弗雷德‧比奈（Alfred Binet）在1905年編制了第一份智力測驗量表，並將智商按照分數劃分，一般正常人的智商在85 ～ 115分，超過115分為智商優秀，超過130分為智商極優秀，超過145分為天才。英國理論物理學家史蒂芬‧霍金（Stephen Hawking）的智商是160分，德國物理學家愛因斯坦生活的年代還沒有智力測驗，但是據推

測，其智商在160～190分。智商雖然有一個分值，但是這個分值不同於普通的數字，只有相對的高低，無法進行絕對的比較。智力低和高的人都是少數，約占總人群的20%。

　　智商與學習能力和學習成績有很大相關，智商主要表現了一個人的理性水準，並且能夠透過教育、正向鼓勵而提升。但是並不能用智商推斷一個人的社會適應情況和取得的成就，很多智商高的人可能會出現一些無法適應社會的情況，或是並沒有取得人們預期的成就，也就是通常所定義的成功。

## 三、成功者的兩個條件

　　《三國演義》中曹操在煮酒論英雄的時候，有過這樣一段話：「夫英雄者，胸懷大志，腹有良謀，有包藏宇宙之機，吞吐天地之志也。」這告訴我們，要成為英雄（成功者），需要有兩個條件，即大志和良謀，而大志處於首要地位，大志是大成的決定因素。

　　春秋戰國時期的思想家墨子曾曰：「志不強者智不達。」

　　德國物理學家愛因斯坦說：「天才是百分之一的靈感，百分之九十九的汗水。」

　　由此可見，成功的兩個條件是志與智，即志商與智商。智商是基礎，具備最基本的學習能力，才能夠將知識合理地運用到需要的地方。志商則具有指向性，能有效地控制一個人的行為。智商固然重要，但志商比智商更為重要，智商也許能讓你在成功的道路上少走些彎路，但最後能否成功還是要看「志商」。

　　從小時候開始，每個人都被問過長大之後要做什麼，家庭、學校和社會都在進行著正向的引導，幫助每個人堅定心中的目標和理想，並透過不

斷的訓練和鼓勵來提升專注力，增強自制力，以提高志商水準。志商高的人不僅能夠堅定地朝向目標前進，也能夠帶動身邊的人。

## 第二節　判斷自我志商的高低

志商不是固定不變的，透過學習和訓練是可以得到開發和成長的。我們要走向成功，就必須不斷學習，提高志商。以下方法能夠判斷一個人當前的志商水準。

### 一、做事情是否有方向性

研究效率的專家提供了幾種方法：第一，不要想把所有的事情都做完，每個問題都可能涉及很多方面，每個大目標還會包含小目標，「任務支線」會占據很多時間和精力，有時候還會讓我們偏離原本的初心。第二，手邊的事情不一定是最重要的，找到方向是一個過程，需要經過思考和選擇。第三，每天晚上寫出明天必須要做的事情，並將事情按照重要程度排序。第四，嚴格按計畫執行，不必顧及其他瑣事。第五，如果一天結束，要確保最重要的事情已經完成了，不那麼重要的事情可以明天再做。

### 二、面對困難是否意志堅決

在努力的過程中，總會遇到各種困難，意志堅決的程度代表了志商的高低。意志堅決的人能夠長時間地保持充沛的精力和頑強的毅力。一個人的意志強度受到他與他人進行比較後的結果影響，如果一個人處於「人有我有」的狀態，此時是滿足的，意志最弱；如果處於「人無我無」的狀態，也不會增強意志，因為這種缺少是大家共有的，不會引起焦慮和動機；如

果處於「人無我有」的狀態，人們會產生一種滿足感，並且會主動付出努力保持這個狀態，除非這種「人無我有」是絕對不可改變的；如果處於「人有我無」的狀態，意志將被強化，更願意付出努力，但是如果這種差異過大，也可能會導致自暴自棄，放棄努力。

## 三、做事是否乾脆

做事乾脆表現在不僅能夠明辨是非，而且能夠迅速、合理地做出決定。要做到這一點，可以從兩個方面著手。一方面是對目標有清晰的認知。設定目標的時候，可能受到很多因素的影響，例如他人的建議和當前主導的價值觀。然而並不存在一個完美的目標，目標可能伴有失敗的風險，支持者可能很少，可能需要付出更多的努力。因此我們要有清晰的認知，以便在不同的情境中做出調整或抉擇。另一方面是提升洞察力。洞察力是一種能夠在複雜的線索中迅速看到事情本質的能力。這需要有一定的知識和閱歷累積，此外還可以透過一些方法提升自己，例如選擇一位公認的智者，閱讀他的書籍或觀看紀錄片，學習他對重要問題的思考角度和觀點。

## 四、做事時自制力如何

自制力是控制情緒和行為的能力，自制力越高，志商越高。

心理學研究發現，自制力是可以透過一些方法得到鍛鍊的。首先，將一件需要長時間專注的事情拆分成小的目標和小的階段，人的生理和心理都有一定的週期性規律，無法永遠保持一個狀態，但是可以逐漸完成階段性的任務。其次，給予及時獎勵，每個階段的目標完成後，都給自己一個獎勵，增強對自我能力的肯定。再次，保持專注，給自己一個安靜的、不被打擾的空間去做事。最後，保持情緒的穩定，在平靜的心態下工作和學習。

## 五、自信力如何

自信力，即對自己能力的信任程度。對自己實現目標信心十足的人，意志更堅定，志商更高；對自己信心不足的人，容易被挫折阻礙而放棄目標。

自信力與過去的成功經驗有關。成功經驗更多的人，自信力更高。自信力還與比馬龍效應（詳見第七章）有關，如果他人對自己有正向的期待，自己也會朝著期待的方向修正自己的行為。因此，當設定了一個目標，不妨和身邊的朋友分享或尋找一個志同道合的夥伴，從而得到對方的正向鼓勵和期待，這樣有助於增強志商。

## 第三節　正向投入與人生目標

## 一、美國哈佛大學追蹤調查

美國哈佛大學曾經追蹤調查一群年輕人，這些年輕人的智力、學習和生活環境都很相似，第一次調研時其中3%的年輕人有著比較清晰且長遠的目標，10%的人有一個比較清晰但短暫的目標；60%的人雖然在思考未來，但是目標模糊；27%的人則完全沒有目標。25年之後，再次調研發現，之前有著清晰且長遠目標的人，一直在不懈努力，有很多人成了行業領袖和社會菁英；有著清晰但短暫目標的人，大多生活在社會的中上層，他們的短期目標也在不斷實現；而目標模糊的人，在生活中沒有特別的成績，比較安穩；沒有目標的人則生活得並不如意，且常常抱怨自己、他人和社會。

哈佛大學還曾經調研，300多名畢業生在畢業的時候只有15名有著很明確的目標，20年後，這15名畢業生累積的財富超過其他畢業生累積的

財富的總和。

　　心中沒有志向的人容易把這個世界看成一個灰暗的世界。如果你有了志向，有了人生的大目標，就有了一個強而有力的精神支柱，就不怕漫漫長夜，不怕世界的風雲變幻。

　　《諸葛亮集‧誡外甥書》中寫過：「夫志當存高遠，慕先賢，絕情慾，棄凝滯，使庶幾之志，揭然有所存，惻然有所感。」這句話的意思是人要樹立高遠的志向，以先賢為榜樣，節慾自制，消解心中鬱結的憂思、俗念，讓那些遠大的志向隨時激勵自己。

## 二、志向與信念

　　西方有一句諺語：「如果你不知道自己要到哪裡去，那通常你哪裡也去不了。」但是當有了想去的地方，還需要有一個必須到這個地方去的想法，才能不斷地克服困難，不畏挫折，頑強地堅持下去。這個想法就是信念。

　　志向本身的力量並不是絕對的，但是當志向與信念結合在一起，堅持飽含志向的信念，並持續付出努力後，它將會為你帶來不可估量的成果。你一定要相信並堅持自己的志向，成功之泉才可以汨汨流淌。

　　在前進的路上，每個人的想法不盡相同，有的看到困難就認為一路糟糕至極，陷入無望和焦慮中，有的因為一次的偷懶就認為自己不可能堅持到最後，有的只看到最後的結果就認為過程沒有意義。這些消極的信念往往不利於志向達成，需要隨時調整。我們要看到凡事有很多種可能，允許一段時間內的退步，從更多的角度解讀目標，才能擁有堅定的信念。

　　志向是意志的重要方面。所謂「不想當將軍的士兵不是好士兵」就是強調要有志向。人生是小志小成，大志大成。許多人一生平淡，不是因為

沒有才幹，而是缺乏志向和清晰的發展目標。在商界尤其如此，要成就出色的事業，就要有遠大的志向。

## 三、志向與夢想

夢想是內心深處的一個念頭、一種情緒狀態、一份渴望和熱情。那些指明瞭方向且具有可行性的念頭會逐漸匯聚成夢想。夢想會描繪出具體的未來。堅持夢想需要保持激情。夢想所描繪的情境更加廣闊，而志向更加具體。然而，不論是夢想還是志向，都需要能夠指導一個人的行為，否則，夢想就成了空想，志向就成了海市蜃樓。

有學者總結，一個好的志向需要回答這樣幾個問題：為誰服務？為之創造什麼樣的價值？為何要創造這種價值？你的興趣和優勢在哪裡？做這件事的機會和成本是什麼？是否可以持續？當回答了這些問題，夢想和志向將逐漸獲得意義。

## 第四節　意志力與專注的力量

## 一、意志力

意志力是指一個人自覺地確定目的，並根據目的來支配、調節自己的行動，克服各種困難，從而實現目的的能力。當人們善於運用意志力的力量，就會產生決心和心理能量。相關研究發現，人在清醒的時候，大約有1/4的時間都是在運用意志力控制自己，抵禦欲望。

1921年，美國心理學者特曼（Lewis Terman）進行了一項大規模的追蹤研究，他尋找了1,528名智力超常（智商分數高於140分）的兒童，透過50

年的觀察，收集其成人後的狀況和資料。研究中，特曼對比了其中800名男性的成就，發現成就最大（前20%的群體）和成就最小（後20%的群體）的兩組人之間最顯著的差異是意志力，成就最大的一組人更加不屈不撓，自信心和進取心更強。

## 二、專注的力量

美國心理學家艾倫·南格（Ellen Langer）是第一位獲得哈佛大學終身職教的女性。1979年她做了一個重要的實驗。她挑選了十幾名75歲以上的男性，安排他們住在療養院，讓他們想像並模擬1959年的生活場景。療養院提供的雜誌、報刊和物品等也都是1959年的。此外，這些男性戴的胸卡照片也都是他們在1959年拍的。他們只能談論1959年的那些事情，也就是讓這些男性扮演自己20年前的角色。

一週後的實驗結果發現，這些男性的心理和生理的年齡降低了，比如說手指頭變長了。一般情況，手指頭的長度會隨著年齡的成長而變短。他們的身體靈活度提高了，聽力和視力大大提高，智力水準提升了，記憶力也得到改善。這些人回到家後，生活也可以自理，能更好地照顧自己。他們不僅身體上變得年輕，頭腦和心智也變得年輕了。對比實驗前後的照片，實驗後的照片看起來年輕了，肌肉的力量也增加了。

心理學家對這種變化的原因進行分析後發現，在一般的環境和文化中，人們對待老年人的態度，傳遞給他們的資訊和表露出來的行為就是：「你老了，你很虛弱，你需要人照顧。」這就導致了老年人對他人更加依賴，而老年人對自己的看法是：「我自己已經老了。」如果一個人能突破大眾的看法，突破自己的年齡心理，在內心接納並扮演自己真正喜歡的角色，年齡對其來說只是歲月的數字，而不是歲月的痕跡。

1989年，艾倫‧南格進行了另一個實驗，首先她給實驗者一份普通的視力測試表，測量並記錄結果。然後讓這些實驗者穿上飛行服，坐進飛行模擬器，再給他們呈現相同的視力表，在同樣的距離進行測量。結果其中40%的實驗者的視力測量結果有了明顯的提高。

艾倫‧南格在專注力方面進行了很多研究，被譽為「覺察力之母」，總結了很多正向覺察對人的行為的影響。例如：增加生命的活力，使身體變得更健康；突破自我，放開僵化的思維；專注於過程有利於創新性地解決問題，獲得快樂；消除思維定式和自我設限，多角度看待遇到的人和經歷的事；整合身心力量與資源，發揮潛能。

## 第五節　心理資本與抗壓性

### 一、什麼是心理資本

2004年，美國管理學家弗雷德‧路桑斯（Fred Luthans）提出了心理資本）（Psychological Capital）的概念，心理資本是指個體在成長和發展過程中表現出來的一種正向心理狀態，是超越人力資本和社會資本的核心心理要素，是促進個人成長和績效提升的心理資源。

心理資本是實現人生可持續發展的原動力。心理資本主要包括：自信；希望；樂觀；堅韌，從衝突、失敗、壓力中迅速恢復的心理能力；情緒智力；自我管理；主觀幸福感；組織公民行為，自覺關心組織利益，維護組織，自發地幫助組織。一個人的潛能是無限的，其實就是心理資本起的作用。

心理資本就像是一個銀行，在平時，我們不斷零散地存進一些心理能量，在需要的時候，如出現了困難和挑戰，我們就可以從這個銀行帳戶裡取出應對的力量。

## 二、心理資本的累積

有研究發現，職業競爭力＝人力資本＋社會資本＋心理資本。

人力資本包括人際交往能力、團隊合作能力、持續學習能力、問題解決能力，簡而言之，就是「你知道什麼」，你所掌握的知識、技能及具備的能力。

社會資本是指可以利用的社會支持和社會關係網路，即「你認識誰」，你所擁有或能夠建立的關係、人脈。

心理資本則是指個體的心理狀態和心理能力，即「你是誰」、「你想成為什麼」、「你是否願意去做」。

心理資本的累積從兒童早期開始。在嬰兒期，成人養育者的回應速度和回應方式都將對兒童的自我價值判斷和自我認知產生重要的影響。若要提升兒童的心理資本，首先要傳遞給兒童希望，讓兒童有目標思維，每一個好的結果都需要目標的引領，每個人都有自己獲得快樂和幸福的方式和途徑。其次要提升兒童的自我效能感，不斷肯定兒童的每一次進步與成功，即使是很小的事情，也從中尋找正向品格，幫助兒童找到和自己有共同特點的榜樣，獲得認同感。再次要引導兒童正向認知挫折，化解對挫折的恐懼。最後要允許孩子表現出悲傷和失落，自由釋放天性。

一個人的成功，離不開財力資本、人力資本、社會資本、心理資本的累積和訊息資本、時間資本的投入，然而心理資本的影響往往更加巨大。

## 三、挫折忍受力

美國賓夕法尼亞大學經過多年研究發現，當遇到挫折和困難的時候，決定一個人成敗的關鍵是其對逆境的應對能力，也被稱為挫折忍受力。挫折忍受力強的人，能夠在遇到環境中的「NO」時，回應以「YES」，將失敗

與挫折轉化為動力，繼續前進。挫折忍受力有助於一個人越挫越堅強。生活中不經谷底和孤獨，哪有高峰和精彩？

## 小結

正向投入的意義在於體會過程中的快樂，我們要提高投入度和專注力。培養專注的能力有助於在工作和生活中產生內在動力，享受生命的快樂。

## 自我分析

1. 你的志商怎麼樣？
2. 你的工作境界屬於哪一種？

## 推薦閱讀

《這一生的幸福計劃》（*The How of Happiness*）索妮亞・柳波莫斯基（Sonja Lyubomirsky）

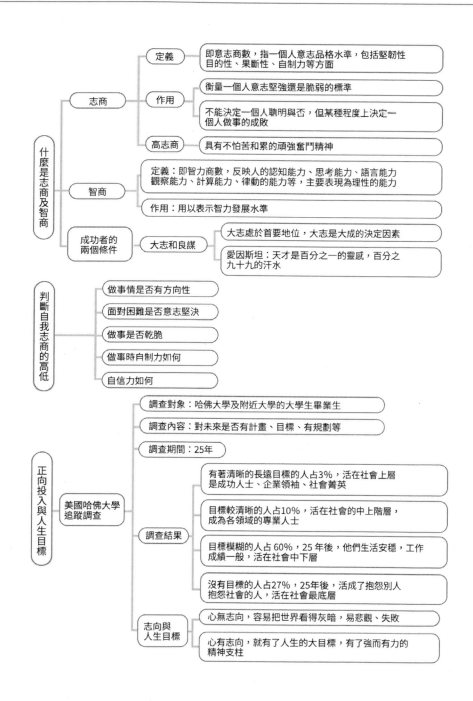

即意志商數，指一個人意志品格水準，包括堅韌性
目的性、果斷性、自制力等方面

衡量一個人意志堅強還是脆弱的標準

不能決定一個人聰明與否，但某種程度上決定一
個人做事的成敗

具有不怕苦和累的頑強奮鬥精神

即智力商數，反映人的認知能力、思考能力、語言能力
觀察能力、計算能力、律動的能力等，主要表現為理性的能力

作用：用以表示智力發展水準

大志處於首要地位，大志是大成的決定因素

愛因斯坦：天才是百分之一的靈感，百分之
九十九的汗水

做事情是否有方向性

面對困難是否意志堅決

做事是否乾脆

做事時自制力如何

自信力如何

調查對象：哈佛大學及附近大學的大學生畢業生

調查內容：對未來是否有計畫、目標、有規劃等

調查期間：25年

有著清晰的長遠目標的人占3%，活在社會上層
是成功人士、企業領袖、社會菁英

目標較清晰的人占10%，活在社會的中上階層，
成為各領域的專業人士

目標模糊的人占60%，25年後，他們生活安穩，工作
成績一般，活在社會中下層

沒有目標的人占27%，25年後，活成了抱怨別人
抱怨社會的人，活在社會最底層

心無志向，容易把世界看得灰暗，易悲觀、失敗

心有志向，就有了人生的大目標，有了強而有力的
精神支柱

志商

定義

作用

高志商

智商

成功者的
兩個條件

大志和良謀

什麼是志商及智商

判斷自我志商的高低

正向投入與人生目標

美國哈佛大學
追蹤調查

調查結果

志向與
人生目標

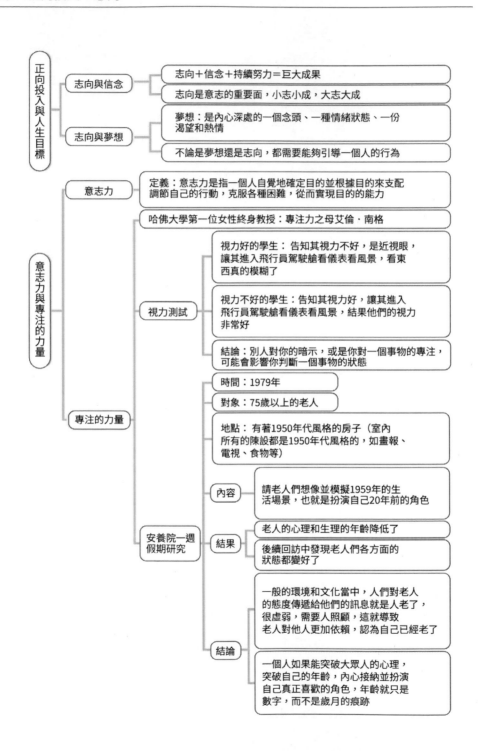

正向投入與人生目標
├─ 志向與信念
│   ├─ 志向＋信念＋持續努力＝巨大成果
│   └─ 志向是意志的重要面，小志小成，大志大成
└─ 志向與夢想
    ├─ 夢想：是內心深處的一個念頭、一種情緒狀態、一份渴望和熱情
    └─ 不論是夢想還是志向，都需要能夠引導一個人的行為

意志力與專注的力量
├─ 意志力
│   ├─ 定義：意志力是指一個人自覺地確定目的並根據目的來支配調節自己的行動，克服各種困難，從而實現目的的能力
│   └─ 哈佛大學第一位女性終身教授：專注力之母艾倫‧南格
└─ 專注的力量
    ├─ 視力測試
    │   ├─ 視力好的學生：告知其視力不好，是近視眼，讓其進入飛行員駕駛艙看儀表看風景，看東西真的模糊了
    │   ├─ 視力不好的學生：告知其視力好，讓其進入飛行員駕駛艙看儀表看風景，結果他們的視力非常好
    │   └─ 結論：別人對你的暗示，或是你對一個事物的專注，可能會影響你判斷一個事物的狀態
    └─ 安養院一週假期研究
        ├─ 時間：1979年
        ├─ 對象：75歲以上的老人
        ├─ 地點：有著1950年代風格的房子（室內所有的陳設都是1950年代風格的，如畫報、電視、食物等）
        ├─ 內容：請老人們想像並模擬1959年的生活場景，也就是扮演自己20年前的角色
        ├─ 結果
        │   ├─ 老人的心理和生理的年齡降低了
        │   └─ 後續回訪中發現老人們各方面的狀態都變好了
        └─ 結論
            ├─ 一般的環境和文化當中，人們對老人的態度傳遞給他們的訊息就是人老了，很虛弱，需要人照顧，這就導致老人對他人更加依賴，認為自己已經老了
            └─ 一個人如果能突破大眾的心理，突破自己的年齡，內心接納並扮演自己真正喜歡的角色，年齡就只是數字，而不是歲月的痕跡

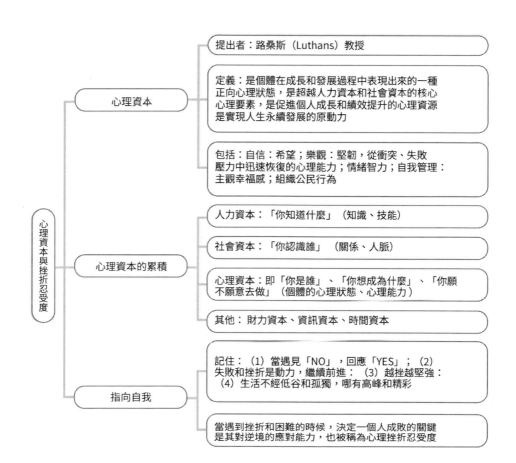

心理資本與挫折忍受度

- 心理資本
  - 提出者：路桑斯（Luthans）教授
  - 定義：是個體在成長和發展過程中表現出來的一種正向心理狀態，是超越人力資本和社會資本的核心心理要素，是促進個人成長和績效提升的心理資源是實現人生永續發展的原動力
  - 包括：自信：希望；樂觀：堅韌，從衝突、失敗壓力中迅速恢復的心理能力；情緒智力；自我管理：主觀幸福感；組織公民行為

- 心理資本的累積
  - 人力資本：「你知道什麼」（知識、技能）
  - 社會資本：「你認識誰」（關係、人脈）
  - 心理資本：即「你是誰」、「你想成為什麼」、「你願不願意去做」（個體的心理狀態、心理能力）
  - 其他：財力資本、資訊資本、時間資本

- 指向自我
  - 記住：(1) 當遇見「NO」，回應「YES」；(2) 失敗和挫折是動力，繼續前進；(3) 越挫越堅強；(4) 生活不經低谷和孤獨，哪有高峰和精彩
  - 當遇到挫折和困難的時候，決定一個人成敗的關鍵是其對逆境的應對能力，也被稱為心理挫折忍受度

# 第十八章　正向自我：德商

品格勝於知識。

# 第一節　自我的定義和分類

## 一、認識自我

　　心理學中有一個經典的檢驗自我認知情況的遊戲，這個遊戲適用於各個年齡階段的人。

　　首先準備一張白紙和一支筆，接著在紙上寫下20句「我是（　）」，然後依次填寫答案，盡可能寫滿20句。這個遊戲就是在回答「我是誰」，即自我認知。你如果有興趣，可以完成這個遊戲。

■「我是誰」答題卡

1. 我是＿＿＿＿＿＿＿＿＿＿＿＿＿＿

2. 我是＿＿＿＿＿＿＿＿＿＿＿＿＿＿

3. 我是＿＿＿＿＿＿＿＿＿＿＿＿＿＿

4. 我是＿＿＿＿＿＿＿＿＿＿＿＿＿＿

5. 我是＿＿＿＿＿＿＿＿＿＿＿＿＿＿

6. 我是＿＿＿＿＿＿＿＿＿＿＿＿＿＿

7. 我是＿＿＿＿＿＿＿＿＿＿＿＿＿＿

8. 我是＿＿＿＿＿＿＿＿＿＿＿＿＿＿

9. 我是＿＿＿＿＿＿＿＿＿＿＿＿＿＿

10. 我是＿＿＿＿＿＿＿＿＿＿＿＿＿＿

11. 我是＿＿＿＿＿＿＿＿＿＿＿＿＿＿

12. 我是＿＿＿＿＿＿＿＿＿＿＿＿＿＿

13. 我是＿＿＿＿＿＿＿＿＿＿＿＿＿＿

14. 我是＿＿＿＿＿＿＿＿＿＿＿＿＿＿

15. 我是＿＿＿＿＿＿＿＿＿＿＿＿＿＿

16. 我是＿＿＿＿＿＿＿＿＿＿＿＿＿＿

17. 我是＿＿＿＿＿＿＿＿＿＿＿＿＿＿

18. 我是＿＿＿＿＿＿＿＿＿＿＿＿＿＿

19. 我是＿＿＿＿＿＿＿＿＿＿＿＿＿＿

20. 我是＿＿＿＿＿＿＿＿＿＿＿＿＿＿

　　寫完後，請思考一下，你用了多久的時間？你的答案是否重複？例如「我是××（名字）」和「我是××（外號）」？其中有多少是外部特點，有多少是內在的個性特質？

　　美國心理學家威廉・詹姆斯認為自我包含主我和客我兩個部分，主我是純粹的我，客我是一個人對自己認知和信念。詹姆斯提出作客體的我包括三種不同形式：

　　物質的我，是指個人的身體及其屬性，例如，我身高165公分，我6歲了等。

　　社會的我，是指個體對自己在一定的社會關係和人際關係中的角色、地位、名望等方面的理解。例如，我是個班長，我是數學課代表，我是初一學生等。

　　精神的我，是指個體所覺知的內部心理特質。例如，我很敏感，我很自覺，我有點憂鬱等。

　　再次對比「我是誰」答題卡，你的自我認知是否全面呢？

## ┃二、關於自我發展的理論

### 1. 皮亞傑的認知發展模型

瑞士心理學家皮亞傑認為，人類的認知發展需要經歷一系列階段，每個階段都有獨特的理解世界的方式。

2歲之前是感知運動階段，兒童透過感覺動作和外界獲取平衡，認識主體和客體。

2～7歲是前運算階段，兒童的思維出現以自我為中心的特點。

7～12歲是具體運算階段，兒童出現邏輯思維，能夠理解思維的守恆性特點。

12歲以後是形式運算階段，個體的思維能力逐漸成熟，能夠進行假設、推理和分析。

### 2. 艾瑞克森的心理社會性發展模型

美國心理學家艾瑞克森提出了人格的終生發展論，為不同年齡層的教育提供了理論依據和教育內容，任何年齡層的教育失誤都會給一個人的終生發展造成障礙。艾瑞克森的自我發展理論闡明我們為什麼會成為現在這個樣子，我們的心理狀態哪些是正向的，哪些是負向的，大多是在哪個年齡層形成的。

0～1歲，屬於嬰兒期，是建立信任感、克服不信任感的階段。如果嬰兒的需求能夠被及時滿足，他將建立信任感，並能夠形成對未來的希望。

2～3歲，嬰兒後期，獲得自主感、避免羞恥感的階段。這時嬰兒學習走路、說話，逐漸了解自己能做什麼和不能做什麼。

4 ～ 5 歲，幼兒期，獲得主動感、克服內疚感的階段。如果父母肯定和鼓勵兒童的主動行為，兒童將形成好的特質。

6 ～ 12 歲，學齡期，獲得勤奮感、避免自卑感的階段。當兒童順利適應學校生活，將獲得勤奮感，認為自己是有能力的。

12 ～ 18 歲，青春期，確立自我統一性，避免角色混亂。青少年自我發展的心理特點包括身體變化（如月經來潮）、認知變化（形式運算思維出現）和社會變化（社會期望的轉變和友誼模式的變化）。

18 ～ 25 歲，成人前期，獲得親密感，避免孤獨感。

25 ～ 60 歲，成人中期，獲得繁殖感，避免停滯感。繁殖並不一定是生育子女，也可能展現在將知識和經驗傳遞給下一代。

60 歲以上，成人後期，獲得自我整合，避免失望。此時人生各階段的任務已經完成，回顧一生，感到豐足和幸福的人將不會懼怕死亡。

## 三、自我認識的途徑

### 1. 物理世界

物理世界為我們了解自身提供了重要的途徑，是自我認識的一個重要來源。透過物理世界認知自己的特點時，還需要了解他人的狀態。不過，物理世界中並不是所有的自我認識的特性都存在，例如，誠信程度或優秀程度在物理世界中沒有一個確切的標尺。

### 2. 社會世界

我們透過社會比較（向上比較和向下比較）獲得自身的社會定位或者座標，這樣的比較影響意志的強度。

### 3. 心理世界

個體向內部尋求答案，直接考慮自己的態度、情感和動機。自我知覺過程也是歸因的過程。這樣的認知特點使得我們遇到困境或是經歷一件事的時候，總會不自覺地尋找原因。有時候這些原因是準確的，有時候也會有偏差，例如當我們在路上摔倒了，同時看到身邊有一群奔跑的孩子，大腦會傾向於認為摔倒的原因是被他們影響了，而不會傾向於認為是我們自己不注意。因此，為了更準確地認知自我，需要結合心理世界、社會世界、物理世界的各種資訊。

## 第二節　自我認知的心理學效應

### 一、焦點效應

焦點效應（也稱聚光燈效應）由美國心理學家季洛維奇和薩維斯基於1999年提出。季洛維奇曾經進行過一個實驗，他隨機挑選了一名學生，讓這名學生穿上一件圖案十分怪異的T恤，並讓學生預估他走進教室的時候會有多少人注意到自己，學生預估會有50％的人注意他，但是結果只有23％的人注意到他；之後季洛維奇又讓這名學生穿上一件印有名人頭像的T恤，這次學生依舊認為會有50％的人會注意到自己，而結果只有10％的人注意到他。

很多時候我們總是不經意地把問題放到無限大。當我們出糗時，總以為別人會注意到自己，其實並不是這樣的。人家或許當時會注意到，可是事後馬上就忘了，或許根本就無暇注意到我們。沒有人會像我們自己那樣關注自己的。這種高估他人對自己的表現和行為的關注程度的效應，就是

焦點效應。研究發現，當出糗或是自我感覺良好的時候，尤其會觸發焦點效應。季洛維奇認為，產生焦點效應的原因有兩個，一是人們習慣性地使用自己的經驗衡量別人的想法，這是大腦的自動選擇，這樣做有利於節省認知資源，但是有時候會出現錯估；二是自信心不足，將自己的缺點和不足無限地放大。

當你總是在想自己的缺點或總是在人群中擴大自己的優勢時，不妨轉移一下注意力，避免自怨自艾或驕傲自滿。當你受到不公正的對待，當工作讓你感到痛苦，當感情讓你感到煎熬，只有你自己可以解救自己，沒有人能夠感同身受並替你做出決定。客觀、真實地認知自己，從自己的需求出發做選擇，堅定自己的信念，不必過分糾結他人的態度，因為這對於他人來說沒有那麼重要。

## 二、透明效應

心理學發現，人們往往認為自己比實際中更容易被看透。我們的祕密別人很難猜出，但我們通常會覺得別人發現了自己的祕密，高估了別人對自己的洞悉力，這種現象被稱為透明效應，或被洞悉錯覺。

1998年，心理學家進行了這樣一個實驗，邀請39名被試輪流在講臺上次答一個問題，問題簡單且日常：你在用哪個牌子的洗髮精？每名被試上臺的時候會收到一個問題卡片，如果卡片上做了標記，則要說謊。回答結束後，每名被試要預估一下多少人能發現自己在說謊，被試的平均預估是48.8%的觀眾，結果只有25.6%的觀眾發現了他們說謊。

之後，研究者又招募了25名被試，並安排其中15人品嘗一杯紅色的飲料，這些飲料中有5杯味道古怪，有10杯味道正常。同時要求這15人如果喝到味道古怪的飲料要隱藏自己的反應，不要被發現。然後讓其他10

人擔任觀察者並判斷誰喝到了古怪飲料。品嘗者預估做出了正確判斷的人平均有4.91人，但結果只有3.56人做出了正確的判斷。

第三個實驗邀請了40名大學生，兩人一組，其中一人站在舞臺上，另一人坐在對面，研究者會給出一個話題，讓臺上的學生當場進行3分鐘的演講，然後演講的學生和聽眾分別對演講學生的緊張程度做出評價，結果自我評價的平均緊張程度顯著高於他人評價。

可見，不論是說謊程度、情緒感受還是某種特定反應，都不是那麼容易被他人覺察出來。我們往往擔心、害怕自己的祕密被別人發現，實際上別人很難猜出自己的祕密，所以我們不必過於擔心，應該放下思想包袱。

## 三、傷痕效應

美國科學研究人員進行過一項有趣的心理學實驗，叫作傷痕實驗。

他們向參與實驗的志工宣稱，該實驗旨在觀察人們對身體有缺陷的陌生人做何反應，尤其是面部有傷痕的人。然後每位志工都被安排在沒有鏡子的小房間裡，由好萊塢的專業化妝師在其左臉做出一道血肉模糊、怵目驚心的傷痕，只允許志工用一面小鏡子看化妝的效果後，鏡子就被拿走了。隨後，化妝師表示需要在傷痕表面再塗一層粉末，以防止它被不小心擦掉。實際上，化妝師用面紙偷偷抹掉了化妝的痕跡。對此毫不知情的志工被派往各醫院的候診室，他們的任務就是觀察人們對其面部傷痕的反應。規定的時間到了，返回的志工竟無一例外地敘述了相同的感受 —— 人們對他們比以往更加粗魯無理、不友好，而且總是盯著他們的臉看！可實際上，他們的臉上與往常並沒有不同。他們之所以得出那樣的結論，是因為錯誤的自我認知影響了他們的判斷。這就是傷痕效應。

傷痕效應表明一個人的內心如何認知自己，就會感知到相應的外界回

饋，如此也可以推測一個人經常感知到的外界回饋其實是內心對自己的認知的外化。當一個人的自我認知是客觀的、準確的、積極的，也將收穫一個正向的人際關係和社會氛圍。

## 第三節　發揮自我優勢

### 一、了解和發現優勢

　　成就和幸福的核心在於發現和發揮你的優勢，而不是糾正你的弱點。現代管理學之父彼得·杜拉克說過，大多數人窮盡一生去彌補劣勢，卻不知從無能提升到平庸所要付出的精力遠遠超過從一流提升到卓越所要付出的努力。唯有依靠優勢，才能實現卓越。所以，請辨識你的優勢，發揮你的優勢。優勢是一個複合概念，既包括天賦和能力，也包括人格優勢。

### 二、五種認知優勢

#### 1. 創造力

　　想出新穎和高產的方式來做事。創造力是可以練習的，例如藝術創作能夠激發創造力，在生活和學習中可以嘗試詩歌創作、繪畫、陶藝製作，或學習一些與藝術有關的課程。

#### 2. 好奇心

　　好奇心是每個人與生俱來的，我們的成長都是從好奇心開始的，但是成人的好奇心總是被各種原因阻礙。要調動好奇心，首先要有一個開放性的心態，對一切沒有做過的事情都保持一個嘗試的意願，即使嘗試後發現

經驗很糟，也不抱怨，而是當作一次特別的經歷。例如，在平時常去的餐廳點一道從沒點過的菜，回家的時候選擇一條不常走的路，瀏覽網站的時候點開一個自己從沒有看過的影片或文章。

## 3. 喜愛學習

掌握新的技術、主題和知識，不管是自學還是正式學習。學習的內容包羅永珍，從能激起自己正向經驗的內容開始，例如，讀小說的時候了解一下小說的創作背景或作者生平，定期逛一逛圖書館，學一個變魔術的小技巧或一種整理家務的方法等。

## 4. 開放頭腦

開放頭腦的表現有全面考慮事物，從各個角度來檢驗它，不急於下結論；保持思維的開放性，要打破原有的思維定式；平時看一些辯論賽或哲學書籍；和那些與自己不同人格的朋友或群體交流，例如不同年齡、不同職業、不同學歷、不同成長背景、不同性別、不同生活狀態，喜歡不同領域，追不同的偶像等，與他們交流而不是爭辯，發現更多解讀世界和理解事件的角度。

## 5. 洞察力

能夠為他人提供有智慧的忠告，具有對自己和他人都有意義的看待世界的方式，這一點普通人較難做到，通常智者才行。所以可以在生活中尋找一位智者，傾聽他對世界、對他人、對自己的看法，學習他人之長。

儘管五種優勢都能夠幫助我們發揮優勢，但並不是每個人都能做到這五點，從自己可以做到的那一種認知優勢出發，而不是追求擁有全部優勢。成長是把某一件事做好，而不是把每一件事都做到。

## 三、用優勢去生存

每個人都有自己的優勢，努力發現自己的優勢，帶著這些優勢去面對生活中的挑戰。

優勢由才幹、知識和技能組成，才幹是我們做到的事情，知識是我們已經掌握及將要掌握的事情，技能是做事的計畫、方式和順序。

如果還是對自己的優勢存在不確定性，閱讀或許會讓我們得到答案。

## 第四節　正向自我與德商

## 一、什麼是正向自我

正向自我是一種發揮優勢、建立自信的能力，它有助於我們發現自身的天賦與優勢，透過發揮優勢創造價值，建立自尊，培養持久而穩定的正向心理力量。

美國心理學家卡羅爾·德韋克根據人們對自我是否具有可變性看法，將人們對自我的理解分成兩種：固化型自我觀和成長型自我觀。固化型自我觀認為自我的能力與生俱來，對現狀感到無能為力，喜歡待在舒適區，拒絕有難度的工作，一旦遇到困難，會選擇放棄，經歷失敗時認為都是自己不夠優秀，認為他人的優秀是一種威脅。成長型自我觀則認為自我的能力能夠依靠努力提升，喜歡探索新事物，樂於挑戰，認為每次挫折都是寶貴的經驗，一切都是有可能的，他人的成功是自己的行為的激勵。成長型自我更符合正向的自我。

如果你現在的想法傾向於固化型自我觀，那麼可以透過合適的方法轉變自己的思維模式。首先，接受自己的自我觀目前是固化的，不必沮喪，

這是目前的自我的現狀；其次，觀察自己的固化型自我，通常在什麼情況下出現，每次出現會有什麼樣的行為和認知表現，最近一次出現是怎樣發生的；再次，把固化型自我的一些想法取個名字；最後，勸說固化型自我，勸說的時候，從自己信服的角度出發，也可以藉助信任的朋友和親人的力量。勸說不是批評，而是重新解讀。

## 二、什麼是德商

德商是指一個人的德性水準或道德人格特質。德商包括體貼、尊重、容忍、寬恕、誠實、負責、平和、忠心、禮貌、幽默等各種美德。

美國社會學家布魯斯·韋恩斯坦（Bruce Weinstein）出版了《*Ethical Intelligence*》，書中將德商總結為五個原則：不造成傷害、讓事情變得更好、尊重他人、公平、友愛。德商是對自己的一種控制，屬於自律範疇。要提升德商，可以提升自己的同情心和同理心，主動幫助陷入困境的人；保持正直，不因為立場的擁護者的多少而擔憂，堅持正義與公平；凡事三思而行，約束欲望；尊重他人，不強迫他人做事；和善地對待每個人，不論對方是否與自己有利益關係，不論對方是否擁有權勢，都能體會對方的辛苦；包容與自己不同的立場和不同的觀點，不妄加評判；公正地做事，按照事情本來的規則，公平地對待每個人。

## 第五節　正向自我意象

## 一、自我意象：與眾不同

自我意像是人們對自己的認知，透過其經歷、成敗、得失以及他人的回饋建構的一幅關於自我的影像。自我意象就是我們認為的自己的樣子，我們

會按照這個樣子的所有特點去行動。即使我們不想按照自我意象去行動，不論意志力如何頑強，最終也會失敗。例如自我意象的反彈效應，當我們在自我意象中認為自己是一個易胖的人，自我意象的特點會是「抵禦不住美食的誘惑，吃一點就會胖，不愛運動，運動效果不顯著」，那麼我們將無法保持體重，也無法堅持減肥計畫，除非改變自我意象。這時就需要期待效應發揮作用，將自我意象修改為「我是一個只要運動就可以保持體重的人」。

每個人自我意象都是與眾不同的，我們可以成為任何我們想成為的人，只要我們對自己有客觀正確的自我認知，為自己勾勒一個正向的自我意象。

## 二、自我實現的預言

美國社會學家羅伯特·莫頓（Robert Merton）發現人們具有自我實現的傾向，人們在認知的過程中，因為先入為主的判斷方式，對於給出的預言，無論正確與否，總會在不經意間按照它來行事，最終的結果就是預言被印證了。

所謂自我實現的預言，就是當你對一件事進行預言或者解釋之後，你往往就會按照自己預言和解釋的方向推動這件事的發展，結果預言就這樣兌現了。期待效應就是一種自我實現的預言。

在第二次世界大戰期間，美國由於兵力不足而又戰事吃緊，急需一批軍人，於是美國政府決定組織關在監獄裡的犯人到前線參加戰鬥。但是訓練犯人需要一些特殊方法。美國政府選派了一批心理學專家執行這個任務，並隨這些「特殊軍人」一造成前線。心理學專家們在訓練和戰前動員犯人的時候沒有進行說教，只是要求每個人每週寫一封信給自己最親的人，但信的內容由心理學家擬寫後，讓大家謄抄。信中的內容主要是犯人在獄中的優秀表現，以及如何改過自新。

寫信持續了三個月後，這些「特殊軍人」即將奔赴前線。心理學專家

還是要求每個人寄一封由專家擬寫的信給自己最親的人，這時信中的內容變成他們在戰場上的英勇表現，他們服從指揮，勇敢衝鋒。結果這些「特殊軍人」不負美國政府的期待，果然英勇殺敵，服從命令，甚至比正規軍的表現還要令人滿意。

這是因為這些心理學專家透過這些信件使得犯人改變了自己的自我意象，逐漸投入「軍人」的角色中，並按照自己在信中對親愛的人的「預言」，不自覺地進行行為調整，自己兌現了「預言」。

## 小結

古今中外，真正的成功者在道德上都達到了很高的水準。現實中的大量事實說明，很多人的失敗，不是能力的失敗，而是做人的失敗、道德的失敗。

## 自我分析

1. 你的長處和優勢是什麼？
2. 你今後該做出什麼貢獻？
3. 你應該怎麼管理自己以後的人生？

## 推薦閱讀

《*Happiness: The Nature and Nurture of Joy and Contentment*》David Lykken

《真實的快樂》（*Authentic Happiness*）馬汀・塞利格曼（Martin Seligman）

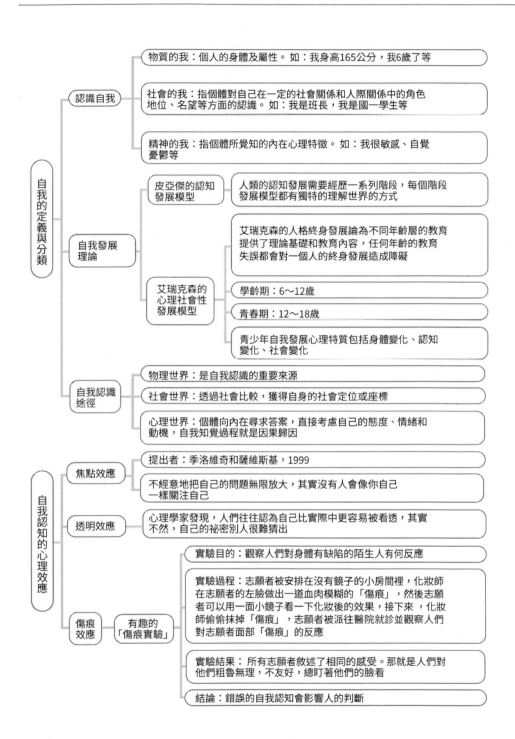

物質的我：個人的身體及屬性。如：我身高165公分，我6歲了等

社會的我：指個體對自己在一定的社會關係和人際關係中的角色地位、名望等方面的認識。如：我是班長，我是國一學生等

精神的我：指個體所覺知的內在心理特徵。如：我很敏感、自覺憂鬱等

認識自我

皮亞傑的認知發展模型：人類的認知發展需要經歷一系列階段，每個階段發展模型都有獨特的理解世界的方式

艾瑞克森的心理社會性發展模型

艾瑞克森的人格終身發展論為不同年齡層的教育提供了理論基礎和教育內容，任何年齡的教育失誤都會對一個人的終身發展造成障礙

學齡期：6～12歲

青春期：12～18歲

青少年自我發展心理特質包括身體變化、認知變化、社會變化

自我發展理論

物理世界：是自我認識的重要來源

社會世界：透過社會比較，獲得自身的社會定位或座標

心理世界：個體向內在尋求答案，直接考慮自己的態度、情緒和動機，自我知覺過程就是因果歸因

自我認識途徑

自我的定義與分類

提出者：季洛維奇和薩維斯基，1999

不經意地把自己的問題無限放大，其實沒有人會像你自己一樣關注自己

焦點效應

心理學家發現，人們往往認為自己比實際中更容易被看透，其實不然，自己的祕密別人很難猜出

透明效應

實驗目的：觀察人們對身體有缺陷的陌生人有何反應

實驗過程：志願者被安排在沒有鏡子的小房間裡，化妝師在志願者的左臉做出一道血肉模糊的「傷痕」，然後志願者可以用一面小鏡子看一下化妝後的效果，接下來，化妝師偷偷抹掉「傷痕」，志願者被派往醫院就診並觀察人們對志願者面部「傷痕」的反應

實驗結果：所有志願者敘述了相同的感受。那就是人們對他們粗魯無理，不友好，總盯著他們的臉看

結論：錯誤的自我認知會影響人的判斷

有趣的「傷痕實驗」

傷痕效應

自我認知的心理效應

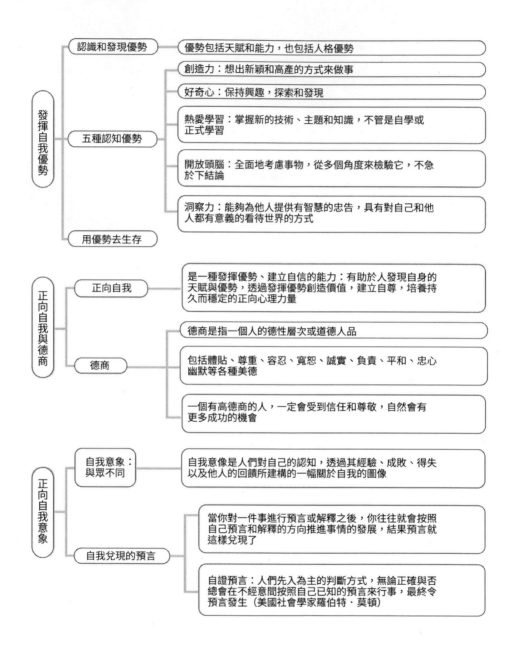

發揮自我優勢

認識和發現優勢　──　優勢包括天賦和能力，也包括人格優勢

五種認知優勢

創造力：想出新穎和高產的方式來做事

好奇心：保持興趣，探索和發現

熱愛學習：掌握新的技術、主題和知識，不管是自學或正式學習

開放頭腦：全面地考慮事物，從多個角度來檢驗它，不急於下結論

洞察力：能夠為他人提供有智慧的忠告，具有對自己和他人都有意義的看待世界的方式

用優勢去生存

正向自我與德商

正向自我　──　是一種發揮優勢、建立自信的能力：有助於人發現自身的天賦與優勢，透過發揮優勢創造價值，建立自尊，培養持久而穩定的正向心理力量

德商

德商是指一個人的德性層次或道德人品

包括體貼、尊重、容忍、寬恕、誠實、負責、平和、忠心幽默等各種美德

一個有高德商的人，一定會受到信任和尊敬，自然會有更多成功的機會

正向自我意象

自我意象：與眾不同　──　自我意像是人們對自己的認知，透過其經驗、成敗、得失以及他人的回饋所建構的一幅關於自我的圖像

自我兌現的預言

當你對一件事進行預言或解釋之後，你往往就會按照自己預言和解釋的方向推進事情的發展，結果預言就這樣兌現了

自證預言：人們先入為主的判斷方式，無論正確與否總會在不經意間按照自己已知的預言來行事，最終令預言發生（美國社會學家羅伯特‧莫頓）

# 第十九章　正向目標：財商

迷霧中的燈塔遙不可及，清晰的燈塔讓人堅定前進的方向。

# 第一節　正向目標和財商

## 一、什麼是正向目標

設定目標能夠改變一個人的行為，好的、符合法律和道德的目標指向幸福，糟糕的、違背公序良俗的目標指向苦難。本書希望幫助大家獲得幸福，所以我們更鼓勵那些具有正向力量的目標。美國哈佛大學的塔爾·班夏哈（Tal Ben-Shahar）博士曾經在正向心理學的課堂上解釋了目標對行為的促進作用，他認為人在設定目標後，會產生自己將達到目標的暗示，大腦一旦接收到這個設定，就會積極調動內在的潛能促成目標的實現。正向的目標會帶來更多正向的行動。

在心理諮商的過程中，解決心理困惑的基本原則是目標要正向，不僅要緩解不良情緒經驗，還要緩解心理衝突。正向目標能夠讓一個陷入困擾的人恢復正常的工作、學習和人際交往，並且對未來充滿信心，勇於面對未知的挑戰。

正向目標能夠影響我們成就正向人生，有助於我們培養堅毅的意志力，提升自主學習動機，勇於面對挑戰，尋找解決問題的方法，學會面對失敗並提高心理堅韌度和抗壓性。

正向目標是一種積極樂觀的人生態度。在正向目標的指導下，人會充滿活力，全情投入，產生更多的滿足感。

## 二、什麼是財商

在正向心理學的概念中，財商不是泛指理財能力和投資能力，而是指獲得幸福的能力、贏得豐盈人生的能力。財商不是指你擁有多少物質財

富,而是指你內在的修養、素養、心理資本和情緒的穩定性,這是一種超越理財收益的精神財富。這種財富是由正向目標帶來的。

當踐行正向目標的時候,我們往往全神貫注,不計較身心的疲累,甚至會忽視時間和空間,在完成一個階段性的目標的時候,還會產生滿足感,甚至充滿力量和愉悅。一旦最終目標完成,我們甚至會轉變對自我的評價。即使目標一直沒有實現,在努力的過程中,我們也會體會到更多正向的感悟,我們會更加理性地看待付出和回報的關係,會重新調整自己的心態,會更加懂得如何應對挑戰。

## 第二節　有計畫和有規律的生活

### 一、有計畫的生活

面對生活中的各種瑣碎細節,先做什麼,後做什麼,做不做這件事等,都需要消耗大腦的資源來加工和處理。如果沒有明確的計畫,人們往往就會反反覆覆地去思考這些問題,在猶豫不決中浪費時間,偏離原本的目標。如果生活有了計畫,就會降低資源的消耗,同時會減少焦慮,提升生活的掌控感。

美劇《宅男行不行》(*The Big Bang Theory*)中有一個熱衷於制定各種計畫的角色,他是智商超過200分的物理學家謝爾頓。他是一個「計畫狂」,生活中的每一件事都有計畫和特定的規律,衣著和飲食按照星期幾來安排,比如每週六洗衣服,每週三去漫畫店,看電影會選擇最優的路線和場次……儘管角色設定有些誇張,但是我們可以從中總結出一些可參考的經驗。

安排固定的工作和學習任務，例如設立每天的運動時間、讀書時間、寫作時間、放鬆時間。計畫不需要嚴格規定執行時段，因為如果在固定時段內完成不了，會帶來挫敗感並影響下一計畫的開啟。我們可以按照每天要做的事情的類別分類計劃，分好類之後進行時間上的大致安排即可，例如週一是閱讀之夜，週二是運動之夜，週三是約會或聚會之夜，週四是遊戲之夜。

在熟悉的、可預測的情境中，穩定有序的生活會讓人獲得舒適感和安全感；而如果處於混沌和不確定的情境中，人就會倍感焦慮。

## 二、有規律的生活

印度著名詩人拉賓德拉納特‧泰戈爾在詩篇〈觸摸自己〉中寫道：「我只想知道，當所有的一切都消逝時，是什麼在你的內心，支撐著你。願我看到真實的你。願你觸控到真實的自己。」內心的支點是一種平衡，也是一種寧靜。有規律的生活是我們對生活的掌控，也是我們內心的支點。

規律有序的生活是安全感的源頭。假如內心搖擺不定，你就會失去安全感，這時你需要去創造這種安全感，最簡單易行的方法就是規律有序地生活，使生活在規劃中進行，都在自己的掌控中。

## 三、保證生理時鐘正常執行

每一種地球生物體內都有一個無形的「時鐘」，控制著一天24小時的循環節律。例如，在固定的時間起床、入眠，調節身體在某個時間段內保持某種狀態，完成某項工作或任務，禁止生物體的某些功能等。

人體內的生理時鐘的自然節律涉及很多方面，包括體力、智力、情緒等。1點鐘是疼痛感受敏感期，也是疾病容易加重的時刻；6點鐘，身體開

始甦醒，睡不安穩，是第一個最佳記憶期；10點鐘，人體第一次達到最佳狀態，精力最旺盛，任何工作都能勝任；11點鐘，身心都處於正向狀態，不易感到疲勞，幾乎感覺不到工作壓力；14點鐘，達到精力低潮期，反應最遲緩；19點鐘，心理穩定性降低，容易激動，容易發生爭吵……有規律的生活有利於生理時鐘的正常執行，使人保持身心的正向狀態。

當你將自己的生活和工作按照生理時鐘的規律去執行，你的內心會變得越來越安定，而你的內在穩定性也會變得越來越強。

當你能夠從容地應對生活，你就會變得淡定；當你能淡定地應對生活，生活就會變得有序；當生活變得有序，你就能合理掌控時間；當你能合理掌控時間，人生的多變就趨於穩定；當人生趨於穩定，你就會收穫內心的平靜。從容的人，心裡沒有霧霾，看得更遠，走得也更遠。

現在，創作一張屬於你自己的24小時生活圖，先選出一天中會涉及的生活領域，如娛樂、睡眠、社交、用餐、運動、學習、工作等（你也可以根據自己實際的情況增加、刪除、修改其中的任何領域），之後將這些領域中的生活事件安排到一天中的各個時間段裡，並嚴格執行（可以配合一個鬧鐘使用）。

## 第三節　增加你的支點

### 一、人生的支點

家庭、親密關係、朋友、娛樂、職業發展、個人成長、藝術、喜好等，不僅構成了一個人的社會支持系統，也是一個人生存不可或缺的支點。

沒有人能僅僅依靠一個支點順利度過一輩子。人生是一個多面體，你越是集中於其中一面，越是只關注其中一面，你的生活圈就越是狹小，你就越會容易被它擊潰，這一個面只要出現瑕疵，就意味著人生僅有的一個支點瀕臨崩潰。例如，有的人在婚前擁有很多朋友，一起學習，一起娛樂，一起討論如何渡過難關，但是結婚後全身心以家庭為重，不再與之前的好友連絡感情，將生活重心全部放在家庭上。在這種情況下，如果與家人發生矛盾，這樣的人就會由於注意力過度集中在家庭上而導致矛盾更新，痛苦被無限放大，認為自己一心為家卻得不到等量回報，感到人生失敗，同時很難分散注意力或藉助外力想辦法將之化解。再如，有的女性在生育後將全部精力放在孩子的養育上，忽視了老公。又如，專注於工作而忽視家庭和孩子教育等情況都是因為人生的支點過於單一。

## 二、擴大生活圈

三點一線常被用於描述個人的生活圈很小，意思就是生活很單一，生活經歷一成不變。對上班的人來說，三點一線就是每天都是上班、下班、回家；對小學生來說，就是上學、放學、回家；對大學生來說，就是寢室、教室、學生餐廳……這些都是典型的三點一線式生活。

這樣的生活看似規律，卻具有局限性，所接收到的資訊和接觸到的資源都在這個圈子中。當遇到突發事情時，人就很容易被打亂陣腳，生活會失去往日的平衡，而人沒有足夠的資源去應對生活。

你的生活圈越大，就越容易走出困境，因為整個人生的支點從來都不只是某一方面，而是各方面。這樣一來，個人的心理韌性與內在穩定性就會大大增強。生活的個別領域出現問題，絕不意味著整個人生就會出現問題，生活圈中的其他領域依然是你強而有力的支點，而且你可以藉助這些資源迅速且有效地解決問題。

## 三、將雞蛋放在三個籃子裡

為了更好地儲存雞蛋，你會選擇把雞蛋都放在一個籃子裡，還是放在不同的籃子裡？

當把雞蛋放在一個籃子裡，如果這個籃子叫作「愛情」，那麼愛情就是你的全部，當你失戀了，你就很容易陷入崩潰；如果這個籃子叫作「工作」，當你失業了，你就很容易陷入崩潰；如果這個籃子叫作「家庭」，當你與家人分離，你可能就會崩潰。

當把雞蛋放在不同的籃子裡，如果其中一個籃子出現了狀況，還有其他的籃子能夠為我們提供力量、溫暖、資源和支點。

在生意場和投資領域，一個重要的經驗就是不要把雞蛋放在一個籃子裡，以便規避風險，獲得最大的收益。每個人的生活都是由若干個部分構成的，你可以有生活的重心，同時也要知道，重心不等於全部。比如，商人的工作重心是投資，若是將全部資產都放在投資上，既會影響正常的資金運轉，也沒有餘力承擔金融風險，一旦投資失利，就會陷入絕境而無力翻身。因此，切忌孤注一擲。工作、學業、人際關係亦同理，切勿將全部資源投入一處。無論是物質資源還是精神資源都需要合理分配。

## 四、增加人生中的其他支點

如果你為自己繪製的人生只有一個色調，那麼它必然單調乏味，甚至會因一絲其他色調的突然加入而打破全域性，失去協調性。這就需要我們主動增加人生中的其他色彩，用若干種色彩共同支撐起一段豐盈而完整的人生。

嘗試著增加人生中的其他支點。比如：以前你總是注重工作，將全部精力放在職場的打拚上，那麼現在你可以試著去談戀愛、交友、關愛家

人、適量運動等；以前你總是圍著老公轉，那麼現在也許你可以試著去提升工作能力、維護友情、讀書學習、培養興趣喜好等；以前你是一個全職媽媽，所有的事都是關於孩子的，那麼現在也許你可以試著多給老公和其他家人一些關心，培養個人喜好和特長，保養身心，拓展人脈圈，找工作等。

不要讓你人生的支點只有一個，建議擁有兩個以上。唯有這樣，你才能不再局限於生命的某個側面，從而提高自己的彈性與內在穩定性。

## 第四節　設定你的「燈塔」

### 一、你的「燈塔」是什麼

那些忽然遭遇意外事件的人，就像是原本在大海裡平穩航行的船，忽然間遭到驚濤駭浪的侵襲，頓失平衡。等船重歸平穩後，他已不知道自己想要航行的方向，於是就孤零零漂浮在茫茫一片的海上。

這時，假如遠處有一盞明亮的燈塔，就等於是再次為他指明瞭前進的方向。

「燈塔」代表你的長期目標。它幫助你不論順境、逆境都能始終不移地知道自己的方向，而不是當波浪翻滾、暗潮湧動的時候，迷失在大海之中，隨波逐流。

那麼，你的「燈塔」是什麼？

如果對於這個問題，你暫時沒有答案，沒有關係，這一節的內容會幫到你。

## 二、勾勒「燈塔」的輪廓

在閱讀下面的內容之前，請閉上眼睛，深呼吸三次，然後依次回答下面幾個問題：

請拋開是否可以實現的限制，設想一下，十年後，你希望自己在哪裡？在做什麼？

十年後的你，是在哪一個國家、哪一座城市？

你將和誰生活在一起，是父母、伴侶還是子女？

你的職業是什麼？

十年後的你此時此刻在做什麼？

你住在哪裡？你的資產如何？

把這些答案寫在紙上，那麼這就是你想要的生活，你已經初步勾勒出關於未來的期待，你的「燈塔」也有了輪廓。

也許，關於未來你要成為什麼樣的人有太多選擇，例如，有的選擇是不斷成長，有的是能夠改變世界，有的是讓周圍的人感到溫暖、美好。有時候我們會為難，不知道哪一個是最完美的、最好的。正向心理學的概念是，選擇什麼沒有那麼重要，更重要的是你的選擇是你最想要的。

## 三、向「燈塔」靠近，直至到達

透過以下步驟向「燈塔」靠近，直至到達。

第一步，明確認知。

這個目標並不容易達到，需要對自己有一個全面的反思，譬如關於自己的學歷、專業、特長、工作經驗、個性特點、已有就業資源等，這些是否已經完備，還是需要付出一些努力去提升和完善？現在的你可能剛剛畢

業，或是已經有了一些工作經驗，不管怎樣，看清自己的處境，才能知道自己需要使用多大的力氣，花多長時間靠近「燈塔」。認知越清晰，預估越準確。

第二步，確定職業目標：時間＋職位＋薪資。

根據第一步的分析，把理想職業列出來。如果你還沒有進入理想的行業，那麼根據現在的資歷著手準備。如果你已經進入這個行業，那麼衡量一下你的職位，需要多久的時間能夠累積足夠多的財富，或是了解一下升職加薪的通道，以便進行職業規劃。

第三步，分解職業目標。

透過不斷細化，確定長期目標、中期目標、短期目標（月目標）、周目標、每日時間管理。

迷霧中的燈塔遙不可及，清晰的燈塔讓人堅定前進的方向。職業目標要具有可操作性，同時能夠分解成一個一個的、可執行的拆分目標。將拆解後的目標按照重要性排序，對實現目標發揮決定性作用的細化目標需要給予更多的時間和精力，同時按照目標的內在邏輯進行先後排序。

在逐步實現目標的過程中，還需要激勵和覆盤的輔助。在完成每個層級目標的時候，為自己設定一個獎勵，目標層級越高、越重要，禮物的價值越高。設定禮物的時候，有一個規律：盡可能與個人成長有關，其次是與物質有關，禮物的類別不能單一，價值由自己的感受決定。禮物也可以由重要的人給予或設定成他的期待與肯定。每個階段目標出現阻力或者實現的時候，及時回顧、對比、推演，總結經驗和教訓，實現持續性的成長。

## 第五節　進取心和創造力

行銷策略專家傑克・屈特（Jack Trout）在1969年提出了商業中的定位概念，他認為企業必須在外部市場競爭中判定能被顧客心智接受的定位，發掘客戶的認知，並與這些認知建立關聯。傑克・屈特的定位理論影響了國內外的很多企業，其著作《定位》（*Positioning : The Battle for Your Mind*）被譽為有史以來最富有影響力的行銷學與廣告學的著作。

與企業定位同理，每個人也可以對自己進行定位 —— 我可以給我周圍的人和世界帶來什麼不同？我能為這個世界留下點什麼？

進取心是指不滿足於現狀，堅持不懈地追求新的目標的蓬勃向上的心理狀態。創造力是指能夠想出嶄新而有效的方法的智力品質。進取心與創造力的巧妙融合會讓人產生與眾不同的使命感。當我們擁有更多的能力，就要多做一些貢獻。

## 第六節　正向心理暗示與正向心理介入

### 一、正向心理暗示

由於受到自己或他人的願望、觀念、情緒、判斷、態度影響，人們不自覺地按照一定的方式行動，或者不加批判地接受一定的意見或信念，這就是心理暗示。心理暗示是最常見的心理現象，只是人們有時候並不知道自己正在進行或接受心理暗示。當這個暗示源自他人，可以稱為他暗示；當這個暗示來自自己，則是自我暗示。例如，和一個得了感冒的人同處在一個空間，自己突然咳嗽了一下，可能會覺得是被傳染了，接著就會出現

一些類似感冒的感覺。

心理暗示是一種預先的灌輸，將一個結論或定位先放在認知中，接著大腦就會做出相應的協調行為。暗示可以引導至正向或負向，當看到鏡子裡的自己氣色不好，你若是想到「我是不是生病了」並開始感到不適，就是負向心理暗示，你若是想到要制定運動計畫，就是正向心理暗示。

相關的研究發現，女性容易接受暗示，因為女性的情感更豐富、細膩、脆弱，有時會出現自我不完善和缺陷感，或是存在自卑和不安全感，對自己不滿意，這些都是易受暗示的心理特質。因此，女性似乎更喜歡傾訴、抱怨。

然而，我們可以將被動的、負向的暗示轉換成正向的、主動的暗示。2006年，我曾經和友人拜訪一位比丘尼，並獲贈一個由紅線繩製作的「金剛圈」，以緩解腰疼。離開後我感到腰疼減輕了好多，但是沒多久我又開始腰疼，家人都勸我剪了它，但是我沒有，反而戴了八年，因為每次看到這根紅繩，我都告訴自己趕緊去鍛鍊，把心理暗示轉換成了正面的力量，從此，我堅持鍛鍊的習慣延續至今。

哈佛大學的赫伯‧班森（Herbert Benson）教授曾做過這樣一個實驗。給孕期有噁心、嘔吐反應的婦女，服用兩種不同的藥丸，一種是沒有藥效的澱粉丸，另一種是可以控制孕吐的藥丸。這兩種藥丸看起來是一模一樣的，但是所有孕婦都被告知服用的是治療性藥物。一段治療週期之後，兩組孕婦的孕吐治癒效果相同。服用澱粉丸的孕婦依靠信念以及對專家的信任，孕期反應消失。由此可見暗示的力量有時會大過藥物的力量。因此，不要讓生活中的小事使自己沮喪。

生理學家發現，因為大腦記憶生理系統的原理，女性尤其容易被小事影響情緒。婚姻專家發現，婚姻生活之所以不美滿，最根本的原因通常都

是一些小事。刑事專家發現，刑事案件中，有一半的起因是很小的事情，如措辭不當、行為粗魯等，很少有人真正生性殘忍。心理學家發現，人們容易誇大小事情的重要性。

當遇到不順心的事情，給自己一個正向的暗示和正向的信念，例如可以使用正向的語言暗示，如「沒關係，會好的，一切都會好起來的！」。語言對情緒有極大的暗示和調整作用，可以緩解心理上的緊張狀態。

## 二、正向心理介入

所謂正向心理介入，就是指向快樂和幸福的方向前進。首先，在認知層面上，把注意力從負面事件中移開，關注生活中正向的、有希望的一面；其次，在行為層面，利用自身的優點，更好地在學習與工作中發揮自己的能力，形成一個良性循環。在正向心理介入的過程中，提升幸福感有以下幾種方法。

☺ 在學校教育和社會教育中參加幸福教育、生命教育、正念等課程，透過專業學習得到專業的知識和理念，由此獲得快樂。

☺ 讀書療癒。閱讀能夠帶來心境的平和、認知的提升、視野的開闊，如果感到身心疲累，不妨開啟一本書，沉浸在閱讀之中，可能你就會體會到充實和幸福。

☺ 想想你的小幸運。

☺ 做三件好事。例如，幫助陌生人按一下電梯，稱讚同事的新衣服，將垃圾歸位，參加一次志願活動等。

☺ 心懷感激之情。回想你是否對某人抱有感激，卻從未向他鄭重地表達過這種情感。如果是這樣，你可以透過文字記錄下感激之情，或登門拜訪對方，表達自己對他的感激。

☺ 學會諒解。原諒曾經辜負和傷害你的人，這不是美化傷害行為，而是允許自己放下仇恨，允許自己仁慈和慷慨。

☺ 在家庭和朋友方面投入時間和精力。聚會聊天的時候關上手機，在對話過程中只關注對方的情緒和狀態。

☺ 關注身體健康狀況。保障睡眠，合理安排膳食，適當運動。

☺ 保持樂觀心態。根據喜好，安排一些正向的活動給自己，如聽音樂、跳舞、正念、冥想等，放慢生活步調，享受生活中的樂趣。

☺ 為自己的伴侶特別留出培養愛的三個時間：親密時間，是你跟他進行身體接觸、接吻、擁抱、說一些甜言蜜語的時間；瑣事時間，是每天交流日常生活所見的時間；溝通時間，是你跟他好好討論兩個人之間愛的最佳相處方式的時間。

## 小結

　　有計畫和有規律的生活會讓內心很快就能獲得一種穩定感，能從容面對不確定性。

## 自我分析

　　1. 你平日最喜歡用的心理暗示的語言是哪些？

　　2. 今年你有哪些目標？

## 推薦閱讀

　　《定位》（*Positioning：The Battle for Your Mind*）傑克・屈特（Jack Trout）

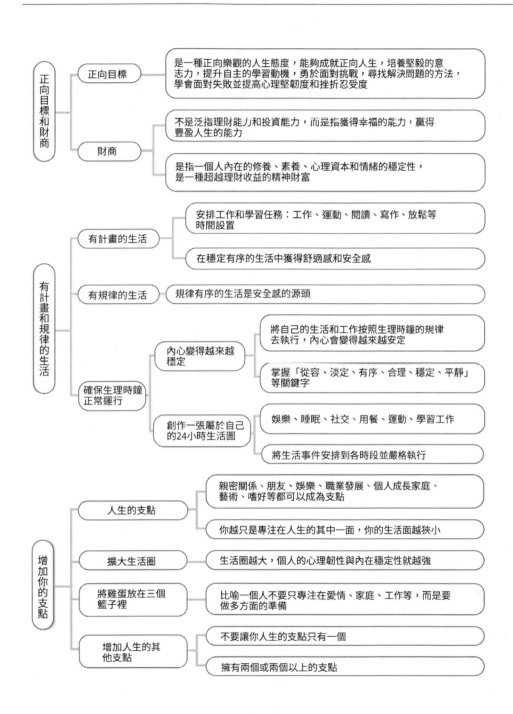

正向目標和財商
- 正向目標：是一種正向樂觀的人生態度，能夠成就正向人生，培養堅毅的意志力，提升自主的學習動機，勇於面對挑戰，尋找解決問題的方法，學會面對失敗並提高心理堅韌度和挫折忍受度
- 財商
  - 不是泛指理財能力和投資能力，而是指獲得幸福的能力，贏得豐盈人生的能力
  - 是指一個人內在的修養、素養、心理資本和情緒的穩定性，是一種超越理財收益的精神財富

有計畫和規律的生活
- 有計畫的生活
  - 安排工作和學習任務：工作、運動、閱讀、寫作、放鬆等時間設置
  - 在穩定有序的生活中獲得舒適感和安全感
- 有規律的生活
  - 規律有序的生活是安全感的源頭
- 確保生理時鐘正常運行
  - 內心變得越來越穩定
    - 將自己的生活和工作按照生理時鐘的規律去執行，內心會變得越來越安定
    - 掌握「從容、淡定、有序、合理、穩定、平靜」等關鍵字
  - 創作一張屬於自己的24小時生活圖
    - 娛樂、睡眠、社交、用餐、運動、學習工作
    - 將生活事件安排到各時段並嚴格執行

增加你的支點
- 人生的支點
  - 親密關係、朋友、娛樂、職業發展、個人成長家庭、藝術、嗜好等都可以成為支點
  - 你越只是專注在人生的其中一面，你的生活面越狹小
- 擴大生活圈
  - 生活圈越大，個人的心理韌性與內在穩定性就越強
- 將雞蛋放在三個籃子裡
  - 比喻一個人不要只專注在愛情、家庭、工作等，而是要做多方面的準備
- 增加人生的其他支點
  - 不要讓你人生的支點只有一個
  - 擁有兩個或兩個以上的支點

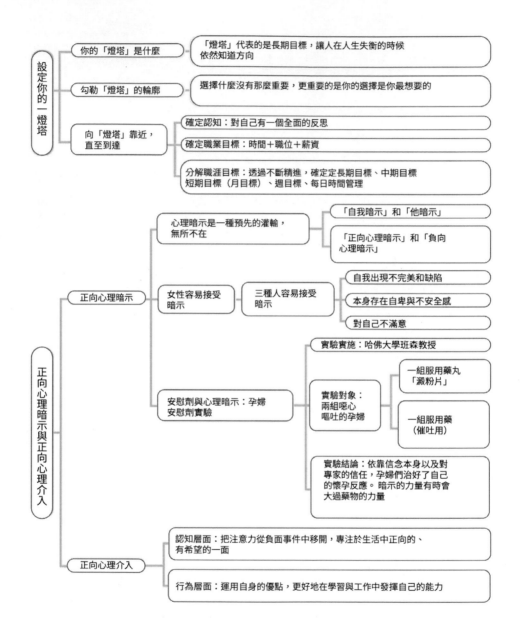

# 第二十章　正向意義：健商

健康的生命是人生最大的籌碼。

## 第一節　你最想要什麼

### 一、你最想要什麼

我們終其一生都在追求事業、愛情、金錢、家庭、友誼、地位、健康等。管理學中有一個木桶原理（Cannikin law），意思是木桶能盛多少水，取決於最短的那塊木板。我們追求的這些事物構成人生成就之桶，而健康就是最短的那一塊，如果我們失去了健康，其餘部分對我們的意義將大打折扣。

這個世界上還有什麼東西比我們的健康更重要？少年時代十多年的讀書生涯，就是為了我們今後幾十年的工作與生活能夠更加幸福，就是為了能夠活得快樂、活得健康。有些人在年輕時由於過度損耗身體，導致晚年一身病痛，整日飽受病痛之苦。在任何情況、任何條件下，都不能拿自己的身體去做打拚的籌碼，而要把健康作為健康銀行儲蓄中的資本。

健康對每個人是公平的，你不重視它，它就沒辦法照顧你。為什麼一定要到年老了才覺悟健康的重要性呢？如今年齡大的人都會關注身體的健康，而年輕人大多忙於工作，忽視保健。在追求生命品質的時候，財富和健康哪個更重要？那些玩命工作導致過勞死、英年早逝的人已敲響了健康的警鐘。在追逐財富的時候，真正的財富是健康，千萬不要在贏得事業的同時，卻輸在健康的跑道上。

### 二、把健康作為人生目標之一

許多熱愛生命的人已經將運動與每天的吃飯、睡覺和工作視為同樣重要的事情去做。健康長壽的生命是一點一點累積起來的。「起居有常」是健康之寶。合理的飲食、營養的全面攝取會讓身體在營養平衡的供給中不斷完善。那些不胖不瘦、保持體重穩定、樂觀豁達的人已站在壽命最長的行列中。

據世界衛生組織最新資料顯示：在決定個體健康的要素中，生活方式占60％，環境和遺傳因素占30％，而醫療介入僅占10％。

世界衛生組織把健康定義為：「健康是一種身體上、精神上和社會適應上的完好狀態，而不是沒有疾病及虛弱現象。」健康包含三個基本要素：軀體健康、心理健康、具有社會適應能力。

人的身體和心靈是互連一體的。心理健康的狀態會影響生理免疫系統。一個具有強大的身體、豐足的心靈的人才能擁有真正健康的生命。健康的生命是人生最大的籌碼。

## 三、什麼是健商

健商是一個人的健康智慧及對健康的態度，包括具有的健康意識、健康知識和健康能力。智商決定一個人的發展高度，聰明的大腦能讓我們獲得更高的成就；情商決定一個人的發展深度，高情商能幫助我們透過經營人際關係來創造更深的情感連結；而健商決定一個人的發展長度，身體是革命的本錢，是人生最大的財富，是決定財富、愛情、事業、友誼的根本。

作家史蒂芬・褚威格（Stefan Zweig）說過：「一個人年輕的時候，總以為疾病和死神祇會關顧別人。」很多人以為自己身體好，不會輕易生病，於是經常熬夜，生活沒規律，玩命工作，試圖犧牲健康以追求財富，認為有了財富就擁有了幸福。

然而，這些人在經歷了痛苦的折磨後才會發現，健康才是一個人幸福生活的首要前提，一切與幸福有關的內容都離不開健康的支持。

有意思的是，有學者發現不幸福是健康最大的風險因素，比如吸菸對人的健康的影響是減壽兩三年，而不幸福則會使人減壽七年。另外，幸福的人健康問題更少，比如更少得潰瘍，更少過敏，更少得中風，更少得心

血管疾病，更少得不治之症。為了有更高的健商，我們要努力使自己保持幸福；只有身體健康，我們才能獲得最終的幸福。

## 第二節　正向心理學與「治未病」思想

### 一、正向心理學概述

　　1997年，美國著名心理學家、賓夕法尼亞大學的塞利格曼教授在擔任美國心理學會主席職務後的某一天，與五歲的小女兒在自家花園裡割草。女兒天性活潑，在父親的身旁又唱又跳，還不時將父親割的草拋向天空。塞利格曼雖然寫了大量有關兒童的著作，但在實際生活中與孩子的接觸並不算太親密，在割草時也是埋頭苦幹，專心致志。

　　塞利格曼對女兒的行為不耐煩了，於是對女兒大聲訓斥，叫她別亂來，女兒一聲不響地離去。過了一會兒，女兒卻跑過來，一本正經地對塞利格曼說：「爸爸，我能與你談談嗎？」、「當然可以。」、「爸爸，我不喜歡你那麼凶地對待我，如果今後我不再像五歲前那樣喜歡哭訴，總是抱怨說這個不好、那個不好，你可以不再那樣訓斥我嗎？」女兒的這番話使塞利格曼頓悟了，他一下明白了許多道理。

　　塞利格曼覺得，家長在撫養孩子時並不應該一味地去呵責或糾正孩子的不良行為，而是要與孩子多進行交流，及時發現孩子具有的正向力量。要發現並塑造孩子擁有的最美好的東西，要看到她心靈深處的潛能，發揚她的優秀品質，對孩子的正向力量進行有意的鼓勵和培育，才能使孩子真正克服自己的缺點。

　　塞利格曼在思考中發現，自己在過去的五十年裡，經常是在沉悶的氣氛中生活，心中有許多不高興的情緒，而且總是用負向的方式去看待他人

的缺點和不足，如果換一種正向的方式去應對他人的負向行為，也許會更有效果。從那天開始，他決定讓正向的情緒占據心靈的主導位置，面對一直從事的職業，他也產生了新的發現。塞利格曼想到，心理學不應僅是關注人的問題，而更應該多去研究人的正向方面，研究人的正向品格的形成機制。自此，正向心理學誕生了。

傳統心理學這樣評價人的心理健康：「如今你的心理健康是-6的狀態，經過治療你將能恢復到-2，最終你有可能進入正常的0狀態。」而正向心理學則會說：「你如今的心理健康狀態是+2，你自身的潛力和優勢如果得到更多的挖掘和開發，你將進入+6這種更好的狀態。」

| （傳統心理學）負方向 | | （正向心理學）正方向 |
|---|---|---|
| -10 | 0 | +10 |
| 最消極 | 中間狀態 | 最正向 |
| 關注弱項 | | 關注強項 |
| 克服缺陷 | | 提升能力 |
| 避免痛苦 | | 尋找快樂 |
| 逃離不幸福 | | 追求幸福 |
| 以達到中間狀態0為封頂 | | 沒有封頂 |
| 以不緊張為理想 | | 以創造性的緊張為理想 |

正向心理學關注的是如何促使更多的人將心理健康狀態提升到0以上。要怎麼去做呢？傳統心理學沒有提供一個好的答案，這也就是正向心理學要切入的地方。如今正向心理學已經發現了答案，它區別於常規的激勵或成功學的指導方法，也是今天我們大多數人還未知道的幸福法則。

正向心理學課程在美國哈佛大學開設後，經過短短的兩三年時間，到2006年一躍成為哈佛大學最受歡迎的課程，學生人數打破了哈佛大課歷史上人數最多的紀錄，超過了之前人數最多的課程。

正向心理學到底是一門怎樣的學科呢？傳統心理學的方法主要是疾病模式，總是盯著人類身體上的問題，只解決人的疾病問題，而忽視人類心

理的培養。正向心理學強調要從正面而不是從負面來界定和研究心理健康，是要把人推向發展和繁榮。這是兩種非常不同的做法。

## 二、「治未病」思想

我們的心理健康教育還處在「有了問題才進行心理介入」的階段，很多人沒有接受過心理健康方面的教育，也不關注自己的心理健康狀態。而正向心理學重視預防，提倡「治未病」思想，關注正面，發掘潛能和優勢，讓心理健康教育從被動轉向主動。

「治未病」思想源於《黃帝內經》：「是故聖人不治已病治未病，不治已亂治未亂，此之謂也。夫病已成而後藥之，亂已成而後治之，譬猶渴而穿井，鬥而鑄錐，不亦晚乎！」也就是說，防治疾病的基本原則是防重於治。「治未病」的基本含義是在人未得病時採取措施，防止疾病的發生、發展與轉變。「治未病」思想對當下的心理健康教育也有一些啟示。

其一，以人為本，增強內在正氣，透過對自身的正面特質的培育，如美德、自尊、幸福觀等，幫助我們預防心理上的焦慮、憂鬱、緊張等。

其二，未病先防，在疾病沒有出現明顯症狀之前進行積極介入，避免個體的疾病狀態加劇，構築心理健康教育的預防體系。

其三，既病防變，重建正向的互動關係，啟動正向模式，開展心理諮商與心理輔導，預防和避免出現人格孤僻、煩躁、憂鬱、恐懼、焦慮、厭世等心理或行為。

## 三、心理也會患病

我們每個人的一生中都會不可避免地出現身體疾病，生病時需要去求醫問診，這是人們都明白的道理。但是我們的心理也會患病，我們的身心

會出現免疫功能下降，我們的心靈需要滋養和昇華。

是不是消除了憂鬱、焦慮之後人就會感到幸福？事實並非如此。比如，你消化不良，首先要做的事情是先解決或治療消化不良的問題，這樣你才有可能好好享受一頓美餐。但是在消化不良的症狀去除之後，也不足以讓你享受到幸福與快樂。消除那些痛苦的因素並不意味著一定就能幸福和快樂起來。我們不是按照疾病模式把人的心理健康狀態從負數提升到0就足夠了，我們要做的是進一步從0提升到1，甚至更高。

我們每一個人幾乎都是身兼三職，既是觀眾，又是演員，還是導演。我們在現實生活中關注了什麼，最終我們在現實中看到的就是什麼。

在多年的研究和寫作中，我每天翻閱的、接觸的都是正向心理學的相關理論，整天都是沉浸在積極、正面、向上和快樂的各種元素中，我研究的是如何使人幸福等一系列話題。當自己回歸到現實生活時，在潛移默化中也就自然而然地改變了看待事物的角度和面對他人的態度。我個人學習和研究正向心理學的最大體會是：面對世界時，自己變得坦然了，面對事物和他人時，自己變得更寬容了。

## 第三節 幸福與健康

### 一、用心愛身體

健康長壽是保養出來的。保養，顧名思義就是保護和滋養，如果只是吃一些保健品，只是懂得養生的道理，只是懂得飲食的營養配比，那是完全不夠的。在行動上沒有真正做到保護身體，不按時睡眠，經常熬夜，生活起居不規律，不按時鍛鍊身體，長期保持一個姿勢等，結果就是小病開始敲門了。

　　只有在健康時就愛惜自己的身體，保證正常的睡眠，把鍛鍊身體視為與吃飯、睡眠和工作同等重要的事情，身體才有能量為我們終身服務。

## 二、長壽不難

### 1. 病從口入，管住嘴巴，不吃對身體不利的食物

　　過去的醫療水準和經濟水準不發達，人們過著食不果腹、有上頓沒下頓的日子，身體卻很健康。如今生活水準大大提高了，可供選擇的食物越來越多，各種疾病卻時常困擾我們。

　　如果將人類的健康水準比作天平，天平的左邊是有損健康的五個砝碼，分別是熬夜、缺乏運動、吸菸、飲酒和精神壓力大；而天平的右邊只有一個有益健康的砝碼，那就是健康的飲食習慣。也就是說，不良的生活習慣對健康造成的損害只能透過健康的飲食習慣來平衡和彌補。

　　健康的飲食習慣包括：多食用富含膳食纖維的食物、蔬菜、水果和豆類；提倡低鹽、低油；減少食用高動物脂肪食物、紅肉、醃肉；盡量不飲用碳酸飲料等；選擇蒸、煮等健康的烹飪方式。

### 2. 病由心生，清潔耳朵，遺忘對心理有不良影響的話語

　　一名瑞典心理學家說過：「心裡存在『毒素』的人是永遠不會感覺到生活的美好，而排除『毒素』的最好方法就是學會遺忘。」學會遺忘就是讓我們卸下那些不需要再去背負的壓力，將某一段歷史封存在記憶的深處，我們的心靈需要遺忘。

　　如果一份記憶不能給我們帶來快樂，甚至還剝奪我們的快樂和幸福，我們就要將它徹底捨棄。「記憶不好」的人永遠會覺得生活新鮮有趣，心情自然就能舒暢快樂。只有那些愚笨的人才會把過去的劣跡翻出來，反覆地

回顧，徒增煩惱。

有句話是這麼說：「天使之所以能夠飛翔，是因為他們有著輕盈的人生態度。」人生猶如一次旅行，在旅行的行囊裡，應該裝什麼或不應該裝什麼，一定要清楚。那些無助於我們旅行的負重物應該通通被拋棄，騰出更多的空間，讓自己輕鬆起來。只有腳步變得輕鬆，我們才能看到旅途中美麗的風景。

## 三、生命的最高品質

### 1. 身體好，心情好，一切都美好

積極樂觀的情緒是抵抗疾病的第一道防線。塞利格曼教授測試了70個心臟病患者。17個被測試為最悲觀的患者中，有16個沒有經受住第二次心臟病發作而去世了，而19個被測試為最樂觀的人中，只有一個人被第二次心臟病的發作奪去了生命。心理學家認為，人不是因為高興才笑，而是因為笑了才高興。一個心情舒暢的人，身體始終處於一種覺醒和主動狀態，生氣勃勃。

### 2. 做情緒的主人，做命運的主人

情緒是生命的一部分，情緒展示著一個人控制生命的能力。每個人都需要了解自己的情緒變化，也要學會觀察和理解他人的情緒。既不要給自己製造壞情緒，也不要被他人的壞情緒所傳染。不良情緒出現時，要學會寬慰自己。

### 3. 免疫力就是幸福力，身體知道答案

有一個簡單的道理大家都知道：人類的身體裡存在著許多細菌，但是我們身體整體的健康和活力總是能避免這些細菌侵襲我們的身體，使我們的身

體能夠一直健康地成長著。如果我們能夠保持積極樂觀，即使偶爾出現一些微不足道的負向念頭、悲觀情緒，它們也絕對不會有能力滲透到我們積極樂觀的心靈中。當無用的心靈垃圾和悲觀消極的雜念產生時，我們要勇敢地阻止它，這樣正向的思想和充沛樂觀的活力就會一直占據我們的心靈。

## 小結

　　幸福的前提是關愛、珍惜自己的生命，並努力地去創造、分享事業、愛情、財富、權力等人生價值。

## 自我分析

　　1. 讀完本書，你收穫了什麼？
　　2. 幸福心理學對你的影響有哪些？

## 推薦閱讀

　　《創造生命的奇蹟》（*You Can Heal Your Life*）露易絲·賀（Louise Hay）

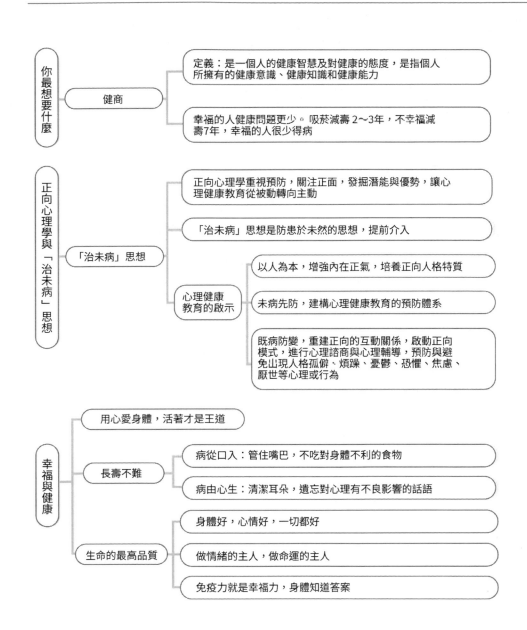

你最想要什麼
- 健商
  - 定義：是一個人的健康智慧及對健康的態度，是指個人所擁有的健康意識、健康知識和健康能力
  - 幸福的人健康問題更少。吸菸減壽2～3年，不幸福減壽7年，幸福的人很少得病

正向心理學與「治未病」思想
- 「治未病」思想
  - 正向心理學重視預防，關注正面，發掘潛能與優勢，讓心理健康教育從被動轉向主動
  - 「治未病」思想是防患於未然的思想，提前介入
  - 心理健康教育的啟示
    - 以人為本，增強內在正氣，培養正向人格特質
    - 未病先防，建構心理健康教育的預防體系
    - 既病防變，重建正向的互動關係，啟動正向模式，進行心理諮商與心理輔導，預防與避免出現人格孤僻、煩躁、憂鬱、恐懼、焦慮、厭世等心理或行為

幸福與健康
- 用心愛身體，活著才是王道
- 長壽不難
  - 病從口入：管住嘴巴，不吃對身體不利的食物
  - 病由心生：清潔耳朵，遺忘對心理有不良影響的話語
- 生命的最高品質
  - 身體好，心情好，一切都好
  - 做情緒的主人，做命運的主人
  - 免疫力就是幸福力，身體知道答案

# 後記　終身成長的幸福力教育

2023 的新年鐘聲敲響之時，我的第 9 本著作《幸福力教育》的前言也畫上了句號。這本書的前後構思與寫作用時 8 年，準確地說，是我 15 年來講授正向心理學最完整的一門課程。

13 歲時，父親用兩句話勾勒了我的未來：「我女兒口才好，長大後可以做個老師；我女兒文筆也很好，長大了也能成為一個作家。」當個老師、成為作家的夢想，時隔了 30 年，在我走過萬水千山，歷練人生風雨，博士畢業後的第二年實現了。

2009 年我的第一本著作出版時，一個念頭在心中滋生：60 歲時，能不能出版 10 本著作？

再過兩年就是我的甲子年，出版 10 本著作的目標是可以實現的。

這些年，我經常告訴學員：改變是可以，你是可以心想事成的，你是可以讓自己快樂的，幸福是可以學習的，你可以讓自己變得更好，你可以在內心真的寬恕一個人，你是可以學會愛自己的，你是可以成為理想的自己的，你可以成為一個智慧的父母，你可以在人生中找到自己的使命……不是在澆灌心靈雞湯，也不是在做傳教士，我是一個講師、一個作家，一直致力於把正向心理學這股清流用通俗易懂的語言、實用有效的方法傳遞和講授給我遇見的每個學員和讀者。

幸福不是毛毛雨，我們沒有多少人是生來就衣食無憂的。幸福不是命運憑空的餽贈，幸福是一種可以學會的能力。

2023 年之後，祝福每一個平實的日子和粗糙的歲月，「改變是可以實現的」、「你是可以變得更好的」這些治癒我們的碎碎念陪伴我們在清醒中

奔跑，在辛苦中付出，在倔強中堅持，在期待中仰望星空；相互溫暖，彼此成就，一路走來，撥雲見日，這是我們的人間值得。

　　2023年，身為教育者，我將一往如既地傳授終身學習的幸福力教育，幫助更多的人學會幸福的能力，成為自己想要的幸福的樣子。

王薇華

# 推薦書目

■ 01　正向人格：樂商

《*The Power of Habit: Harnessing the Power to Establish Routines That Guarantee Success in Business and in Life*》傑克・霍奇（Jack Hodges）

《因為生活充滿OOXX，所以需要「樂觀商數」的心理學》任俊、應小萍

■ 02　正向情緒：情商

《*The Happiness Hypothesis*》喬納森・海特（Jonathan Haidt）

《*Positivity*》芭芭拉・弗雷德里克森（Barbara Fredrickson）

《EQ：決定一生幸福與成就的永恆力量》（*Emotional Intelligence: Why It Can Matter More Than IQ*）丹尼爾・高曼（Daniel Goleman）

■ 03　正向心態：心商

《正能量心理學》（*Rip It Up*）李察・韋斯曼（Richard Wiseman）

《反脆弱：脆弱的反義詞不是堅強，是反脆弱》（*Antifragile: Things That Gain from Disorder*）納西姆・塔雷伯（Nassim Taleb）

■ 04　正向力量：施容

《*Positivity: How to Be Happier, Healthier, Smarter, and More Prosperous*》Harry Edelson

《正向心理學》（*Positive Psychology: The Science of Happiness and Human Strengths*）艾倫・卡爾（Alan Carr）

■ 05　正向語言：語商

《愛之語：永遠相愛的祕訣》(*The 5 Love Languages: The Secret to Love that Lasts*) 蓋瑞‧巧門 (Gary Chapman)

■ 06　正向溝通：施語

《真實的快樂》(*Authentic Happiness*) 馬汀‧塞利格曼 (Martin Seligman)

《卡內基說話術》(*The Quick and Easy Way to Effective Speaking*) 戴爾‧卡內基 (Dale Carnegie)

■ 07　正向教育：素養

《非暴力溝通：愛的語言》(*Nonviolent Communication: A Language of Life*) 馬歇爾‧盧森堡 (Marshall Rosenberg)

《*The New Psycho-Cybernetics*》麥斯威爾‧馬爾茲 (Maxwell Maltz)

■ 08　正向教養：管教

《溫和且堅定的正向教養》(*Positive Discipline*) 簡‧尼爾森 (Jane Nelsen)

《找回失去的快樂‧認知療癒自救寶典》(*Feeling Good: The New Mood Therapy*) 大衛‧伯恩斯 (David Burns)

《一生受用的快樂技巧》(*The Optimistic Child*) 馬汀‧塞利格曼 (Martin Seligman)

■ 09　正向習慣：自律

《為什麼我們這樣生活，那樣工作？》(*The Power of Habit: Why We Do What We Do in Life and Business*) 查爾斯‧杜希格 (Charles Duhigg)

## ■ 10　正向天賦：優勢

《更快樂：哈佛最受歡迎的一堂課》(*Happier: Learn the Secrets to Daily Joy and Lasting Fulfillment*) 塔爾·班夏哈 (Tal Ben-Shahar)

《*Now, Discover Your Strengths*》馬克斯·巴金漢 (Marcus Buckingham)

## ■ 11　正向自尊：修養

《輕鬆駕馭意志力》(*The Willpower Instinct*) 凱莉·麥高尼格 (Kelly Mc-Gonigal)

## ■ 12　正向關係：愛商

《*A Primer in Positive Psychology*》克里斯·彼得森 (Christopher Peterson)

《*Intimate Relationships*》Sharon S.Brehm

《愛·生活與學習》(*Living, Loving & Learning*) 利奧·巴士卡力 (Leo Buscaglia)

## ■ 13　正向改變：勇氣

《勇氣》(*Courage*) 伯納·韋伯 (Bernard Waber)

## ■ 14　正向信念：希望

《心靈地圖》(*The Road Less Traveled*) 史考特·派克 (Scott Peck)

《活出意義來》(*Man's Search for Meaning*) 維克多·弗蘭克 (Viktor Frankl)

## ■ 15　正向經驗：心流

《心流》(*Flow: The Psychology of Optimal Experience*) 米哈里·契克森米哈伊 (Mihaly Csikszentmihalyi)

■ 16　正向品格：福商

《哈佛最受歡迎的幸福練習課》(*Stumbling on Happiness*) 丹尼爾‧吉爾伯特 (Daniel Gilbert)

■ 17　正向投入：志商

《這一生的幸福計劃》(*The How of Happiness*) 索妮亞‧柳波莫斯基 (Sonja Lyubomirsky)

《用心法則：改變你一生的關鍵》(*Mindfulness*) 艾倫‧南格 (Ellen Langer)

■ 18　正向自我：德商

《*Happiness: The Nature and Nurture of Joy and Contentment*》David Lykken

《真實的快樂》(*Authentic Happiness*) 馬汀‧塞利格曼 (Martin Seligman)

■ 19　正向目標：財商

《定位》(*Positioning：The Battle for Your Mind*) 傑克‧屈特 (Jack Trout)

■ 20　正向意義：健商

《創造生命的奇蹟》(*You Can Heal Your Life*) 露易絲‧賀 (Louise Hay)

# 幸福力教育試卷

## 一、單選題（57小題）

■ 1.幸福力教育的基礎是

　　A.家庭教育　　B.學校教育　　C.社會教育　　D.以上都不是

■ 2.樂商的維度有幾個

　　A.1個　　B.2個　　C.3個　　D.4個

■ 3.下面哪一個不是正向的人格

　　A.純潔　　B.孤僻　　C.可愛　　D.天真

■ 4.下面哪一個不是負向的人格

　　A.自私　　B.懶惰　　C.開朗　　D.懦弱

■ 5.三腦理論的提出者是

　　A.萊士利　　B.保羅·麥克萊恩　　C.愛因斯坦　　D.愛迪生

■ 6.幸福力於哪一年提出

　　A.2005　　B.2008　　C.2010　　D.2015

■ 7.真笑的一個代名詞是

　　A.蒙娜麗莎的微笑　　B.杜鄉式微笑　　C.禮節性微笑　　D.皮笑肉不笑

■ 8.全球首席表情測謊大師是

  A.克萊德曼　B.塞利格曼　C.洛薩達　D.保羅·艾克曼

■ 9.正向語言有幾個層次

  A.2個　B.3個　C.4個　D.5個

■ 10.馬歇爾·盧森堡博士提出了

  A.正向心理學　B.幸福理論　C.非暴力溝通　D.正面管教

■ 11.蓋瑞·巧門博士提出了

  A.正向情緒的力量　B.五種愛的語言

  C.洛薩達比例　D.怎麼聽孩子才會說

■ 12.形象的月暈效應是誰提出的

  A.班度拉　B.鐵欽納　C.愛德華·桑代克　D.阿德勒

■ 13.下面哪個不是溝通的語言三要素

  A.表情　B.文字　C.聲音　D.肢體

■ 14.下面哪個對溝通的影響最小

  A.動作　B.表情　C.眼神　D.聲音

■ 15.誰提出了家庭文化資本

  A.布魯納　B.布迪厄　C.布朗芬·布倫納　D.桑代克

■ 16.社會的基本細胞是

  A.個人　B.學校　C.家庭　D.孩子

**17.** 下面哪一句不是暴力語言

　　A.「廢物」　　B.「就知道吃」　　C.「豬腦袋」　　D.「我相信你」

**18.** 哪位教育家提出生活在不同家庭背景下的孩子會形成各自不同的獨特的家庭文化編碼

　　A.伯恩斯坦　　B.愛因斯坦　　C.迪爾凱姆　　D.赫爾巴特

**19.** （　）是一種家庭烙印，雖然看不見、摸不到，卻以一種內隱的情景方式存在著，並且時時刻刻影響著我們的言行

　　A.個人才能優勢　　B.家庭文化資本

　　C.社會財富資本　　D.家庭文化編碼

**20.** 有效溝通的核心是什麼

　　A.說出自己想說的東西　　B.說出別人想聽的東西

　　C.聽到自己想聽的東西　　D.不能聽到不同的聲音

**21.** 人們的行為大約有多少來源於習慣

　　A.30％　　B.10％　　C.80％　　D.45％

**22.** 誰提出了「習得性無助」理論

　　A.費里德曼　　B.佛洛伊德　　C.愛因斯坦　　D.塞利格曼

**23.** 形成或改變一個習慣一般需要多少天

　　A.10天　　B.3天　　C.21天　　D.50天

**24.** 下面哪個是培養好習慣的策略

　　A.小目標策略　　B.一步到位策略　　C.微習慣策略　　D.按部就班策略

■ 25.下面哪一項不是幸福力

　　A.情感力　　B.認知力　　C.專注力　　D.抗壓力

■ 26.下面哪一項不是SWOT分析的內容

　　A.優勢　　B.機會　　C.威脅　　D.希望

■ 27.改變的健康方式是走出（　　）

　　A.溫柔區　　B.舒適區　　C.安全區　　D.保障區

■ 28.心流的提出者是

　　A.塞利格曼　　B.施耐德

　　C.米哈里·契克森米哈伊　　D.弗雷德里克森

■ 29.心流的英文是

　　A.Flow　　C.Blow　　B.Wish　　D.Hope

■ 30.心流最貼切的中文表述是

　　A.開心　　B.爽　　C.痛快　　D.流暢

■ 31.高峰經驗的提出者是

　　A.亞伯拉罕·馬斯洛　　B.哈羅　　C.華生　　D.羅傑斯

■ 32.馬斯洛提出的需求金字塔有幾級

　　A.3級　　B.4級　　C.5級　　D.6級

■ 33.二八原則的提出者是

　　A.皮亞傑　　B.帕雷托　　C.維果茨基　　D.布魯納

■ 34.百善（　）為先

　　A.感恩　B.孝　C.捐錢　D.愛

■ 35.六大美德、二十四項優秀特質不包括

　　A.好奇心　B.想像力　C.風趣　D.社會智慧

■ 36.「但凡不能殺死你的，最終都會使你更強大」是誰的名言

　　A.尼采　B.弗蘭克　C.牛頓　D.特斯拉

■ 37.智商就是智力商數，可以簡稱為

　　A.EQ　B.QQ　C.IQ　D.BBQ

■ 38.自我效能感的提出者是

　　A.班度拉　B.杜拉拉　C.拉齊奧　D.昆德拉

■ 39.心理學上一般把內心的支點或有依靠的感覺稱為

　　A.獲得感　B.安全感　C.幸福感　D.舒適區

■ 40.心理暗示一般分為正向心理暗示和（　）

　　A.溫情暗示　B.察言觀色　C.負向心理暗示　D.正向心理暗示

■ 41.正向心理學也可以稱為

　　A.庸俗成功學　B.心靈雞湯　C.幸福的科學　D.心理暗示

■ 42.以下屬於自尊的發展階段是

　　A.依戀性自尊　B.自大型自尊　C.無條件自尊　D.實現型自尊

■ 43. 維繫親密關係的重要因素是

　　A. 全身心的付出

　　B. 親密默契的程度

　　C. 正向共享、承諾、分擔、樂於付出、隨和、寬容

　　D. 關心他人，尊重他人，彼此關愛，激情與承諾

■ 44. 真正意義上的愛情是指

　　A. 信任式愛情　　B. 伴侶式愛情　　C. 依戀式愛情　　D. 完美式愛情

■ 45. 什麼是志商

　　A. 意志智商，它指一個人的意志力水準，包括堅韌性、目的性、果斷性、自制力等方面

　　B. 主要反映人的認知能力、思維能力、語言能力、觀察能力、計算能力、律動的能力等，主要表現為人的理性的能力

　　C. 智力的高低通常用智力商數來表示，用以表示智力發展水準

■ 46. 幸福心理學帶來的最大優勢是

　　A. 正向思考　　B. 負面思考　　C. 正面思考

■ 47.（　　）能保持你的心跳和出汗，是連線你的大腦和全身器官的信息高速公路

　　A. 迷走神經　　B. 負面思考　　C. 正面思考

■ 48. 幸福力教育的宗旨是

　　A. 讓老師幸福地教　　B. 讓孩子幸福地學

　　C. 讓家長幸福地養　　D. 實現「更好的教育」

■ 49.以下哪種不屬於情緒鍛鍊法

A.冷卻情緒　B.慢慢說話　C.換位思考　D.置之不理

■ 50.不屬於正向情緒三個部分的是

A.寬恕的心　B.感恩的心　C.當下的心　D.希望的心

■ 51.以下哪個句子或詞屬於禁說的惡語

A.「你去死吧！」　B.「煩人」　C.「不行」　D.「做不了」

■ 52.人與人的交往中，影響溝通的三個要素是

A.微笑、點頭、傾聽　B.送禮物、給陪伴、常連絡

C.場合、氣氛、情緒　D.主動、熱情、回饋

■ 53.傾聽的最高層次是

A.以自我為中心的傾聽　B.以對方為中心的傾聽

C.以大環境為重的傾聽　D.3F傾聽

■ 54.以下對家庭文化的描述正確的是

A.家庭文化是一種客觀存在的社會現象

B.家庭文化具有絕對的獨立性

C.家庭文化是以家庭為單位的

D.家庭文化是一種客觀存在的社會現象，以家庭為單位、以家庭成員為主體的精神文明與物質文明的複合體

■ 55.以下對正向教養描述正確的是

A.正向教養是採用正向的眼光來思考和實踐教養，是正向心理學在兒童教育領域的應用

B.正向教養就是用不嚴厲的方式養育孩子

C.正向教養就是不驕縱孩子

D.正向教養就是不打不罵孩子

■ 56.天才的後天要素指的是

A.感覺敏銳　　B.富有激情

C.自然成長　　D.自然成長，並以自己的方式獲取大量知識

■ 57.天賦到優勢的四個步驟是

A.發現 —— 覺察 —— 強化 —— 結合

B.覺察 —— 發現 —— 強化 —— 結合

C.發現 —— 結合 —— 覺察 —— 強化

D.發現 —— 強化 —— 覺察 —— 結合

## 二、多選題（61小題）

■ 1.描述人格的褒義詞彙有哪些

A.樂觀　B.懶惰　C.開朗　D.懦弱

■ 2.描述人格的貶義詞彙有哪些

A.孤僻　B.懶惰　C.開朗　D.懦弱

■ 3.人格分類的學說有哪些

A.機能說　B.向性說　C.人格特質說　D.血型說

■ 4.以下哪種屬於四種癌症人格

A.刻意忍受型　B.緊張焦慮型　C.喜歡孤獨型　D.較真懊惱型

■ 5.如何改變悲觀主義

A.轉移或遠離　B.換種方式解讀現實　C.逃避現實　D.阿Q精神

■ 6.情緒的分類有

A.基本情緒　B.複合情緒　C.普通情緒　D.特殊情緒

■ 7.下面哪些是基本情緒

A.憤怒　B.驚奇　C.厭惡　D.愉快

■ 8.下面哪些是複合情緒

A.憤怒　B.敵意　C.厭惡　D.焦慮

■ 9.下面哪些是正向情緒

A.憤怒　B.開心　C.欣賞　D.放鬆

■ 10.下面哪些是負向情緒

A.憤怒　B.緊張　C.樂觀　D.焦慮

■ 11.情緒緩解的四個方面包括

A.辨識　B.接受　C.探究　D.非認同

■ 12.情緒鍛鍊法包括

A.冷卻情緒　B.跳出情境　C.換位思考　D.慢慢說話

■ 13.正向情緒的意義有哪些

A.正向情緒讓生活欣欣向榮

B.負向情緒使生活枯萎凋零

C.正向情緒讓生活更美好、更幸福

D.只要正向情緒,不要負向情緒

■ 14.如何建立正向情緒

A.創造正向情緒的環境　　B.鞏固和關注90%快樂

C.樂觀情緒的訓練法　　D.完全消除負向情緒

■ 15.情商的能力包括

A.個人的情緒控制能力　　B.情緒感知能力

C.與他人相處的能力　　D.果斷處理問題的能力

■ 16.高情商人的共性有哪些

A.會為他人著想,在意別人感受　　B.談話時讓別人感到很愜意

C.說話時不以自我為中心　　D.通常是一個圈子的領導者

■ 17.控制不住情緒的危害有哪些

A.不利於身心健康　　B.容易破壞人際關係

C.會影響自己的壽命　　D.沒有什麼特別的影響

■ 18.影響心商的因素有哪些

A.外貌　　B.思維　　C.心態　　D.人格

■ 19. 以下哪些是高心商的特點

A. 和諧的人際關係　　B. 正確的自我評價和情緒經驗

C. 熱愛生活、正視現實　　D. 人格完整

■ 20. 心商的內在特質有哪些

A. 包容性　　B. 堅韌性　　C. 樂觀度　　D. 奉獻心

■ 21. 三觀包括

A. 人生觀　　B. 世界觀　　C. 價值觀　　D. 倫理觀

■ 22. 心理調適包括

A. 自我調適　　B. 他人調適　　C. 心理按摩　　D. 心理輔導

■ 23. 自我心理輔導的方法有哪些

A. 自我放鬆　　B. 傾訴宣洩　　C. 運動減壓　　D. 放棄完美

■ 24. 幸福心理學的三大支柱是

A. 正向的主觀幸福感研究　　B. 正向的個人特質的培養

C. 正向的社會組織建設的科學依據　　D. 以上都是

■ 25. 正向的社會組織建設的科學依據是

A. 美德　　B. 文化　　C. 利他　　D. 道德

■ 26. 正面思考的四大益處有哪些

A. 危機化為轉機　　B. 衝突化為溝通

C. 磨難化為成長　　D. 壓力化為動力

■ 27. 有規律生活的四好有哪些

A. 吃好　　B. 睡好　　C. 喝好　　D. 心情好

■ 28. 正向語言的表達包括

A. 真誠言語　B. 友善言語　C. 期待言語　D. 優美言語

■ 29. 讚美別人的技巧有哪些

A. 誇獎要出自真心，不能為了誇獎而誇獎

B. 讚揚行為本身，而不是讚揚人

C. 讚揚要具體、實在，不宜過分誇張，要有的放矢

D. 讚揚要及時，而不要時隔太久

■ 30. 溝通的三要素包括

A. 溝通的基本前提：調整心態　B. 溝通的基本原理：關心對方

C. 溝通的基本要求：主動參與　D. 溝通的基本禮儀：平等相待

■ 31. 溝通的三個特徵是

A. 態度的端正性　B. 行為的主動性

C. 過程的互動性　D. 對象的多樣性

■ 32. 溝通的基本步驟有

A. 點頭　B. 微笑　C. 傾聽　D. 回應

■ 33. 溝通的基本心態有

A. 喜悅心　B. 包容心　C. 同理心　D. 讚美心

■ 34. 說什麼更重要，怎麼說最重要

A. 少問多說，多說自己　B. 客觀陳述事實

C. 適當表達感受　D. 謹慎評價對方

■ 35.構成第一形象的四元素是

　　A.外表形象　　B.行為形象　　C.聲音形象　　D.語言形象

■ 36.家庭文化的三個層面是指

　　A.表層文化　　B.中層文化　　C.深層文化　　D.外層文化

■ 37.幸福家庭教育的四大基石是

　　A.幸福家庭教育理念　　B.幸福家庭教育環境

　　C.幸福家庭教育文化　　D.幸福家庭教育習慣

■ 38.正向教養的優勢有哪些

　　A.改善家長養育孩子的方式

　　B.改善夫妻關係和家庭氛圍

　　C.幫助建立滿足孩子心理安全需求的親密關係

　　D.不是教孩子，而是教父母如何對待孩子

■ 39.培養習慣的四步魔法是

　　A.分析必要性　　B.分析可行性　　C.探討策略性　　D.操作性工具

■ 40.天賦能帶來哪些好處

　　A.更喜歡自己，更有信心

　　B.更有機會建立獨特的優勢，因為天賦和優勢都是獨特的

　　C.基於天賦和優勢找到的工作和事業一定是順應內心的

　　D.更加容易成功

■ 41.美好的品格優勢包括

　　A.創造力　　B.領導力　　C.洞察力　　D.好奇心

■ 42. 如何培養國中生自尊心

A. 克服虛榮和自傲心理

B. 懂得知恥，不做有損自己人格的事

C. 正確對待他人的議論和批評

D. 關心他人，尊重他人，不做有損他人人格的事

■ 43. 屬於好朋友的最重要的特徵是

A. 可信賴的，誠實的，忠貞的　B. 善良的，幽默的，忠誠的

C. 可愛的，有趣的　D. 有成就的，有地位的

■ 44. 關於幸福力和幸福感的描述正確的是

A. 幸福力是指對生活的滿意度，包括物質基礎和情緒經驗

B. 善良的，幽默的，忠誠的

C. 可愛的，有趣的

D. 有成就的，有地位的

■ 45. 改變的健康方式有

A. 逐漸走出舒適區

B. 我想要怎樣的生活

C. 跑步、跳繩、多吃營養品

D. SWOT　分析：在逆境中找轉機

■ 46. 正面思考的四大益處是

A. 危機化為轉機　B. 衝突化為溝通

C. 磨難化為成長　D. 壓力化為動力

■ 47.下列哪項屬於溝通的五個基本步驟

　　A.點頭　B.微笑　C.做筆記　D.看別處

■ 48.以下哪項屬於家庭教育的六個特點

　　A.啟蒙性　B.短期性　C.情感性　D.全面性

■ 49.正向教養的三項技能是

　　A.同理心的溝通技能　B.正向管教

　　C.有效的肢體表達技能　D.正向語言的鼓勵技能

■ 50.人的抗壓性包括以下哪些方面

　　A.認知能力　B.情緒和情感品質

　　C.意志力　D.氣質和人格

■ 51.正向人格有哪些特徵

　　A.善良、樂觀　B.寬容、自信自尊

　　C.獨立、有責任感　D.有挫折忍受力和自我控制能力

■ 52.創造正向情緒的環境包括

　　A.照片（人、地點）、書、電影　B.愉快的裝飾品（紀念品、鮮花）

　　C.座右銘、喜歡的物件、音樂、舞蹈　D.與朋友見面

■ 53.三腦理論認為人的大腦結構分為哪些部分

　　A.本能　B.情感腦　C.智慧腦　D.理性腦

■ 54.以下哪些有利於保護我們的免疫力

A.有序規律的生活

B.樂觀喜悅的心情

C.透過挑戰自己的體能極限提升免疫力

D.常保持社交禮儀式的微笑

■ 55.愛的語言包括

A.肯定的言語　B.關注精心時刻

C.服務行為和身體接觸　D.喜好接受禮物

■ 56.初始效應的多種說法有

A.首次效應　B.優先效應　C.第一印象效應　D.月暈效應

■ 57.管教孩子過程中，以下哪些做法能幫助家長贏得孩子

A.表達出對孩子感受的理解並向孩子考核你的理解

B.表達出對孩子的同情，並告訴他你有類似的經驗

C.告訴孩子你的感受

D.讓孩子關注如何解決問題

■ 58.習慣形成的過程有三個階段，分別是

A.懵懂期　B.沉思期　C.準備期　D.適應期

■ 59.習慣的三種分類是

A.行為習慣　B.身體習慣　C.思考習慣　D.微習慣

■ 60.以下哪些做法有利於個人優勢的培養

A.找到個人興趣和喜好　　B.找到好的學習方法和養成好的學習習慣

C.擴大自己的知識邊界　　D.平衡世界和自我

■ 61.以下哪些是優勢事件的象徵

A.成功　B.事前渴望

C.過程投入　D.事後滿足

## 三、判斷題（67小題）

1. 人格是一個人的性情品格在社會活動中形成的對人、對事、對自己的態度，以及行為方式所表現出來的心理特質。

2. 抗壓性包括人的理解能力、情緒和情感力、意識力、氣質和人格等個性特質。

3. 樂商也被稱為樂觀智力，是指人樂觀的能力，既包括一個人樂觀水準的高低，也包括個體從所經歷的負向事件中獲取正向成分（或力量）的能力，以及用樂觀心態影響或感染他人的能力。

4. 恐懼心理是指對某些事物或特殊情境產生比較強烈的害怕情緒。

5. 情商是觀察他人情感，控制自己情感的能力，能衡量一個人的人際交往、為人處世的能力。

6. 心商包含心理健康和心理壓力調適能力。

7. 心理輔導是一項個人的社會技能，是對個體的情緒問題或發展困惑進行疏洩和引導，支持個體的自我調適和發展，提高個人的自我管理能力，改善人際關係。

8. 幸福的能力是可以學習的。

9. 微表情是一種人類在試圖隱藏某種情感時無意識做出的短暫的面部表情，是內心的流露與掩飾。

10. 溝通是人與人之間、人與群體之間思想與感情的傳遞和回饋的過程，以求思想達成一致和感情通暢。

11. 傾聽的第三個層次是以對方為中心的傾聽。

12. 初始效應也叫首次效應、優先效應或第一印象效應。

13. 家庭文化是以家庭為單位、以家庭成員為主體的精神文明與物質文明的複合體。

14. 家庭教育是指家長（首先是父母）在居家生活當中，對其子女實施的有目的、有計畫的教育和影響。

15. 正向教養是採用正向正向的眼光來思考和實踐教養。

16. 習慣是一種常見的行為方式，是一個人以規律、重複的方式做的事。

17. 自律的本質是自我覺察和自我管理。

18. 一件事情如果不形成習慣，就會被其他瑣碎的事情擠掉。

19. 天才不是被教育出來的，天才是在自由的環境中自然成長起來的。

20. 發揮優勢比彌補弱勢更重要。

21. 自尊是我們看待自己的方式、我們對自己的想法，以及我們賦予自己的價值。

22. 自尊是自己對自己的評價，是一種覺得自己能夠應對生活中的基本挑戰，值得享受快樂的感覺。

23. 低自尊的人心理健康程度較高。

24. 低自尊意味著你對自我的特質和價值有負面的核心信念。